'이 도서는 서울연구원 · 서울특별시 평생교육진흥원에서 수행한 2020년 「서울 도시인문
학」 사업의 지원을 받아 수행하였음.'

생명의 최전선을 지키는 의료진,
그들이 들려주는 내 인생의 환자!

엘렌 드 비세르 지음 | 송연수 옮김

황소자리

일러두기

이 책의 일부 내용은 안락사를 다루고 있다. 영국이나 미국, 한국과 달리 네덜란드
에서 안락사는 합법이다. 환자의 의사에 따라, 네덜란드 의사들은 상당한 주의요건
에 따라 생명을 종결시키는 행위를 보조하도록 허가받고 있다. 즉, 회생 가망이 전혀
없는 상태를 도저히 감내하기 어려운 환자 측 고통을 면밀하게 진단해야 하며 다시
제2의 의사로부터 그 진단이 합당함을 재확인받아야 한다. 이러한 기준에 부합하는
한, 의사는 기소와 같은 법적 책임을 지지 않는다. 네덜란드에서 전체 사망 건수 중
4퍼센트는 안락사에 의한 것이며, 이들 대부분은 말기 암 환자들이다.

기묘한 안도감과 슬픔이 교차하던 그 밤, 한 할머니의 죽음을 나는 잊지 못한다

— 남궁인(응급의학과 전문의, 작가)

의사로 일하기 시작한 지 얼마 안 되었을 때의 일이다. 나는 인턴으로 눈코 뜰 새 없이 바쁜 첫해를 보냈고, 이듬해에 응급의학과 전공의 1년 차가 되었다. 내가 근무하던 병원은 수도권 중소도시 대학병원이었다. 응급의학과 전공의에게 지나치게 과중한 업무와 책임이 쏟아지던 시기였다. 인턴 세 명과 함께 응급실에 오는 모든 환자를 책임지며 꼬박 24시간 근무를 맡는 것이 내 업무였다.

아직 20대 후반의 나이였다. 스무 살부터 의학을 공부했지만 세상에 대해 잘 알지 못하는 것이 많았다. 죽음에 대해서도 마찬가지였다. 학생으로 1년 6개월 동안 병원 실습을 돌았지만, 환자가 죽는 장면을 직접 본 건 딱 한 번뿐이었다. 인턴이 되어 병원에 상주하고 나서야 의료진의 한 사람으로 상급자가 사망을 선언하는 모습을 보았다. 생각보다 단순했다. 인턴들이 심폐소생술을 하고, 상급자는 어느 정도 시간을 가늠하더니 현재 시각을 발음하며 선언하는 것이었다. *돌아가셨습니다.*

상급자들은 사망을 선언하는 경계가 정확히 어떤 선인지 나에게 알려주지 않았다. 그냥 시간을 보고 그 시간을 언급했을 뿐이다. 환자의 심장은 이전부터 뛰지 않았고 심전도의 급격한 변화 같은 것은 없었다. 그 경계는 교과서에 나와 있는 것도 아니었고, 실제로도 가르칠 수 없는 것이었다. 한 명의 의사로서 죽음을 몸으로 경험하고 느껴야만 알 수 있는 일이었다. 그 순간이 임박했고 되돌릴 수 없음을 감각으로 학습해야 사망을 선언하고 책임질 수 있는 의사로 홀로 설 수 있었다.

전공의 초반, 사망 선언처럼 중요한 일은 상급자의 도움을 받았다. 하지만 몇 달뿐이었다. 의사가 된 지 2년이 채 되지 않은 20대 후반의 청년은 독립해서 사망을 선언할 수 있는 의사로 성장했다. 그리고 곧 처음으로 죽음을 책임져야 하는 일이 발생했다. 밤중에 도착한 말기 암 할머니였다.

환자는 지방 대도시의 병원에서 이미 6개월 시한부 판정을 받은 뒤 더 이상 어떠한 치료도 받지 않기로 하며 지내고 있었다. 하지만 할머니는 일년이 넘도록 건강하게 살았다. 그래서 수도권 도시에 있는 자녀의 집까지 놀러 오실 수 있었다. 그런데 밤중에 갑자기 호흡을 가빠하더니, 의식을 놓기 시작했다. 환자가 어떠한 연고도 없던 이 병원의 내 앞으로 온 까닭이었다.

나는 의식 수준과 호흡하는 형태를 보고 판단했다. 지금까지 내 모든 경험과 감각을 종합해볼 때, 몇 시간을 못 버틸 것 같았다. 나는 할머니가 곧 돌아가실 것이라고 선언했다. 같이 온 보호자는 이렇게 말했다. "시한부에도 어머니는 건강하게 사셨어요. 정말 지금 돌아가신다고요? 정말 온 가족을 여기까지 다 불러야 하나요?" "네 돌아가십니다. 임종을 지키시려면 온 가족을 지금 다 부르세요."

그들은 대가족이었다. 보호자들이 난감해하는 것도 이해가 갔다. 주치의가 언급한 시한을 지나서도 어머니는 건강하게 사셨다. 하지만 오늘 처음 진료한 20대 후반의 응급실 의사가 곧 돌아가신다고 선언한 것이다. 무엇보다 죽음 자체가 믿을 수 없는 일이었다. 또한 내 말을 신뢰한다면, 많은 가족은 임종을 지키러 지방 도시에서 밤 비행기로 즉시 날아와야 했다. 하지만 선택지가 없었다. 만에 하나 내 말이 맞으면 임종을 놓치는 자식이 될 것이었다. 어쩔 수 없이 대가족은 모두 날아오기 시작했다. 하나 둘씩 도착한 그들은 응급실에서 나를 바라보며 할머니의 임종을 기다렸다.

나 또한 누군가 돌아가시는 일은 내키지 않았다. 게다가 처음 해보는 사망 선언이라 더 긴장했고 틀릴 가능성에 불안했다. 하지만 이대로 돌아가시지 않는다면, 그 역시 난감한 상황이었다. 나 때문에 모든 대가족이 이 밤에 이곳까지 와야 했다. 할머니가 계속 생을 영위한다면 괜한 걸음을 한 가족에게 책망과 원망의 눈길을 받을 수도 있었다. 나는 무슨 생각이었을까. 솔직히, 의사로서 내 예측이, 죽음을 예견하는 눈이 더 맞기를 바랐다. 그러니까, 어쩔 수 없이 환자의 죽음을 기다리고 있었는지 모른다.

할머니는 온 가족이 모이자마자 기다렸다는 듯이 호흡을 놓았다. 나는 정확했다. 사망을 예견하는 감각은 완벽히 맞아떨어졌다. 게다가 가족들에게 적절한 안내를 했고, 유가족이 임종을 지킬 수 있게 도왔다. 그래서 처음으로 죽음을 정확히 예견한 나는 기뻤을까. 살짝 안도감이 들기는 했다. 말기 암이었기에, 환자의 호흡이 멎는 즉시 나는 사망을 선언했다. 하지만 그것은 내가 처음으로 혼자 진행한 사망 선언이었다. 내 말이 끝나자마자 많은 대가족은 모조리 통곡하기 시작했다. 나는 그 슬픔과 울음을 견디기에는 아직 유약했다. 다행이라는 생각은 곧 잊혔다. 나는 당직실에 들어가서 한참을 울다가 나왔다. 그리고 몇 시간은 붉은 눈시울로 일해야 했다.

그들이 모두 영안실로 떠나고 슬픔도 다소 잦아든 뒤 생각했다. 나는 이제 죽음을 정확하게 예측할 수 있는 감각이 생겼다. 이것은 사라지는 능력이 아니다. 이 능력은 앞으로 죽음을 책임지고 선언하는 의사로서 평생 나를 따라다닐 것이다. 그 경계선이 방금 기묘한 안도감과 격한 슬픔 속에서 지나갔다. 그 뒤 나는 인간의 죽음에 확신을 가지는 한 명의 의사로서 10년 넘게 일하며 살았다. 죽음의 예측은 그 뒤로 거의 틀린 일이 없었다. 하지만 낯선 안도감과 슬픔이 교차하던 한 할머니의 죽음을 나는 잊어본 일이 없다.

어떤 의료진에게 물어봐도 기억에 남는 특별한 이야기를 들을 수 있을 것이다. 의료진도 사람을 마주하는 한 명의 인간으로서 영원히 잊히지 않는 일을 겪는다. 그것은 대부분 그 생활을 시작하던 초반에 몰려 있으며 그들에게 평생 회자되는 일화로 남는다. 나아가 이 사건은 중요한 분기점이 되어 의료진이 무엇인가를 자각하고 새로운 신념을 형성하는 데 영향을 미친다.

이 책은 80여 명의 의료진이 '나를 키운 한 명의 환자'에 관해 들려주는 소중한 이야기이다. 나는 의사로서 한 사람분의 경험을 했을 뿐이다. 그러므로 이들이 털어놓는 모든 이야기가 감동적이고 때로는 충격적으로 다가왔다. 하나하나의 사례가 의료진으로서 충분히 경험할 수 있으면서도, 그들의 직업관에 심대한 영향을 미쳤음을 알 수 있는 이야기였다.

그 수많은 인생에서 골라낸 이야기가 지금 시작된다.

2020년 12월,

남궁인

내 시동생의 장례식은 2월 어느 볕 좋은 날 오후에 치러졌다. 평소였다면 자신의 10단 변속 자전거에 곧장 올라탔을 법한 화창한 날이었다. 붐비는 장례식장 안에서는 한 종양학 전문의도 조문을 하고 있었다. 자신에게 많은 걸 가르쳐 준 환자이자 소중한 친구에게 마지막 인사를 건네려 짬을 내 찾아왔다고 내게 인사말을 전했다.

그 말이 묘하게 내 호기심을 끌었다. 굳이 가르침을 주고받는다면, 환자가 의사에게 받는 게 일상적이지 않을까? 질병의 원인과 처방에 대해 지속적으로 설명을 하는 쪽은 의사들이다. 한데 그 반대라고? 그렇다면 이 의사 말고도 어떤 특별한 환자, 혹은 잊지 못할 환자에 얽힌 사연을 마음 깊이 간직하고 있는 다른 의사들이 또 있지 않을까?

이런 생각에서 출발해 2017년 여름부터 네덜란드 일간지 〈*De Volkskrant*〉에 게재한 칼럼들을 모아 이 책을 펴내게 되었다. 자신의 삶에 지울 수 없는 흔적을 남기거나 귀중한 교훈을 던져준 환자들에 관한 의사들의 이야기. 별다른 기삿거리 없이 심심하게 지나가는 여름 몇 달을 메워줄 '충전용 시리즈'로, 처음에는 단 6개 칼럼으로 기획했었다. 더구나 기꺼이 글을 기고하겠다고 나설 여섯 명의 의사를 찾는 일도 어려울 것이라고 예상했다.

하지만 상황은 전혀 딴판이었다. 의사들은 지대한 관심을 표했고, 당장이라도 이야깃거리를 보내겠다는 분위기였다. 이렇게 해서 우리의 단기 실험은 매주 실리는 고정 칼럼으로 꽃을 피웠고, 얼마 후엔 의사들이 아예 주도권을 잡고 먼저 연락을 취하기 시작했다. 그 사이 범위도 확대돼 의사들뿐 아니라 간호사와 심리학자, 심지어 조산사와 의료복지사로까지 이어졌다.

인터뷰 전까지는 무슨 내용이 될지 감을 잡기 어려웠다. 그러던 4월의 잔뜩 찌푸린 어느 월요일 아침, 차도 옆 밀밭 위로 무심히 떠오르던 태양 아래 오토바이 사고를 당한 젊은 가장의 주검을 확인했다던 한 여성 법의학자의 이야기를 전해 들었다(3부, '죽음이란 본디 삶 한가운데 있는 것' 중에서). 그 직후 밖으로 나와 마치 아무 일도 일어나지 않은 것처럼 여느 때와 똑같이 혼잡한 암스테르담의 거리 한가운데 선 나는 머리를 세게 얻어맞은 것처럼 멍한 기분에 휩싸였다.

의사와 간호사들은 직업상 특수한 유형의 공감 능력이 필요하다. 이를테면, 환자들에게 관심을 기울이되 감정에 압도되지 않도록 심리적 장벽을 세워 나름의 평정심을 유지하는 것을 의미한다. 하지만 간혹 기어이 그 장벽을 뚫고 들어와 그들의 마음과 정신에 어떤 식으로든 영향을 미치고, 결국은 사고와 행동까지 변화시키는 환자들이 있다. 의료진이 사람들에게 들려주고 싶어 하는 이야기들이 바로 이런 것이었다. 단단하게 잠가두었던 감정의 빗장이 풀리고 만 순간들을 고백하는 그들의 이야기는 몇 주가 지나도록 내게도 큰 울림을 주었다.

의료계에서 감정은 더 이상 약점의 징표가 아니다. 《의사들의 감정What doctors Feel》이란 책에서 미국인 의사 대니얼 오프리는 의료의 질이 의사들의 감정에 크게 좌우된다고 설명하고 있다. 의료 종사자들은 전문적인 의과학 지식과 의술을 적용하는 실전에서뿐만 아니라 환자들과의 인간적인 접촉을 통해서도 배움을 얻는다. 한 의사의 말을 빌리자면, "삶에서 극도로 감정적인 특정 시기에 놓인 환자들과 집중적인 관계를 맺고 있다는 사실은 원하든 원하지 않든 사고의 풍부한 자양분으로 작용할 수밖에 없다."

칼럼의 회차가 쌓여갈수록 의사들의 모습도 흰 가운을 입은 차가운 이미지가 아니라 좀 더 친근한 존재로 변모했다. 독자들은 의사들의 진솔한 이야기와 그들이 얻은 교훈의 의미에 감동했다며 매주 새로운 칼럼을 고대한다고 편지를 보내왔다. 그 중 한 시인은 어느 정신과 의사에게 시 한 편을 헌사했고, 어느 노부인은 판단 실수를 고백한 전공의를 격려했으며, 한 남성은 토요일 아침 식사를 하던 중 어느 종양 전문의의 사연을 읽고 엉엉 울고 말았다고 털어놓았다.

임상윤리학자인 에르빈 콤파니에가 20년 전 자신의 병원에서 사망한 젊은 여성에 관한 이야기를 기고한 지 며칠 후, 당시 그 환자의 연인이었던 남성이 내게 연락해 칼럼에 실린 여성 이르마의 생전 모습이 담긴 사진을 보내준 적도 있다. 그 외에도 여러 후일담이 날아들었다. 소화기내과 전문의 유스트 드렌스의 환자는 생을 며칠 남겨두고 호스피스 병동에서 머물 때 신문에 실린 자신의 이야기를 읽었다고 전했다. 그는 담당 의사에게 다음과 같은 인사말을 남겼다. "유스트, 내가 빈손으로 떠나지 않게 용기 내줘서 정말 고마워."

이 책은 의료진의 직업과 인생, 그리고 자기 자신에 대한 성장과 배움의 기회를 제공한 환자들의 이야기를 담고 있다. 영어 번역본 출간을 맞이해 앤서니 파우치 미국 국립 알레르기전염병연구소장, 데임 샐리 데이비스 영국 최고의료 자문관 등 저명한 영

미권 의사들의 이야기들도 포함시켰다. 다시 한번 말하지만, 나는 글을 기고한 모든 의료진의 진지한 열의에 깊은 감동과 전율을 느꼈다. 이 사실을 로열 런던병원 중증외상 전문의 카림 브로히에게 전하자 그는 이렇게 답했다.

"세상의 모든 의사들에겐 저마다의 이야기가 있지요."

영문판 말미에 그러한 이야기들을 보탤 수 있는 특권을 누린 데 대해 진심으로 감사의 뜻을 전한다.

2019년 2월 암스테르담에서,

엘렌 드 비세르

차례

PART 1

PART 4

PART 5

PART 1

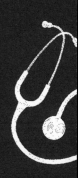

만신창이가 된 채 나를 찾았던 이 남자를 통해, 의사인 우리에게는 때로 남들이 가는 안전한 길에서 벗어나는 용기, 그러니까 때로는 한 번도 해보지 않았던 것을 시도하는 자세가 필요하다는 걸 새삼 깨달았다. 특히 그 결과를 통해 환자가 분명 더 나아질 수만 있다면….

성급한 결론, 기막힌 오해

|

롭 슬라펜델Rob Slappendel(마취통증의학과 전문의)

어느 날 밤 10시경 한 여자가 응급실로 실려 왔다. 의식불명 상태에다 온몸이 피범벅이었다. 얼굴을 심하게 다치고, 전신에 부서지지 않은 뼈가 거의 없을 정도로 부상이 컸다. 긴급구조 요원들이 전하기를, 자살 기도였다고 했다. 남편도 아내가 갑자기 아파트 8층에서 뛰어내렸다는 이야기를 보탰다. 그녀는 곧바로 수술실로 들어갔고, 병원 내 모든 의료팀이 그녀의 생명을 구하기 위해 달라붙었다.

나는 그때 마취통증의학과 전공의 2년 차에 불과했지만 이미 단독 임무가 허용되던 터였다. 내가 수술대에 누워 있는 그녀를 밤새워 모니터링하는 동안 외과의들은 쉬지 않고 수술을 계

23

속했다. 일반의부터 심혈관계 전문의, 성형외과 전문의, 이비인후과 전문의, 신경외과 전문의, 치과 전문의들까지 전부 달려들어서….

그렇게 많은 의사들이 한꺼번에 들락날락하는 걸 본 건 그때가 처음이었다. 수술이 한창 진행되는 도중 불현듯 '이게 다 무슨 의미가 있는 걸까?' 하는 의문이 고개를 들었다. 자신의 목숨을 스스로 끊으려 했던 젊은 여성은 저렇게 누워 있고, 우리는 또 여기서 그녀의 목숨을 되살리려 갖은 애를 쓰고 있었다. 어째서 우리가 이렇게 엄청난 노력을 기울여야 하는 걸까? 다음날 오전 8시, 다른 동료가 교대하러 오면서 내 근무는 끝났다. 하지만 다른 외과의들의 일이 끝나려면 아직도 한참 멀어 보였다.

내 당직 근무가 다시 시작된 다음날 저녁 6시에 들어가서 보니 그들은 아직도 수술실에 남아 일을 계속하고 있었다. 슬슬 걱정이 몰려 왔다. 그렇게 오랫동안 마취를 하고 있으면 환자가 위험해지지 않느냐고 지도교수에게 질문을 했다. 그도 와서 보더니 한계 시간에 도달했다고 말했다. 그녀가 병원으로 실려 온 지 24시간 만에 드디어 수술이 종료되었다. 그녀는 곧 중환자실로 옮겨졌고, 나는 이후 며칠간 그녀의 상태를 체크했다. 아직은 인공호흡기가 필요하지만 마취에서는 완전히 회복되어 있었다.

그 다음부터 나는 그녀를 까맣게 잊고 지냈다.

2개월 후. 중환자실 임시근무를 맡아 입원 환자들의 의무기록을 살펴보다가 내 마취 기록을 발견한 나는 깜짝 놀랐다. 내 기록이 그때 그 젊은 여성의 파일 속에 들어 있는 게 아닌가? 그러니까 그녀가 여태 이 중환자실에 머물고 있다는 뜻이었다. 그녀는 심각한 합병증을 앓고 몇몇 중대 감염증을 겪어냈으며, 아직도 의식이 없는 채로 인공호흡기에 의존하고 있었다. '세상에나! 이 얼마나 막대한 시간과 자원 낭비인가?' 하는 생각이 다시 고개를 들었다.

다시 그로부터 몇 달 후. 그녀가 조금씩 호전 반응을 보이기 시작했다. 이제 인공호흡기를 떼도 안전할 것이라는 판단이 들었다. 다들 대단한 뉴스라고 했지만, 희소식을 환자의 남편에게 전하고부터 그의 방문 빈도가 뚝 떨어졌다. 마침내 목에서 인공호흡기를 제거하던 날, 그녀의 의식도 돌아왔다. 근 반년 만에 처음으로 직접 대화를 나눌 수 있게 된 것이다. 그런데 그녀가 내뱉은 첫마디에 우리 모두는 경악하고 말았다.

"남편이 나를 발코니에서 밀어버렸어요."

우리는 말문이 막혔다. 그동안 우리 모두 그녀가 자살을 시도했다고 믿고 있었으니, 등골이 오싹할 수밖에 없는 일이었다. 신고를 받은 수사관들이 병원으로 찾아왔고 그녀는 정식 고소장을 제출했다. 그녀의 증언에 따라 즉시 체포된 남편은 순순히 살인미수를 인정했다.

이 모든 과정을 지켜본 나는 그녀에 대해 품었던 부정적인 감정들에 대해 깊은 죄책감을 느꼈다. 그녀가 병원으로 실려 와 첫 수술을 받았던 그 밤부터 마침내 인공호흡기를 제거하기에 이르기까지, 나는 그녀를 치료하는 게 도대체 무슨 소용이 있는가를 수없이 자문했다. 얼마나 기막힌 오해를 했던가.

그 일을 겪고 난 후부터 환자들을 대하는 내 태도는 180도 바뀌었다. 환자의 나이와 성별, 직업, 또는 이전 의무기록까지 불문하고, 그가 범죄자이든 자살 기도자이든 상관없이 모든 환자는 우리의 보살핌을 받을 가치가 충분하다는 깨달음이었다. 이 여성 사례의 예기치 않은 반전은 의사로서 나의 직업관뿐만 아니라 세상을 바라보는 인생관까지 바꾸어 놓았다.

나는 이제 시간을 따로 내서라도 사람들의 이면을 파고들어 그들이 왜 그런 행동을 하는지 깊게 따져본다.

병뚜껑들이 사타구니를 갉아대는 느낌
|
마르크 셸팅가Marc Scheltinga(혈관외과 전문의)

괴로움과 아픔으로 지칠 대로 지친 그가 내 진료실로 절뚝거리며 들어오더니 말했다. 자기가 사는 로테르담에서 차로 한 시간 거리인 에인트호벤까지 오는 동안 극심한 통증으로 인해 차를 두 번이나 세우고 밖으로 나와 움직여야 했다고. 이어 자신의 사타구니 쪽을 가리키며 "선생님, 여기를 병뚜껑 여섯 개가 속에서 계속 갉아대고 있는 느낌이에요."라고 덧붙였다.

이런 고문 아닌 고문에 시달린 지 벌써 3년째인데도 다른 의사들은 쉽게 가라앉지 않을 거라는 말만 반복한다면서, 자기 역시 이제 포기상태라고 하소연했다. 실제로 그는 직장도 그만둔 채 장애 수당에 의지해 살아가고 있었다. 그렇게 기진맥진해진 남자는 이번에도 방법을 찾지 못한다면 자기 인생도 끝난 셈이라고 말했다.

이 모든 건 서혜부 탈장(사타구니나 음낭 쪽으로 장이 튀어나오는 병. 흔히 '서혜 헤르니아'라고도 한다 — 편집자)으로부터 시작되었다. 처음엔 치료가 잘 되는 것 같았다고 했다. 주로 탈장 치료에 광범위하게 쓰이는 플라스틱 재질의 인조 그물망 조각으로 파열 부위를 덮는 시술로, 상처에 부착된 그물망 주위로 새살이 돋으면서 망을 감싸 파열이 봉합되는 방식이다. 대부분 문제가 없는 검증된 기법이다. 하지만 지금 이 사례에서 보듯, 환자에 따라 매우 드물게 수술 부위에 만성 통증을 일으키는 엄청난 부작용을 초래하기도 한다. 다만 그날 이 남성이 내 진료실로 절룩대며 들어왔을 때는 아무것도 자명하게 드러난 것이 없었다.

그를 처음 수술한 병원에서는 초음파와 MRI를 찍어보고는 모두 정상이라고 진단했다. 그럼에도 그가 계속 통증을 호소하자 그들은 통증관리 팀과 연결해 주었으나 거기서도 그는 별다른 위안을 얻지 못했다. 사실 이런 류의 통증은 약으로도 치료하기 어렵기 때문이다. 일단 망부터 제거할 필요가 있다는 사실만은 그도 직감했지만 온갖 병원에 문의를 해봐도 누구 하나 적극적으로 나서는 이가 없었다.

그렇게 해서 마침내 그가 우리 병원에까지 오게 된 것이었다.

우리가 복막 통증 전문가들이라는 내용을 그의 일반 가정의가 어디선가 듣고는 진료의뢰서를 써준 모양이었다. 검진을 한 결과 나는 그의 직감이 옳다는 결론을 내렸다. 병뚜껑들이 온종일 사타구니를 파고드는 듯한 고통은 아마도 망 조각 때문인 듯했다. 곧 동료 외과의 몇 명에게 연락을 해봤지만 아무도 망 조각을 제거한 경험이 없다면서 손사래를 쳤다.

삽입은 문제없는데 제거는 못 한다고? 그런 투지를 가진 의사가 아무도 없다니. 하는 수 없이 내가 나서기로 했다.

"좋아요, 제가 한번 직접 해보죠, 뭐."

그에게 이렇게 말하던 순간을 나는 아직도 또렷이 기억하고 있다. 그가 그 자리에 주저앉아 울음을 터뜨렸기 때문이다. 건장한 체격의 다 큰 성인이 작은 플라스틱 조각 하나 때문에 무릎을 꿇고 눈물까지 흘렸다. 마침내 신뢰할 만한 의사를 만났다는 안도감 때문이었을까? 나 역시 의사로서 깊이 있게 환자의 이야기를 경청하는 게 얼마나 중요한지를 깨닫게 된 순간이기도 했다. 백에 아흔아홉 번은 의사가 올바른 진단을 내려주지만 환자 스스로도 올바른 안테나를 세울 필요가 있다.

나는 한 번도 해보지 않은 수술을 감행했다. 인조 망이 새살에 완전히 뒤덮인 상태라 추가적인 손상을 주지 않고 들어내기란 결코 쉬운 일이 아니었다.

6주 후 경과를 보기 위해 진료실을 찾은 그는 똑바른 자세로 만면에 미소를 지으며 힘차게 걸어 들어왔다. 완전히 다른 사람이었다. 지독한 통증이 사라지자 삶을 다시 즐길 수 있게 된 것이다. 그 모습을 보고 있자니 뿌듯한 마음 한편으로는 애틋함이 올라왔다. 이 모든 과정이 왜 그토록 오래 걸렸던 것일까? 우리가 좀 더 일찍 할 수는 없었던 것일까? 그의 인생 중 3년이라는 귀한 시간이 왜 고통 속에서 낭비되어야만 했을까?

자신이 확실히 옳았음에도 그는 어이없는 무관심의 희생자가 되어야 했다. 의사가 환자에게 무엇을 해줘야 할지 모른다면, 적어도 그걸 아는 다른 사람을 찾아줄 책무가 있다.

만신창이가 된 채 나를 찾았던 이 로테르담 남자의 사례를 통해, 의사인 우리에게는 때로 남들이 가는 안전한 길에서 벗어나는 용기, 그러니까 때로는 한 번도 해보지 않았던 것을 시도하는 자세가 필요하다는 걸 새삼 깨달았다. 특히 그 결과를 통해 환자가 분명 더 나아질 수만 있다면 말이다. 합당한 이유만 있다면, 대세를 거스르는 것은 아무런 문제가 안 된다.

한 생명이 가고, 새 생명이 오고

|

알렉스 고셀트 Alex Gosselt(중환자 담당 전공의)

6주간의 집중치료는 대가가 컸다. VADVentricular Assist Device(심실보조인공심장)가 감염되어 수차례 수술을 하고 다량의 항생제를 투여했지만, 그 모든 노력에도 불구하고 상황은 점점 악화됐다. 신장은 제 기능을 잃어가고 호흡기 근육은 장기간의 인공호흡으로 인해 지친 상황이었다. 게다가 가장 최근에 찍은 엑스레이 결과상 흉부 농양은 자꾸 커지기만 했다.

내 저녁 당직 근무가 시작될 무렵, 팀원들은 머리를 맞대고 고령의 이 환자를 위해 무엇을 더 해줄 수 있을까 고민했다. 하지만 그가 더 이상의 수술은 견디지 못할 거라는 데 모두가 동의하고 보니, 이제 선택의 여지가 없다는 절망적인 결론에 도달하고 말았다.

우리는 환자와 그의 가족들에게 이 사실을 알렸다. 환자는 의식은 있으되 다소 흐릿한 상태여서, 이 상황을 제대로 이해했는지 우리로서는 확신할 수가 없었다. 그는 집으로 돌아가고 싶어 했고, 우리는 환자가 바라는 대로 해드리겠노라 약속했다.

그날 늦은 밤, 노인의 병실을 지나치는데 간호사가 나를 불러세웠다. 간호실에서 태아 검진을 해야 하는데, 중환자실 초음파기기를 갖다 써도 되겠느냐고 나에게 물었다. 순간 망설여졌다. 야간당직은 아무래도 분주하고 예측 불가한 일들이 많은 데다 중환자실 초음파기기를 가져다 태아 검진을 하는 건 그리 현명한 선택이 아니란 생각이 들었다. 그렇다고 직접 가서 확인해볼 시간적 여유도 없었던 나는 어떤 간호사가 임신을 했냐고 물었다. 그녀의 대답은 나를 놀라게 했다. 간호사가 아니라 그 중환자실 어르신의 딸이라는 거였다. 사연인즉, 딸이 임신 17주 차인데 아버지가 돌아가시기 전에 손주를 보여드리고 싶어한다는 이야기였다. 그 말에 내 망설임은 눈 녹듯 사라지고 당장 뭐라도 도움이 될 방법을 찾기로 마음먹었다.

내과 병동에 쓸만한 초음파기기가 있다는 걸 기억해낸 나는 전화를 돌렸고 그쪽으로부터 빌려주겠다는 답을 얻어냈다. 다만 한 가지 문제가 있었다. 정작 내가 임산부를 대상으로 초음파기기를 사용한 경험이 전혀 없다는 사실이었다. 그래도 일단은 얼른 가서 가족들을 준비시키되 기대감을 너무 높여놓지는 말라고 간호사에게 당부했다. 나는 나대로 기기사용법을 알려주는 유튜브 채널들을 뒤져보기 시작했다

이윽고 가족들이 모인 그 환자의 병실로 걸어 들어갔다. 분위기는 가라앉고, 다들 긴장한 표정이 역력했다. 나는 최선을 다하겠다고, 하지만 화면에 선명한 이미지가 뜰지 장담할 수는 없다고 말했다. 우리는 환자를 벽 쪽으로 이동시킨 뒤 딸이 누울 침대 하나를 더 밀고 들어왔다. 둘 사이에 자리를 잡은 나는 모니터를 기울여 아버지가 잘 볼 수 있도록 각도를 맞추었다. 내 손은 미세하게 떨렸지만, 딸의 배 위에 탐지기를 대자마자 놀랍게도 태아의 모습이 선명하게 나타났다. 처음에는 흔드는 팔, 다음에는 박동하는 심장까지.

분위기는 일순간 달라졌다. 병실에 활기가 돌고 기쁨과 환희에 들뜬 가족들의 마음이 손에 잡힐 듯 방 전체로 퍼져나갔다. 진정하려고 애썼지만 어느새 나도 그들의 행복감에 함께 젖어들었다. 처음에 눈만 꿈벅이며 가만히 있던 환자 역시 아기를 보자 경이로운 반응을 보였다. 한동안 모니터를 바라보던 그가 나지막이 말했다.

"오래된 생명은 떠나가고 이제 새로운 생명이 오는구나!"

머잖아 자신이 직면하게 될 일, 살날이 얼마 남지 않았다는 사

실을 또렷하게 이해하는 말이기도 했다.

그는 며칠 후 퇴원해 집에서 생을 마감했다.

그렇지만 비극적인 소식을 전해 듣고 침통함에 빠졌던 환자와 가족에게 이렇게나마 행복감을 전해줄 수 있었다는 건 얼마나 큰 특권이고 보람인가? 더구나 나로서는 그리 큰 노력을 기울인 것도 아니었는데 말이다.

생의 마지막 나날을 보내는 이들에겐 종종 사소한 몸짓조차 한없는 가치를 지닌다. 삶과 죽음 사이에 가로놓인 가느다란 선을 밟고 다니는 이 직업으로 말미암아, 그날의 경험이 세상 그 무엇보다 아름다운 일이었음을 나는 마음속 깊이 깨달을 수 있었다.

"당신 딸이라면 어떻게 하시겠어요?"

폴라 그뢰넨디크 Paula Groenendijk(간호사)

그녀는 유흥과 패션, 여행을 즐기던 매력적이고 활기찬 20대 후반의 여성이었다. 그랬던 그녀의 삶이 어느 날 갑자기 중단되고 말았다. 자궁경부암 말기인 그녀에게 우리가 해줄 수 있는 건 아무것도 없었다. 그저 고통만이라도 경감시켜 주려 최선을 다하는 것밖에는. 내 병동 환자로 있던 그녀가 어느 날 밤 나에게 말을 건넸다. "폴라, 계속 이런 식으로 지낼 순 없어요." 잔뜩 부어오른 배와 다리, 고뇌로 가득 찬 얼굴. 심신이 완전히 지친 모습이었다. "꽃다운 나이를 여기서 흘려버리고 있을 뿐이에요."

나는 주로 야간 당직근무를 하는데, 이 시간대의 특이점은 환자들이 훨씬 더 많은 말을 한다는 것이다. 문병객이 돌아가고 의사들도 퇴근한 뒤 침묵과 어둠이 내려앉으면 환자들은 대개 사색적으로 변한다.

"안락사를 원해요."

그녀가 말했다. 그녀는 다음날 저녁에도 또다시 같은 얘기를 꺼냈고, 나는 이 사실을 담당 의사에게 알렸다. 의사는 그녀를 직접 찾아가 그 문제를 의논하면서, 자기는 아직 그 단계를 취할 준비가 되어 있지 않다고 설명했다. 나아가 고통을 경감시킬 여러 가지 방법이 있으니 몇 달은 더 살 수 있다고 덧붙였다.

의사의 조언을 들은 그녀는 분노했다.

그런 그녀의 심정을 나라면 이해할 수 있으리라 생각하던 때가 있었다. 사실 나는 젊은 시절부터 안락사는 반드시 존중해주어야 할 선택이라고 생각했다. 20대 초반 간호사로 첫발을 내디뎠을 당시, 말기 질환자였던 젊은 여성의 자살을 보조하는 의사를 옆에서 도운 적이 있었다. 다른 동료 간호사 중 누구도 그 일을 나서서 맡으려 하지 않았다. 나는 안락사가 환자의 권리라고 굳건히 믿고 있었기 때문에 의사들이 그 일을 거부할 때마다 저항감이 들곤 했다.

하지만 세월이 흐른 지금, 떨칠 수 없는 의구심과 불현듯 맞닥뜨렸다. 두 달 전쯤, 내 아들이 심장마비를 일으켜 내가 근무하는 병원에서 치료를 받은 적이 있다. 나는 아들이 죽을까 봐 공포에 떨며 그 곁을 지키고 앉아 있었다. 그리고 지금 이 젊은 여성의 침상 곁 앉아 있는, 두 달 전 나와 비슷한 상황에 처한 한 엄마의 모습을 보고 말았다. 내 아들과 그녀의 딸은 동갑내기였다. 내 아들은 용케 살아났지만, 이 여성은 엄마에게 작별을 고할 수밖에 없다.

나는 모든 것을 끝내고자 하는 그 딸의 소망을 이해했다. 어차피 딸의 삶이니 결정도 스스로 하는 수밖에.

그 엄마에게 딸의 의향을 정중하게 설명했지만, 어떤 이유에서인지 몹시 마음에 걸렸다. 그녀의 엄마는 당장 화를 냈다. 안락사를 논하기엔 너무 이르다며 그녀가 이렇게 되물었다.

"당신 딸이라면 어떻게 하시겠어요?"

정곡을 찔린 심정이었다. 그 엄마의 마음이 절절하게 헤아려졌다.

결국 엄마는 딸을 집으로 데려갔고 딸은 몇 달 후 죽음을 맞았다. 그 경험 이후로 내가 젊은 환자들을 대하는 방식에는 변화가 생겼다. 예전에는 가족들이 환자에게 무조건 힘내라고, 이겨내야 한다고 말하는 걸 보면서 답답하다는 생각이 들곤 했다.

이제는 그런 마음이 들지 않는다. 내 아들의 응급상황을 겪고 나자 부모의 공포심과 안락사에 대한 거부감이 저절로 이해되었다. 안락사는 이 세상에 고하는 마지막 작별을 두 번 다시 돌이킬 수 없게 만들기 때문이다.

이제 나는 말기 질환을 앓는 젊은 환자들을 보면 가능한 한 오래 편안하게 여생을 보낼 수 있도록 최선을 다한다. 침상에서 잠시라도 벗어나길 응원하고, 되도록 건강한 음식을 먹게 하면서 고통을 경감시켜 주려 노력한다. 그들이 너무 빨리 모든 것을 끝낼 생각을 하지 않도록, 내가 해줄 수 있는 건 뭐든지.

자녀의 죽음을 마주 대할 준비가 되지 않은 부모들뿐 아니라, 젊은 환자의 생을 차마 종결시킬 수 없는 의사들의 마음까지 나는 이해할 수 있게 되었다. 의사는 치료하는 자로 훈련받은 사람들이다. 바로 그런 의사들이 때로는 자신의 자녀보다 더 어린 환자에게 안락사를 시행한다는 것이 스스로의 신념과 얼마나 맹렬히 충돌하는 일이겠는가. 그러므로 의사들에게도 누군가의 삶을 종결하는 일을 하지 않을(또는 할 수 없는) 권리가 있다고 나는 믿는다.

작고 작은 승리의 순간들

|

유스트 미스테르스 Joost Meesters(간호사)

리처드는 인근 병원 마취통증의학과장이었다. 그의 체계적 기술은 가히 전설이라 불릴 정도여서 30년 경력 내내 수술실 총기획자로서 없어서는 안 될 확고한 위치에 있었다.

그랬던 그가 몇 해 전부터 동료들 사이에서 건망증에 대한 지청구를 듣기 시작했다. 그 역시 안 그래도 기억을 자꾸 놓치고 있다는 생각이 들어 메모를 해두어야겠다고 결심하던 참이었다. 나중에 그의 아내에 의해 발견된 한 무더기의 공책들 안에는 기억을 상기시킬 만한 온갖 내용이 잔뜩 적혀 있었다. 아내가 남편 증세의 첫 조짐을 눈치채기 훨씬 전부터 써온 것들이었다. 분명 그의 건망증은 아내가 예상한 것보다 훨씬 더 오랫동안 문젯거리가 되어온 듯했다.

이윽고 그가 병명을 진단받았다. 50대 한창 나이인 그가 알츠하이머 병으로 진단을 받을 거라고 누가 짐작이나 했겠는가? 그는 얼마간 외래환자로 버텼다. 하지만 가정에서 도저히 관리가 불가한 상황과 마주했고, 마침 한 자리가 난 우리 병원의 조기 발병 치매병동으로 오게 되었다.

입원 첫날, 우리는 모두 서서 그가 도착하기를 기다렸다. 의료팀과 그의 가족이 한자리에 모였다. 그가 병실로 들어서자 모두가 환호했다. 그는 돌아가며 악수를 했고 고맙다는 인사말도 잊지 않았다. 그의 얼굴에서 미소가 떠나지 않았다. 그의 아내는 남편에게 지금부터는 여기서 생활하게 될 거라고 말하며 눈물을 떨구었다. 그는 아내를 팔로 감싸 안았지만, 혼자만의 기쁨에 들뜬 표정이었다. 아내가 슬퍼하는 이유를 제대로 인지하지 못하는 그를 보고 있자니 가슴이 짠했다. 아니 감동했다. 알츠하이머 질환을 두고 흔히 끝없는 눈물의 계곡이라 말하지만, 잠시나마 그를 통해 그 반대일 수 있다는 걸 느꼈기 때문이다.

얼마 지나지 않아 우리가 그의 상태를 과소평가했다는 사실을 깨달았다. 그는 예상보다 훨씬 더 많이 진행된 상태였다. 협조는 고사하고 도움을 주려는 내 손길마저 역정을 내며 뿌리쳤다. 그의 눈에 나는 그저 새파랗게 젊은 건방진 놈으로 보였을 것이다.

고민하던 우리는 다른 접근법을 취하기로 의견을 모았다.

그는 한때 병원에서 대단한 능력자인 동시에 직원 축하연 주관자, 심지어 성탄절 위원회의 핵심이자 모든 파티의 활력소였던 사람이다. 우리는 그를 예전 관리자의 역할로 되돌릴 필요가 있다고 판단했다. 한번은 그의 신발을 내려다보면서 이렇게 말을 건넸다. "안녕하세요, 리처드. 알려주세요, 우리가 이 신발을 어떻게 하면 될까요?" 그러면서 신발 벗기는 방법을 그가 내게 지시 내리도록 유도했다. 또 그에게 사과 퓨레 단지를 건네며 열어달라고 부탁했다. 그럴 때면 그는 자신 있게 뚜껑을 열고는 입이 귀에 걸리도록 승리감에 가득 차 미소짓곤 했다. 그가 입원한 직후 세탁실에 새 세탁기를 들여오던 날이었다. 그는 둘둘 만 신문지를 들고서 세탁실까지 성큼성큼 나아갔다. 그러고는 내내 그 자리에 서서 마치 손에 서류 더미를 든 것 같은 모양새로 설치 기사들에게 지시를 내렸다.

그렇게 그는 활기를 되찾았다. 복도에 서서 한창 논의 중인 우리를 볼 때마다 종종 합류해 생각에 잠긴 듯 고개를 끄덕이며 누가 무엇을 해야 할지 정해주기도 했다.

우리 병동에는 리처드 말고도 아직 한창 나이에 더 이상 세상을 이해하지 못하게 된 사람들이 많다. 누구는 서서히 아버지를 잃어가는 어린 자녀들을 두고 있고, 누구는 떨어져서 홀로 삶을 꾸려가야 할 배우자를 남겨두고 왔으며, 또 누구는 함께 여생을 보내기로 한 이를 갑자기 떠나왔다.

이렇듯 다양한 알츠하이머 병의 비극에 우리가 구름 뒤편 반짝이는 햇살을 전해줄 수 있길 소망한다. 상황이 그리 우중충하지만은 않다는 걸 리처드가 나에게 일깨워주었듯이. 행복의 순간을 일궈내는 것은 마음먹기에 따라 언제든 가능하다.

치매라는 것도 어떻게 보면 작은 승리의 순간들을 축하하는 일이 아닐까? 사과 퓨레 단지를 막 열고 난 후 얼굴에 번지는 기쁨의 미소만큼 값진 것도 없을 테니까.

얼마 전 자러 간다던 리처드가 자기 병실을 그대로 지나쳐 버렸다. 그에게 다가가며 이렇게 외쳤다. "선생님, 졸리지 않으신가 봐요?" 그가 대답했다. "아니, 당연히 피곤하지…. 글쎄 내가 요즘 깜빡깜빡한다니까."

우리 둘 다 한바탕 웃음을 터뜨렸다.

마음의 장벽을 제거하고 난 후

|

마리 레일리 Mary Reilly(신경외과 전문의)

크리스토퍼는 어릴 적부터 서서히 건강이 나빠졌다. 처음에는 걷는 데 문제가 생기더니, 다음에는 부분적으로 팔을 제대로 못 쓰게 되었다. 처음 만났을 때 그는 이미 수년간 휠체어에 의지하고 있는 상황이었다. 십중팔구 유전적 증상이라 나한테 진료 의뢰가 들어온 경우였다.

그를 만날 때마다 가장 먼저 내 눈에 들어온 것은 그가 줄곧 입던 티셔츠의 도발적 문구와 특이한 이미지였다. 나중에야 우리에게 뭔가를 말하기 위한 그만의 의사 표현방식이었다는 걸 알게 되었지만.

나는 광범위한 유전자 검사에 들어갔고 해외 의사들과도 내

자료를 공유했다. 마치 탐정이라도 된 듯 증상의 원인을 규명하는 일에 깊이 빠져들었다. 사실 그 도전을 즐겼다고 해도 과언이 아니다.

진료 의뢰를 받는 일보다 더 뿌듯한 건 없었다. 다른 의사들도 밝혀내지 못한 걸 해내는 일이니까. 하지만 정작 그 병이 크리스토퍼에게 얼마나 지대한 영향을 미치고 있는지는 제대로 이해하지 못했다. 세심한 우리 팀 간호사 한 명이 찾아와 그가 우울증을 앓는 것 같다고 말해주기 전까지는.

단서는 그가 입고 있던 티셔츠 문구였다. 우리는 곧바로 정신과 의사에게 연락해 여러 가지 약물을 시도해봤다. 얼마 지나지 않아 그 우울증의 뿌리가 명확히 드러났다. 그 자신의 표현대로 '덫에 걸린 삶'이 문제였다. 20대 후반에 홀로 방안에 갇힌 채 몸은 서서히 약해지고 좌절감만 점점 커져가는 외로운 젊은이가 그의 모습이었다. 예술사 학위를 따는 것이 그의 최대 소망이었지만 현실은 제자리에 묶여 있을 뿐이었다. 입학을 하려면 연계 프로그램부터 마쳐야 하지만, 지금처럼 안에 틀어박혀서는 도저히 불가능했다.

그의 고립을 깰 수 있는 유일한 방안이 있기는 했다. 신체적 한계에도 불구하고 직접 운전할 수 있는 차를 갖는 일이었다. 하지만 그로선 해결방법이 없었다.

그런 그의 좌절감을 그냥 지나치지 않았던 간호사가 어딘가로 수차례 편지를 보내기 시작했다. 그러더니 결국 그에게 차를 선물하는 데 성공했다. 한 팔로 작동시키고 목소리로 통제할 수 있는 자동차로, 어느 자동차 제조업체의 대표작이었다. 그는 즉시 예술사 학위과정에 들어갔다. 대학에 입학했고, 최우수 졸업을 한 뒤 석사 학위까지 받았다. 작년에 그는 스타트업 회사를 차렸고 지금은 꽤 유명한 아티스트로 활동 중이다. 때마다 예술 전시회를 열고 미국에서 초청 전시도 한다.

그의 작업은 실로 놀랍다. 양손을 사용할 수 없음에도, 그는 양팔로 펜을 쥐고 아름다운 작품을 만들어낸다. 그런 탁월한 재능이 질병이란 장벽 뒤 덫에 걸린 채 성장기 내내 감추어져 있었던 셈이다. 이게 얼마나 놀라운 이야기이며 굉장한 희망인가 말이다. 크리스토퍼처럼 내보일 게 많은데도 불구하고, 기회조차 얻지 못한 환자들이 저 밖에 얼마나 많겠는가?

어느새 13년이 지난 지금, 크리스토퍼는 우리가 처음 만났을 때의 그 사람이 아니다. 나는 그를 6개월에 한 번씩 본다. 아주 천천히 그의 상태는 계속 나빠지고 있다. 밤에는 인공호흡기가 필요하고 성대에도 문제가 생겨 말도 또렷하지 않다. 하지만 그가 대학에 간 순간부터 우울증은 사라졌다. 자신을 표현하기 위해 장벽 뒤 덫에 걸린 슬픈 얼굴을 우울증이라는 형태로 드러냈지만, 장벽이 제거되자 그의 삶은 완전히 바뀌었다.

나는 그가 지닌 증상의 원인이 되는 유전적 변이를 여태 찾아내지 못했다. 하지만 한 가지 깨달음은 얻었다. 환자의 삶에는 의료적 측면보다 훨씬 더 많은 요소가 존재한다는 것. 우리 의사들이 그를 위해 한 수많은 일들 중 그 어느 것도 차 한 대만큼 그의 삶에 혁명을 불러오진 못했다. 그 사실이 내 눈을 활짝 뜨게 해주었다.

이처럼 환자들이 삶을 전환하는 데는 올바른 약이나 정확한 진단 이상의 무언가가 필요하다. 크리스토퍼에게 차가 최고의 치료법이었듯이 말이다.

나는 크리스토퍼의 재능 앞에서 겸손을 배웠다. 의사로서 내가 골몰한 탐정 일도 나름대로 가치는 있다. 하지만 의료적 진단 이면에 숨은 환자의 삶에 초점을 맞추는 일이야말로 그 못지않게 중요하다는 사실을 크리스토퍼가 나에게 가르쳐주었다.

"봤지? 결국엔 내가 이긴다니까."

|

피에테 반 덴 베르그 Pieter van den Berg(종양학과 전문의)

어느 날 한 외과의가 나더러 사이클 선수를 맡게 될 거라고 말했다. 사이클은 내가 유독 열정을 쏟는 분야라 기대감과 함께 왠지 그와 친해질 것 같은 예감이 들었다. 외과의는 그 환자가 어지간히 괴짜라며 두 손 두 발 다 들었다고 덧붙였다. 하지만 그 말은 틀렸다. 글렌은 대다수 의사들에게는 마땅찮게 여겨졌을 테지만, 나에겐 아니었다. 퉁명스럽다 싶을 만큼 직설적이긴 해도 탁월한 유머 감각에 매력적인 반어법을 구사하는 그가 나는 썩 마음에 들었다. 진료시간에도 암 치료 상담은 1분 만에 끝낸 반면, 거의 20분을 사이클링 이야기로 채웠다.

그는 열 달 전 직장암 수술을 받았으나 많이 전이된 상태였다.

예후를 지켜볼 만한 유일한 치료법인 화학요법만이 우리가 권할 수 있는 전부였다.

평균적으로 보자면, 글렌 같은 상태의 환자들은 1년 남짓 여생을 선고받는다. 하지만 글렌은 그러한 통계수치를 비웃기라도 하듯 몇 주 동안 장거리 사이클링을 지속했고 심지어 스페인까지 가서 내로라하는 험준한 산들을 사이클로 오르는 기염을 토했다. 그는 화학치료를 받으면서도 꾸준히 페달을 밟았다. 아파야 한다면, 철저히 아파 보겠다고 하면서.

그에게는 1년의 시간이 주어졌지만 2년 이상을 버텼다. 사이클링이 그걸 가능케 했다고 증명할 순 없어도, 내 육감으로는 확실히 그랬다. 사이클링이 전반적으로 그의 상태를 호전시켰으며 부작용도 어느 정도는 경감해 주었다. 자전거를 타면서 주의를 다른 곳으로 돌린 것이 얼마간 암에 관한 생각을 떨쳐 버리도록 도왔던 듯하다.

운동이 암 환자들의 수명 연장을 돕는다는 과학적 근거는 없다. 그보다는 육체와 정신 양쪽의 상태를 두루 개선해 준다는 사실과 더 연관이 깊을지도 모르겠다. 운동은 면역계를 강화해 암 치료에 수반되는 고통을 견디는 데 도움을 준다. 나는 이 점을 매일 환자들에게 강조하며 글렌의 사례를 좋은 예로 든다.

글렌 덕에, 우리 병원에서는 공식적인 운동 프로그램을 하나

고안하고 있다. 환자들이 자전거를 타고 진료 상담이나 치료를 받으러 오는 것을 굳이 말릴 필요가 있을까? 다만 안전상 짝꿍 제도를 도입해 봉사자가 환자와 함께 자전거로 병원에 온 다음, 환자를 집으로 데려다주는 방식부터 시행해 보자는 것이다. 심지어 화학치료를 받은 환자들이 자전거를 타고 집으로 돌아가는 것도 가능하다. 안 될 게 무엇인가? 환자들의 저력을 과소평가하지 말자.

지난 2년 사이 글렌과 나는 급속도로 친해졌다. 이런 관계가 권고할 만한 것인지, 아니 애초에 허용될 만한 일인지 의구심을 가진 적도 있다. 공과 사가 부딪히는 일이라도 생기지 않을까 하는 걱정 때문이었다. 하지만 그는 항상 일정한 선을 지켰다.

그렇게 우리의 우정이 깊어져 가던 어느 날, 나는 그에게 병원에 암 치료 정원, 이를테면 환자들이 자연에 둘러싸인 실외 환경에서 편안히 쉬면서 치료받을 수 있는 파빌리온을 개관하고 싶다는 계획을 털어놓았다. 늘 그렇듯 자금이 가장 큰 문제였는데, 글렌은 기금 모금을 위한 사이클링 행사를 주선하겠다고 먼저 제안했다. 아이디어는 대성공이었고, 우리는 함께 5,000유로를 모금했다. 병원 건물에서 실외 정원으로 이어지는 통로는 그의 공로를 기려 '글렌길'이라 이름 지었다.

나는 되도록 일거리를 집으로 가져가지 않는 걸 원칙으로 삼고 있다. 환자들을 늘 안타깝게 여기지만, 퇴근할 때는 근심 걱정들을 근무처에 두고 떠나려 노력한다. 하지만 글렌에 관한 한, 전혀 생각처럼 되지 않았다. 환자와 그렇게까지 가까워졌던 건 처음이다.

병세가 점점 악화하자 그가 먼저 내게 안락사를 요청했고, 결국 나는 이 문제를 의논하기 위해 그의 집을 방문했다. 내가 몹시 곤혹스러워하자 그가 걱정스러운 표정으로 "설마 무섭다고 발뺌하는 거 아니지?" 하고 묻더니, 이내 특유의 신랄한 유머로 이렇게 덧붙였다. "지금 여기서 누가 더 힘든지 알잖아? 바로 나라고, 나!" 나는 도저히 그의 마지막 뜻을 저버릴 수가 없었다. 마침내 내 손으로 그의 생명을 종결시킨 그날 오후는 내 생애 가장 슬프고 고통스러운 순간 중 하나로 기억 속에 남아 있다.

언젠가 그는 내게 사이클링복을 선물하겠다고 말했다. 하지만 환자에게서 선물을 받는 것은 옳지 않다고 여긴 나는 어렵사리 거절했었다. 글렌이 죽고 난 후, 그의 아내가 내게 소포를 보내왔다. 열어보니 사이클링복이었다. 글렌이 적은 메모와 함께.

이제 알았지? 결국엔 내가 이긴다니까.

그 아이에게 무슨 일이 있었던 걸까?

|

엘리스 반 드 푸테Elise van de Putte(소아청소년과 전문의)

정말 귀엽고 예쁜 아이였다. 보육센터 직원들은 갓 두 살 난 아이의 몸 여기저기에 퍼렇게 물든 멍과 발에 생긴 커다란 물집을 발견하자 가정폭력상담센터에 연락을 취했고, 그쪽에서 다시 우리에게 혹시 아동학대의 기미가 있는지 살펴봐 달라는 요청을 해왔다. 그렇게 해서 바로 그날, 아이와 아이의 엄마 그리고 의붓아빠 세 명이 내 사무실에 모였다.

우리는 복부에 난 멍 자국을 보자마자 아이를 곧바로 입원시켰다. 장기손상 가능성을 전제로, 가능하면 시간을 두고 철저히 검진을 해볼 필요가 있었다. 아이의 상처가 부모의 설명과 부합하는지 가려내는 것이 내 일이었다. 전신 엑스레이를 촬영해 살펴보니, 팔뚝 골절상과 함께 척추 여러 곳에 미세균열이 보였다. 전에도 한번 '계단에서 굴러떨어져' 골절 치료를 받은 적이 있다고 했다. 흔히 듣는 얘기인 데다 아이들은 넘어지기 일쑤라 그러려니 했다. 다만 척추에 생긴 실금은 아무래도 의심스러웠다. 물론 불완전골형성증처럼 선천적으로 뼈가 약한 경우 자연적으로 실금이 나타나기도 한다. 그러나 이 아이의 경우는 아니었다.

엑스레이를 본 우리는 아이의 상처가 외부의 충격에 의해 생긴 것임을 직감했다. 그럼에도 불구하고 모든 일은 규정대로 처리해야 했고, 그러느라 소요되는 시간은 하세월이었다. 혹시라도 잘못된 결론을 내리게 될까 우려했기 때문이다.

그 시간 동안, 계부의 거슬리는 행동 하나하나가 나를 불안하게 만들었다. 그의 말투와 눈초리, 그리고 자기가 사격클럽 멤버라고 슬쩍 떠벌리는 태도까지. 우리 병동 직원 모두 그가 들어서자마자 바짝 얼어붙던 아이의 모습을 목격하기도 했다. 사실 우리는 온갖 근거 없는 추정들을 떠올리기 쉬운 입장이고, 그럴수록 철저한 직감 배제는 필수불가결하다.

아이의 사례를 통해 나는 내 일이 얼마나 정확성을 요구하는 일인가를 절감했다. 빈틈없는 관찰이 필요할 뿐만 아니라 단계별 사실관계가 정확하게 확립되어야 한다. 우리는 국내외 전문가들에게 조언을 구했다. 이 물집이 새 신발 때문에 생긴 것인지, 그리고 이 멍이 넘어져서 생긴 것인지. 우리는 최대한 철저하게 임했고 아이를 위해 할 수 있는 모든 것을 다했다고 자부한다. 다만 아이를 학대한 사람이 누구인지는 찾아낼 도리가 없었다. 그게 의사나 간호사로서 느끼는 가장 가슴 아픈 측면 중 하나다. 범인이 누구인지를 밝혀내는 것은 우리의 소관 밖이기 때문이다. 우리의 일은 명백한 사실로서 주장을 뒷받침해 줄 뿐이다. 가령 상처가 고의에 가까운지, 사고일 가능성이 높은지 입증해내는 일 말이다.

가정폭력 담당관은 아이를 3개월간 조부모의 집으로 보냈고, 그 기간 동안 부모는 담당관의 감독하에서만 방문이 허락되었다. 그 사이 별다른 문제가 없어 보였으므로 아이는 다시 집으로 돌려 보내졌다.

그 아이로 인해, 나는 아이들이 얼마나 강한 회복력을 지니고 있으며 또 얼마나 충직한 존재인가를 새삼 깨달았다. 범죄자들이 이렇듯 사랑받는 자들이라는 사실이 상황을 더욱 복잡하게 만든다. 아이는 분명 적잖은 고통을 당하고 있었음에도, 스스로 덮는 법을 알고 있었는지 전혀 내색하지 않았다. 용기라고 해야 할까. 아이가 퇴원할 무렵엔 나도 정이 잔뜩 들었다. 지금도 나는 수련의와 의대생을 가르칠 때면 이 아이의 이야기를 들려주곤 한다. 그러면서 내 감정도 함께 추스르려 애쓴다.

나는 아직도 그 아이에게 무슨 일이 일어났던 건지 알 수가 없
다. 더 이상의 정보를 캐내도록 허락받은 사람이 아니었기 때문
이다. 머리로는 충분히 이해하지만, 그와 별개로 심정적 좌절감
도 느낀다. 어느 날 뉴스를 보다가 가정폭력의 희생양이 된 그
아이의 소식을 듣게 될까 봐, 그러다 갑자기 그 아이의 얼굴을
맞닥뜨리게 될까 봐 겁이 난다.

내게는 밤잠을 못 이루게 만드는 사연을 가진 아이들이 적잖
다. 이 아이도 그들 중 하나다.

누구에게나 마지막 밤은 온다

|

에르빈 콤파니에 Erwin Kompanje(임상윤리학자)

내가 이르마를 처음 본 건 어느 초저녁 무렵이었다. 그날 30대로 보이는 젊은 여성이 조깅을 하다 갑자기 의식을 잃고 병원으로 실려 왔다. 정밀검사 결과 뇌출혈이었다. 신경과 전문의는 밤샘 근무를 자청했다. 인공호흡기를 부착하고 혈압을 지속적으로 확인하면서 이튿날 아침까지 최종결정을 유보하기로 했다. 하지만 회복될 가능성은 희박했다. 그녀는 내내 혼수상태에 빠져 있었다. 뇌사 가능성이 높았다.

이르마의 남자친구가 병실을 지켰다. 나는 당시 뇌사에 관한 박사 논문을 쓰면서 환자 가족들과 접촉이 잦았던 터라, 직업적인 거리감을 유지하는 데 별다른 어려움이 없었다. 하지만 이 남자는 내 방어막을 금세 파고들었다. 길고 긴 의논을 하던 중 우리는 서로 속 깊은 얘기까지 주고받기 시작했다. 그는 영어 교사였고 나는 열렬한 영문학 애호가였다. 그런 공통점 때문인지 대화를 나누는 사이 밤은 천천히 깊어갔다.

그가 최악의 상황을 각오하는 게 나을 것 같다는 생각이 문득 들었다. 나는 여자친구가 오늘 밤을 넘기지 못할 수도 있다고 알려주면서 '이별은 달콤한 슬픔'이라는 〈로미오와 줄리엣〉의 유명한 대사를 인용했다. 작별의 애달픔도 언젠가는 두 연인이 함께한 사랑과 삶의 추억 속으로 스며들게 되리라는 걸 알고 있기에 건넨 말이었다. 그는 울음을 터뜨렸다.

급박하면서도 돌이킬 수 없는 최후의 순간에 이르렀을 즈음, 이 날이 자신들이 함께하는 마지막 밤이라는 걸 자각한 그는 병실 바닥에 누워 있어도 되느냐고 내게 물었다. 나는 곧바로 그녀 옆에 침대 하나를 더 들여보내고는 등의 조도를 낮춘 뒤 모든 알람 장치를 꺼주었다.

그들은 서로의 곁에 누웠다. 그는 그녀에게 자신의 팔을 둘러주었고, 평화로운 고요 속에서 둘은 마지막 밤을 함께 보냈다. 다음날 아침 7시에 그를 깨우러 갔다. 몇 시간 후 신경과 전문의가 재검을 했다. 모든 것이 확고해졌다. 뇌사 판정이 내려지고 인공호흡기는 거두어졌다.

그날 아침 집으로 차를 몰고 오면서 우리가 삶을 얼마나 당연시하며 사는가를 불현듯 깨달았다. 이르마는 조깅을 끝내고 얼른 집으로 돌아가리라 생각했을 것이다. 잘 다녀오라는 키스를 해주던 그녀의 남자친구 역시 곧 다시 연인을 보리라 믿어 의심치 않았을 것이다. 맑은 하늘이 한순간 칠흑 같은 어둠으로 바뀔 수 있다는 건 상상조차 못한 채.

이르마의 남자친구로부터 부고를 받은 나는 그녀의 장례식에 참석했다. 셰익스피어의 문구를 암송하는 남자친구의 애도사를 듣자 뭉클한 감동이 밀려왔다.

우리의 마지막 순간, 또는 사랑하는 이와의 마지막 밤은 언제든 결국 오게 된다. 평소 우리는 그 순간이 언제가 될지 가늠조차 못 한 채 산다. 하지만 그는 그걸 보았던 셈이다.

그는 정직하게 말해주어서 고마웠다고 나에게 인사했다. 이르마가 살지 못하리라는 사실을 알았기 때문에 그녀와 마지막 시간을 어떻게 보내야 할지 스스로 판단할 수 있었다면서. 우리 역시 그가 마지막 밤을 추억으로 간직하도록 그에게 닥친 슬픔에 조금이나마 달콤한 위로를 덧입혀줄 수 있었다.

20년도 더 지났지만, 그 밤의 일을 못 잊는다. 삶의 소소한 일상을 소중하게 여기는 태도가 얼마나 귀한 것인지를 깨닫게 해주었기 때문이다. 아내와 함께 마시는 커피 한 잔, 같이 누울 수 있는 안락한 침대, 친구들과 보내는 시간….

행복은 우리를 둘러싼 모든 인간관계 속에 있다. 그리고 삶은 불멸이라는 환상을 뒤집어쓰고 있을 뿐, 작별은 언젠가 반드시 온다. 그러기에 우리는 가능한 한 아름다운 추억을 많이 만들며 살아야 한다.

이르마의 남자친구와 나는 오랫동안 연락을 주고받았다. 그는 내 박사 학위 수여식에도 와주었고, 이르마가 떠난 지 5년 후 내 결혼식에도 참석했다.

이르마의 비석에는 그에게 깊은 울림을 주었던 문구가 새겨져 있다. 그가 그녀 곁을 지키던 그 밤, 내가 인용한 〈로미오와 줄리엣〉의 그 대사 한 줄이.

딸을 구하지 않기로 선택하는 심정

|

피에테 반 아이스덴 Pieter van Eijsden(신경외과 전문의)

여덟 살 여자아이가 어느 날 돌연 타고 있던 자전거에서 떨어졌다. 그날 나는 병원 복도에서 아이 부모를 처음 보았다. 뇌간에서 악성 종양이 발견되었다는 MRI 진단 결과를 부모가 전해 들은 직후였다. 뇌간 조직에 자라난 암은 치료 자체가 불가능해 예후도 상당히 좋지 않다. 그 아이가 살날이 별로 남지 않았다는 뜻이었다.

아이의 아버지는 처음부터 단호했다. 어차피 딸이 회복 가망이 없다면 병원에서 죽게 하고 싶지 않다고 말했다.

그들은 딸을 집으로 데려가길 원했다. 가족 모두의 삶을 아수라장 속에 던져버리느니 얼마 남지 않은 시간을 즐겁게 보내는 쪽을 택한 것이다.

그날의 대화가 오래도록 내 마음속에 남아서 지금도 종종 생각난다. 딸의 삶은 주로 학교를 중심으로 돌아갔고 평소 펄러비즈Perler beads(픽셀아트 구슬놀이)와 그림 그리기를 좋아했다. 그러니 딸을 집으로 데려간다면 조금이라도 더 오래 아이가 좋아하는 놀이를 즐길 수 있을 거라고 아버지는 말했다. 장래 대학생활도, 꿈꿨던 사회생활도, 연애의 기쁨을 누릴 수도 없는 마당에, 고작 남은 몇 달을 생명 연장을 위해 고통스러운 치료를 받도록 해야겠냐는 것이었다.

아이의 부모는 내 처남의 절친이기도 했다. 진단을 받은 후 아이 아버지는 내게 곧장 전화를 걸어 남은 시간 동안 자신들을 도와줄 수 있겠냐고 물었다. 다른 의사들이 몇 가지 선택안을 제시했지만(가령 종양 일부를 외과적으로 제거해도 다시 자라날 가능성이 있다, 방사선 치료가 대안이긴 하지만 돌이킬 수 없는 상황을 연장할 뿐이다, 등등), 또 다른 길인 치료 거부는 아예 논외였다고 그는 전했다.

아이의 부모는 전문가들을 죄다 만나보고 고심을 거듭한 끝에 자신들의 처음 입장을 견지하기로 마음먹었다. 아무것도 하지 않는 것이 가족 모두에게 가장 현명한 방법이자 딸을 위한 최선의 길이라고 확신했기 때문이다.

아이는 일곱 달을 더 살다 떠났다. 가족은 그 시간을 통원과 치료를 반복하느라 허비하는 대신 작별을 고하는 일에만 오롯이 쓸 수 있었다. 그 모든 과정을 지켜보면서 나는 아이의 부모로부터 많은 것을 배웠다. 그 전까지 나는 의사들이 부모에게 아무것도 하지 않는 것이 가장 합당한 선택임을 알려야 하는지에 대해 의구심을 품기도 했다. 하지만 아무리 생각을 거듭해봐도 확신을 가질 수가 없었다.

나는 개인적으로 불필요한 생명 연장이 무의미하다고 여겼지만, 동료 의사들에게 이 생각을 드러내놓고 말하기는 망설여졌다. 게다가 내가 뭐라고 감히 그런 말을 할 수 있겠는가 싶은 생각도 들었다. 하지만 어느 젊은 아빠가 자신의 가장 귀중한 보물인 딸을 구하지 않기로 단호하게 나서는 모습을 보면서, 그가 내 생각을 명징하게 반영하고 있음을 깨달았다.

그날 이후, 나는 오로지 치료에만 매달리는 태도에서 점차 벗어났다. 어떤 환자에게는 수술이 앞으로 나아가는 확실한 길이지만, 다른 환자에게 치료는 아무런 혜택을 주지 못하기도 한다. 물론 이 두 극단 사이에 거대한 회색지대가 존재하는 것도 사실이다.

요즘 나는 환자들에게 인생에서 가장 절실하게 원하는 것이 무엇인지 물어본다. 그들이 궁극적으로 바라는 인생 지향점에

도달하도록 돕기 위해서는 무엇보다 내가 환자들을 잘 알아야 하기 때문이다.

그 아이가 집에서 생을 마감한 지 여러 해가 흘렀다. 나는 최근 아이 아빠와 만나 오랜 시간 동안 이야기를 나눴다. 그는 의사들이 온갖 치료에 집중하지만, 원치 않는 부작용은 여전히 간과하고 있다고 역설했다.

그의 가슴 아픈 경험은 일에 대한 나의 태도와 방식을 크게 바꾸어놓았다. 치료 과정이라는 것이 때로는 환자와 그 가족에게 너무 과할 수도 있다는 사실을 깊이 이해하게 되었기 때문이다. 의사로서 단호하게 "아니오."라고 말하는 것은 매우 힘들다. 하지만 때로 그것이야말로 최선일 수도 있음을 이 경험을 통해 나는 배웠다.

두고두고 뼈아픈, 어느 화요일 밤

|

한스 반 구도버Hans van Goudoever(소아청소년과 전문의)

어느 화요일 밤이었다. 산부인과 의사가 내게 부인과 병동으로 와서 젊은 부부의 상담을 들어줄 수 있겠느냐고 전화를 걸어왔다. 여성은 임신 25주 차였는데, 아기가 당장이라도 나오려 하고 있었다. 그 정도 때이른 조산은 사실 꽤 위험하다. 24주 미만의 경우 대개 가망이 없고 적어도 26주는 되어야 조산을 권고하지만, 그 2주 사이 역시 위험하긴 마찬가지다. 어쨌거나 그런 상황에서 나는 한밤중 진통을 겪고 있는 산모와 그녀 곁을 지키는 남편을 찾아갔다. 나는 조산아의 생존 확률, 그리고 장애나 영구 손상 위험을 포함한 조산의 부작용에 대해 설명했다.

부부는 내게 자신들의 진로와 해외 진출 계획을 들려주었다.

63

젊은 부부는 자신들의 장래에 비추어 장애 가능성이 있는 조산아를 어떻게 받아들여야 할지 마음의 준비가 전혀 되지 않은 상태였다. 게다가 아기가 고통을 겪게 될까 봐 몹시 두려워했다. 잠시 고민하던 부부는 아이가 태어나도 치료를 하지 않는 게 낫겠다는 결론을 내렸다.

지금은 나도 이런 상황을 많이 겪어 꽤 익숙해졌다. 다만 대다수 부모가 아기를 살릴 수만 있다면 무엇이든 하겠다고 간청하는 현실을 고려하면, 당시 이 부부의 반응은 나를 적잖이 놀라게 했다. 자기 몸으로 낳은 아기의 생명을 거두기로 마음먹는 것만큼 어려운 일도 없을 테니까 말이다.

개인적인 감정과 별개로 나는 다른 모든 소아과 전문의나 신생아 전문의들이 서약하듯 그 부부의 뜻을 존중할 의무가 있었다. 부부의 어린 딸은 그날 새벽에 태어났다. 의료진인 우리가 할 수 있는 건 그저 아기를 가능한 한 편안하게 해주는 일뿐이었다. 아기는 그렇게 몇 시간을 살다가 사망했다.

나는 이 부부를 다시는 못 만날 거라 생각했다. 그런데 1년 후, 그때 그 부인과 의사로부터 전화가 걸려왔다. 특별히 나와 면담하길 원하는 부부가 있다고 했다.

나는 한눈에 그들을 알아보았다. 바로 그 부부였다. 그들은 내게 해외로 나가는 것을 포기했다고, 어렵사리 고민한 결과라고 말했다. 부인은 또다시 임신을 했지만 이번에는 24주 만에 진통이 시작되었고, 아들을 출산할 예정이었다.

나는 아기의 생존 확률에 대해 그때와 똑같은 말을 전했다. 그들의 결정은 이전과 달랐다. 부부는 아기를 살리기 위해 가능한 모든 걸 다하겠노라고 했다. 하지만 우리는 그렇게 해줄 수가 없었다. 그 아이 또한 살지 못했기 때문이다.

이 사례는 내 평생 잊지 못할 기억으로 남았다. 우리는 환자들(특히 이런 경우 부모들)을 가능한 한 의사결정에 참여시킨다. 거기에는 중요한 이유가 있다. 치료에 관한 결정을 환자 스스로 할 수 있을 때 본인을 위한 최선의 선택을 한다고 믿기 때문이다.

그런데 지금 생각해보면 그 또한 환상이 아닐까. 그 부부는 배울 만큼 배운 사람이었지만, 곁에서 도와줄 친구나 가족도 없이 촌각을 다투는 암담한 딜레마에 처해 있었다. 뒤늦은 깨달음이지만, 어쩌면 그런 상황 아래서 이 부부 역시 잘못된 선택을 했을 수도 있다. 나중에 다시 만났을 때 그들은 이루 말할 수 없는 심적 고통으로 괴로워하고 있었다.

나에게는 사람들의 마음을 내 뜻대로 바꿀 자격이 없다. 객관적 태도로 그들을 대할 뿐이다. 다만 이 경험으로 말미암아 나는 환자들에게 내 뜻을 좀 더 명확하게 전달한 뒤 스스로 냉정하게 생각할 시간을 제공할 필요가 있음을 뼈저리게 느꼈다.

우리는 딸이었던 그 첫 아기의 운명이 어떻게 되었을지 결코 알 수 없다. 미숙아의 절반은 끝까지 중환자실을 벗어나지 못한다. 그렇더라도 여아의 생존율이 남아보다는 조금 더 높다는 점을 고려하면 이 부부의 사례가 더 가슴 아프게 다가온다.

그 화요일 밤, 내가 그들의 입장이었다면 아마 다른 선택을 했을 것이다. 아기가 삶의 기회를 얻게 될지 조금 더 지켜봐 줘도 좋지 않았을까? 어쩌면 우리의 바람에도 불구하고 아기는 결국 사망했을지 모른다.

하지만 그 아기에게는 기회조차 주어지지 않았다. 그 사실이 두고두고 뼈아프다.

곁에 머물러 주는 것만으로도

|

벤 크룰 Ben Crul(일반 가정의)

40대 초반의 지적이고 매력적인 여성, 그 부인과의 만남은 내 인생행로에 커다란 전환점이 되었다. 의대를 갓 졸업한 나는 어느 병동에서 전공의 과정을 밟고 있었다. 난소암은 흔히 예후가 좋지 않기 일쑤다. 더구나 그녀는 이미 손쓸 수 없는 상태였다. 매일 아침 회진 때마다 그녀를 만났지만 나쁜 소식밖에 전할 말이 없었다. 다른 환자들에게는 엑스레이나 혈액검사 결과를 있는 그대로 전달하면 됐지만, 그녀가 누워 있는 병실로 걸어 들어갈 때면 늘 마음이 무거웠다.

"벤." 그녀가 어느 날 내게 말했다(그녀는 항상 내 이름을 불러주었다). "그거 말고 다른 할 말은 없어요? 내가 죽을 운명이라는 거, 나도 잘 알아요. 그러니까 기분전환이라도 할 만한 좋은 얘깃거리는 없나요?"

그 말을 듣는 순간 머리를 세게 얻어맞은 듯한 충격을 받았다. 환자들도 그냥 보통 사람이라는 당연한 사실을 나는 그제야 깨달았다. 내 직업이 그저 의학 지식을 전달하는 일을 넘어선다는 자각이 든 것이다.

이후 나는 인간적인 면모를 조금씩 드러내면서 휴가 등 다른 소재들을 이야깃거리로 끌어들였고, 그녀는 무척 재미있게 내 말을 경청했다. 그 일은 질병이라는 관점을 넘어 환자를 어떤 존재로 바라봐야 하는지를 깊이 성찰하는 계기였다.

그때 그녀에게서 받은 질문은 그동안 일을 하면서 내 마음이 결코 편치 않았다는 사실을 깨닫게 해준 시발점이기도 했다. 당시 내가 보던 주변의 대다수 전문의들은 늘 종종걸음을 치며 서둘러 촬영결과를 분석하고, 화학치료를 끝내자마자 또 다른 치료에 들어가는 식으로 온통 임상적인 치료에만 골몰했다. 한번은 수술을 받고 난 직후 말이 아닌 상태로 누워 있는 환자를 앞에 두고 의사들끼리 아무렇지 않은 듯 임상적인 얘기를 주고받는 걸 들은 적이 있다. 그때 내가 본 환자의 표정은 마치 '아니, 잠깐만요. 지금 나를 두고 그렇게 떠들어도 되는 건가요?'라고 항의하는 것 같았다.

그 환자의 눈빛은 그동안 불편했던 내 마음을 선명하게 들여다보도록 만들었다. 애초 그녀와의 대화가 촉발한 문제, 그러니까 전문의는 절대 내 길이 아니며 일반 가정의가 더 잘 맞는다고 확신하기에 이른 것이다.

나는 일반 가정의 수련 과정에 새로 들어갔고 곧바로 그 차이를 깨달았다. 최신 병리학적 결과를 분석하는 차원을 넘어, 보고 듣고 관심을 기울이는 일을 다룬다는 점이 달랐던 것이다.

내 어머니는 젊은 나이에 세상을 떠나셨다. 내가 아직 대학에 다닐 때였다. 당시 어머니를 담당했던 의사 선생님은 하루 걸러 한 번씩 우리를 찾아와 주셨다. 그분이 해줄 수 있는 건 별로 없었지만, 항상 웃옷을 벗고는 어머니 침대 옆에 가만히 앉아 있던 모습이 지금도 눈에 선하다. 그분이 우리 곁에 있다는 사실만으로도 얼마나 큰 힘이 되었던지…. 그 고마움을 절대로 잊지 못한다. 환자를 위해 시간을 낸다는 것 자체가 얼마나 중요한 일인가를 그때 절감했기 때문이다.

난소암을 앓던 그 부인은 내가 병원을 떠난 지 1년 만에 삶을 마감했다. 그녀의 친구분이 내가 임상 수련 1년차 과정을 밟던 병원으로 찾아와 부음을 전했다. 와인 한 병과 그녀가 죽기 직전 나에게 남긴 편지 한 장을 들고서.

어느덧 25년 전의 일이다. 하지만 아직도 그 생각을 하면 감상에 젖어든다. 편지에서 그녀는 우리가 함께했던 그 짧은 시간이 참으로 소중하고 고마웠다고, 자신이 죽은 후에라도 그 사실을 내게 꼭 전해주고 싶었다고 썼다. 환자와 의사가 서로에게 의미 있는 존재가 된다는 말이 어떤 것인가를 그대로 드러내 주는 내용이었다. 내가 그녀에게 어떤 의미였는지를, 그녀가 나에게 어떤 의미였는지를.

비통의 순간에 놓인 사람들에게

한네케 하게나르스Hanneke Hagenaars(간호사)

몸 상태가 안 좋다고 말하던 남자가 직장에서 갑자기 쓰러졌다. 구급차로 이송하는 동안 인공호흡을 실시하고 곧바로 입원시켰지만 상태는 급격히 나빠졌다. 딱 한 번 뇌출혈 전력이 있는, 10대 자녀를 둔 젊은 아버지였다.

몇 시간 후, 그의 두뇌 활동이 완전히 정지했다. 이를 확인한 의사들은 가족에게 회복 가망이 전혀 없으므로 추가적인 치료는 무의미하다고 설명했다.

이어 의사들은 국가장기기증등록기관에 연락을 취했다. 그런데 데이터베이스에 환자 기록이 나오지 않았다. 망설이던 의사들이 그의 아내에게 물었다. 남편이 평소 장기기증에 관한 의사를 밝힌 적이 있는지….

그가 아직 젊고 건강했기에 장기 대부분이 유용하리라고 본 것이다. 아내는 남편의 장기 일체를 기증하는 데 동의했고, 그렇게 해서 내 전화벨이 울리게 되었다.

나는 서둘러 병원 중환자실로 달려가 그 남자의 아내와 여동생, 그리고 두 자녀를 만났다. 그들은 예상외로 침착했다. 나는 가족 한 사람 한 사람에게 장기기증 절차에 수반되는 모든 사항을 상세하고 명확하게, 긴 시간을 들여 설명했다. 머릿속으로는 끊임없이 그들이 현재 내 말을 얼마만큼 이해하고 있는지 파악하고 또 어떤 정보를 더 필요로 할지 예측하면서 논의의 밀도를 높여나갔다. 의사들은 의사들대로 뇌사 판정 재확인을 위한 검사절차를 몇 시간째 진행하고 있었다.

모든 절차가 끝나자 의사들이 들어와 가족들에게 위로의 말을 전한 뒤 공식 사망 시각을 알렸다. 가족들 대신 내가 사망 시각을 받아 적고는 "우리가 잘 돌봐드리겠습니다."라고 말했던 기억이 지금도 생생하다.

그의 아내는 수술이 진행되는 동안 병원에 남아 있었다. 다섯 시간에 걸쳐 그의 모든 장기가 적출되었다.

6주 후 나는 그녀에게 전화를 걸었다. 내가 늘 하는 일로, 고인이 그 후 어떻게 되었는지 알리기 위해서였다. 그러자 그녀는 직접 방문해주길 청했고, 뜻하지 않게 나는 그의 집 거실에 발을 들여놓았다.

거기서 처음 고인의 생전 모습을 사진으로 보았다. 온갖 튜브와 장치들로 둘러싸인 채 미동도 없이 병상에 누워 있는 모습으로만 보았던 바로 그 사람이었다.

그의 아내는 내게 왜 자기가 주저 없이 장기기증에 동의했는지, 이유를 들려주었다. 부부는 기부에 대해 종종 얘기를 나눴다고 했다. 따라서 그 같은 결정이 남편의 인품과 인생관에 부합한다고 판단했다는 것이다. 항상 다른 사람들을 위한 일을 도맡아 해왔지만, 장기기증등록부에 이름을 적어넣는 일에까지는 미처 손이 미치지 못했을 거라면서.

남편의 신장과 심장, 간, 췌장이 다섯 명에게 새 생명을 주었다고 말하자 그녀는 울음을 터뜨렸다.

나는 이런 대화를 병원 내 나의 담당구역을 두루 오가며 매년 수차례 나누곤 한다. 매번 극도로 가슴 아픈 대화이다. 그들 중 유독 기억에 남는 사람, 이렇게 내 마음속을 비집고 들어오는 가족이 있는데 그녀가 바로 그런 사람들 중 한 명이다.

나는 그녀를 짧은 기간 동안 만났을 뿐이다. 다만 그녀 인생에서 가장 비통한 몇 주 동안 곁에 머물던 사람이었으므로 서로가 매우 가깝게 여겨졌던 게 아닐까 싶다.

내가 중환자실에 들어서던 순간을, 그녀는 나중에 이렇게 회상했다. "그때 한네케가 내 삶 속으로 걸어 들어왔지요."

그 말이 모든 걸 대변하는 듯했다. 그때 그 병실에서 그녀가 내게 보였던 확신과 신뢰는 지금도 잊히지 않을 만큼 절실했다. 두 아이와 홀로 남겨진 채 인생에서 가장 큰 시련을 맞던 순간이었기 때문이다.

나 역시 고인이 세상에 남긴 마지막 선물을 통해 비통의 순간에 놓인 사람들에게 위로와 안식을 전해주는 일이 얼마나 보람 있는 것인가를 다시금 깨달았다. 그녀 덕분에 가치 있게 생을 마감하는 것의 중요성도 새삼 되새겨볼 수 있었다.

난민 아이들의 놀라운 회복력

|

에릭 웨흐렌스 Erik Wehrens(열대병 전공의)

어머니 등에 업혀 온 소년은 이미 위중한 상태였다. 내가 달려가 확인했을 때 아이는 의식이 없는 데다 심한 간질 발작에 시달리며 가쁜 숨을 몰아쉬고 있었다.

곧바로 내린 진단은 뇌성 말라리아, 말라리아 중 가장 치명적인 유형이었다. 생존 가능성은 희박했다. 아이는 고작 여섯 살 남짓, 남수단의 대다수 아이들과 마찬가지로 일반 성인의 나이에 도달하기는 어려워 보였다.

내가 일하는 남수단의 난민 캠프는 사람들로 미어터질 지경이었다. 12만 명에 달하는 빈민들이 내전이 벌어진 고향에서부터 벤티우Bentiu라는 이곳 국경 마을까지 밀려와 수년간 오도 가도 못하고 있었다. 상황은 비참했다. 모두가 골진 함석을 지붕 삼아 겨우 기거하는 형편이었고 캠프는 말라리아 모기 떼가 창궐하는 습지대로 둘러싸여 있었다.

병에 걸려 실려 오는 대다수 환자는 단연코 아이들이다. 이곳에 국경 없는 의사회가 세운 병원은 침상 150개, 수술실과 응급실, 소아과 병동과 영양클리닉을 갖추고 있었지만, 우리가 아무리 갖은 노력을 기울여도 아이들은 하루가 멀다 하고 죽어나갔다.

나흘 동안 나는 동료들과 교대로 밤을 새워가며 소년을 돌보았다. 그 기간 내내 소년은 의식 없이 누워만 있었다. 우리는 소년에게 항말라리아 약제, 항생제, 수액을 투여하면서 스스로 면역력을 회복해 무사히 위험한 고비를 넘기기만 기다렸다.

모든 의료팀이 아이의 증세를 익히 알고 있었다. 때문에 우리는 매일 상태 보고를 하면서도 최악의 상황을 염두에 두고 있었다. 아이가 용케 살아난다 해도, 합병증 등 후유증 역시 만만치 않을 터였기 때문이다. 바이러스성 말라리아에서 회복된 아이들이 귀가 먹거나 시력을 잃거나 사지가 마비되거나 뇌 손상을 입는 경우가 허다했다.

그러던 차에 상황이 호전되기 시작했다. 소년이 통증 반응을 보이다 이내 말을 하더니, 24시간이 지나자 눈을 활짝 떴다. 그러다 아예 일어나 앉아 먹고 말하기 시작했다. 우리 병원에 실려

온 지 겨우 일주일 남짓 지났을 뿐인데, 소년은 쾌활하게 뛰어다니며 침대 밑으로 기어 들어가 숨바꼭질을 하는가 하면 복도를 따라 축구공을 굴리며 놀기도 했다. 우리 모두 소년이 본래 모습으로 돌아간 걸 바라보며 기뻐했다.

요즘도 나는 위독한 아이들을 볼 때면, 그 소년을 생각하곤 한다. 난민 캠프는 수많은 이야기, 특히 슬프고 가망 없는 사연들로 얼룩져 있다. 하지만 한 소년의 기적적인 말라리아 극복기처럼 희망적인 사례를 떠올리며 다시 힘을 내 전진하자고, 절망하지 말자고 다짐한다.

우리가 지원했던 남수단 의료진에게 가장 필요한 것도 바로 그런 마음이다. 우리는 6개월 의료 봉사를 마치고 집으로 향하지만, 그들은 고통과 정면으로 마주하면서 여러 해 동안 노고를 마다하지 않기 때문이다. 그런 의료진에게 생과 사를 가르는 차이를 때로 우리가 만들어낼 수도 있다는 사실을 실감할 때만큼 보람 있는 순간은 없을 것이다.

소년의 어머니는 훗날 나에게 말했다. 자기 아들이 반드시 회복될 것임을 언제나 믿고 있었다고. 생각해보면, 제때 아들을 병원으로 데려온 것도 엄마가 아니었던가?

그녀의 태도는 그곳 사람들의 회복력에 대해 많은 것을 시사한다. 캠프 밖 끔찍한 전투가 벌어지는 전쟁터 한가운데에서도 대다수 난민들은 긍정적인 시각을 견지하며 살아간다. 많은 이들이 고통과 고뇌를 묵묵히 견디면서도 결코 멈추는 법 없이 나름대로 최선의 삶을 이어가려 노력한다. 교회를 짓고 시장을 열고 축구를 한다. 암울해 보이는 상황 속에서도 여전히 희망의 끈을 놓지 않는다. 희망 없는 삶을 사는 일이 어떤 것인지를 그들은 너무도 잘 알고 있기 때문이다.

그 소년에게 어떤 기적이 일어났던 걸까. 다만 바라건대, 건강하고 행복한 모습으로 퇴원한 그가 다시 병원으로 실려오는 일은 절대 없기를. 난민 캠프 어딘가 작은 판자촌으로 사라진 소년이 지금도 예전처럼 지내고 있기를 빈다. 여전히 활기차게 뛰어다니며 숨바꼭질을 하고 친구들과 공을 차면서 말이다.

차가웠던 나의 심장

|

빌코 페울 Wilco Peul(통증의학과 전문의)

19세 청년 페터는 어느 날 밤 철도 역사에서 괴한들에게 곤봉으로 심하게 얻어맞고 혼수상태가 되어 병원에 실려 왔다. 그날 밤 이후 여러 차례 수술을 받았지만 나아질 기미가 보이지 않았다. 그럼에도 우리는 그를 살려내기 위해 최선을 다했고 수개월 동안 중환자실에 누워 있던 그는 1년 후 기력을 회복해 집으로 돌아갔다. 그는 진심으로 고마워하며 자신이 겪은 일을 사람들에게 알리는 웹사이트까지 개설했다.

페터는 이후 부모님이 계시는 네덜란드 해안가 젤란드Zeeland주의 집으로 돌아갔고, 그 후로는 아무런 소식을 듣지 못했다. 나는 주로 사고 후유증으로 나타나는 외상성 뇌손상 환자들을 매년 수십 명씩 수술한다. 하지만 수술 후 얼마나 많은 환자가 다시 정상적인 생활을 영위할 수 있는지에 대해서는 한 번도 제대로 살펴본 적이 없었다. 환자가 병원에서 의식을 회복해 나가는 것, 그게 내가 본 환자들의 마지막 모습이었다.

집으로 돌아갔는데도 상황이 나빠지면 재활센터나 요양원으로 옮겨지지만, 그런 시설들의 실상을 실제로 본 적도 없었다. 4년 전 처음으로 재활센터를 방문해서 내 환자였을 법한 사람들을 만나기 전까지는 말이다.

그 경험은 실로 충격적이었다. 심각한 장애를 입게 된 사람들, 스스로 할 수 있는 게 별로 없는 사람들을 만나고 나서야 나라면 과연 그런 삶을 받아들일 수 있을지 자문하기에 이르렀다. 나아가 인간애란 무엇이고 행복의 본질은 과연 무엇인가 하는 문제까지 곱씹어 생각했다.

일단 뇌가 손상되면 삶 전체가 무너져 내린다. 그렇다면 의사로서 우리는 과연 옳은 일을 하고 있었던 것일까? 그저 우리가 할 수 있다는 이유만으로 가능한 의학적 처치들을 다 쏟아붓는 것이 능사일까?

내 머릿속 고민의 쳇바퀴는 오랫동안 같은 자리에서 맴돌았다. 그러던 어느 날 내 제자 한 명이 뇌수술을 받고 퇴원한 환자들이 어떤 삶을 살고 있는지 연구하고 싶다는 의견을 냈다. 이를 계기로 우리는 예전 환자들을 찾아가 인터뷰를 해보기로 마음먹었다. 그리하여 젤란드 주에 있는 페터를 다시 만나러 갔다. 우리는 그가 4년 전 작별인사를 건네던 때처럼 잘 지내고 있을 거라 예상했다.

하지만 현실은 예상과 딴판이었다. 그는 잦은 간질 발작에 시달렸고 지능지수는 예전 수준을 회복하지 못했으며 심각한 기억력 장애까지 앓고 있었다. 몇 번이나 학업을 다시 이어가려 애썼지만 결국 실패하고 말았다. 하물며 여자친구나 배우자를 만나는 일은 상상조차 하기 어려운 상황이었다.

우리는 크나큰 충격에 휩싸였다. 차를 타고 돌아오는 30여 분간, 우리는 말 한마디 나누지 않았다. 그러다 길이 막혀 한참을 서 있던 중에야 가까스로 이야기를 주고받기 시작했다. 우리가 분명 기적을 선물했다고 확신했지만, 그 기적이란 게 신기루처럼 허망하게 사라져 버린 현실을 눈앞에서 목도하고 만 것에 대해서.

페터의 사례를 통해 나는 이것이 다른 병원들과 협업을 통해 연구해야 하는 매우 절실한 문제임을 깨달았다. 치료를 한다면 얼마나 더 진행해야 할까? 모든 환자를 대상으로 다 수술을 해야 하는가? 아직 갈 길이 멀지만, 환자와 그 가족들 간 인터뷰를 통해 이러한 질문들에 대해 언젠가는 충분히 근거 있는 해답을 제시할 수 있길 나는 바란다. 그렇게만 된다면 의사들은 환자와 그 가족에게 좀 더 나은 조언과 정보를 제공할 수 있다. 나아가 확실히 긍정적인 예후를 보일 (혹은 그렇지 못할) 환자들을 예측해서 그들이 조금 더 현명하게 의사결정을 할 수 있도록 도울 수 있을 것이다.

페터와 대면한 일은 내 인생 전체를 바꿔놓았다고 해도 과언이 아니다. 이후 내 직업적 판단 잣대가 달라졌을 뿐 아니라 총체적인 인생관까지 변화시킨 전환점이 되었기 때문이다. 더불어 과거의 내가 얼마나 무감정한 직업인이었는지를 깨닫고 반성하는 계기이기도 했다. 철벽이나 목석과 같이, 성가신 감정 따위에 연연하지 않겠다는 태도로 일관하던 차가운 심장을 가진 의사였음을. 그랬던 내가 비로소 공감할 줄 아는 의사로 변모한 것에 대해 페터에게 깊은 감사를 전한다.

지하로부터의 수기

|

한스 반 담 Hans van Dam(간호사)

어느 월요일, 남편이 정기적으로 브리지게임을 하러 가는 날 저녁. 홀로 있던 아내는 다량의 수면제를 삼켰다. 요행히 그녀는 살아났다. 마침 브리지게임 회원 몇 명이 감기에 걸려 빠지는 바람에 일찍 귀가한 남편이 쓰러져 있는 아내를 발견하고는 급히 병원으로 데려왔기 때문이다.

도린은 30대 중반의 두 아이 엄마였다. 30년 전 일이지만 나와 마주보던 그녀의 얼굴이 아직도 어제 모습처럼 생생하게 떠오른다. 그녀는 뚫어져라 나를 응시하고 있었지만, 그 응시는 나를 그대로 통과해 버렸다. 눈을 맞추려고 온갖 시도를 했으나 허사였고 어떤 얘기에도 흥미를 보이지 않았다. 함께 있던 신경과 전문의는 정신 질환 징후라고 할 만한 것은 전혀 보이지 않는다며, 단지 극심한 개인적 스트레스 혹은 깊은 인생 고민에 따른 일시적인 우울증세로 진단했다.

그녀와 나 사이에 모종의 신뢰가 서서히 생겨나기 시작하던 어느 날이었다. 그녀가 단둘이 만나길 청했고 나는 그녀를 아담한 사무실로 안내했다. 그녀는 바닥을 한참 내려다보더니, 끔찍하리만치 비참하다는 말만 되풀이했다. 긴 침묵이 흘렀다.

이윽고 나는 이렇게 말했다. "도린, 난 당신이 두 번 다시 자살 기도를 못 하게 막으려고 여기 있는 것이 아니에요."

지금 생각해보면 커다란 쇳덩이가 철골을 부수는 듯한 발언이었다. 그녀는 눈을 크게 뜨고 나를 바라보더니 단도직입적으로 물었다. "방금 뭐라고 했어요? 당신네들이 원하는 게 그게 아니라고요?" 사리 분별을 할 줄 아는 그녀로서는 자살 욕구를 발설하기라도 하면 무슨 일이 일어날지 그 누구보다 잘 알고 있었으리라. 곧장 보호시설로 보내져 강제 치료를 받게 되리라는 염려 때문에 그동안 말을 삼켰을 것이다. 그 불안감을 충분히 이해하고도 남았다. 그런 압박감에서 그녀가 해방된다면 마음을 터놓을 것이라 여겨 건넨 말이었다.

나는 그녀가 퇴원한 뒤에도 계속 연락을 취하겠다고 담당의에게 말했다. 시간이 지나면서 그녀는 내게 자신의 삶, 특히 심대한 고통을 끼친 사건들에 대해 털어놓기 시작했다. 타인에 대한 신뢰감이 거의 없다 보니 매사 과민해지고, 온갖 자극이 홍수처럼 밀려와 도저히 감당할 수 없을 지경이라고 토로했다.

2년 후 그녀는 내게 도스토옙스키의 《지하로부터의 수기》라는 책을 건네주었다. 우리의 대화를 꼭 닮은 선물이었다. 마치 도스토옙스키의 글처럼 그녀 역시 자신의 지하세계를 내게 드러내 보이고 있었던 셈이다.

약 4년 후, 그녀가 그리 잘 지내지 못하는 것 같은 예감이 들었다. 조만간 그녀가 또다시 자살을 시도하리라고 얼마간 예감했던 나는 언젠가 한 번 그녀에게 정말 그럴 생각이냐고 물었고, 그녀는 "어쩌면."이라고 대답을 했다. 그 말을 그녀의 담당의에게 전했다. 하지만 그는 별 소용이 없을 거라 여기며 아무런 조치도 취하지 않았다.

어느 날 아침 그녀의 남편으로부터 전화를 받았다. 전날 밤에 그녀가 너무나도 끔찍한 방식으로 자살을 했고 열세 살짜리 딸이 그런 엄마를 발견했다는 내용이었다.

도린과의 만남은 내 인생에 한 가지 교훈을 남겼다. 선을 넘는 태도는 삼갈 것, 그게 우리가 할 수 있는 전부다. 의료인들은 낭떠러지에 서 있는 사람들을 어떻게든 붙잡아주기 위해 늘 집착한다. 하지만 그 또한 얼마나 오만한 생각인가! 우리는 그저 타인의 삶에서 손님에 불과하다. 그러니 손님답게 행동해야 한다. 절박한 상황에 빠진 사람은 누구에게든 이해를 갈구한다. 우리가 할 일은 도움이 가능한지를 면밀하고 명확하게 짚어내는 것이다. 그것만으로도 상대에게 큰 위안을 줄 수 있다. 나는 좋은 경청자가 되는 법을 배웠다. 자신의 이야기를 나눌 기회조차 없는 사람들은 홀로 외로이 막다른 종착역에 다다르게 된다.

도린의 끔찍한 죽음은 보조 자살에 대한 내 생각에도 영향을 미쳤다. 만약 누군가 삶을 도저히 지탱하지 못하겠다고 마음먹는다면, 인도적인 출구로 향하는 길도 열려 있어야 마땅하지 않을까? 꿋꿋이 삶을 이어갈 것인가, 아니면 보다 덜 고독한 죽음을 택할 것인가? 그 선택권만으로도 사람들에게 숨돌릴 틈을 줄수가 있다. 끝이 결국 불가피한 선택이라면, 이 젊은 엄마가 택한 방식처럼 끝내서는 안 되겠기에.

아직도 우리 집 서가에 꽂혀 있는 책의 속표지에는 '도린으로부터,'라고 쓴 그녀의 글씨가 또렷하게 남아 있다.

PART 2

수술 후 5주간의 방사선 치료가 이어졌다. 직접 받아보니, 여태 나는 아무것도 모르고 있었다. 환자들을 지켜보기만 하던 것과는 전혀 딴판이었다. 죄어오는 듯한 통증에 오로지 빨리 끝났으면 좋겠다는 생각밖에 들지 않았다. 환자가 되어 처음 접한 그 경험 앞에서 그동안 쌓인 내 의학 논리 따윈 어느새 창밖으로 날아가 버리고 없었다.

아픈 딸아이의 아버지가 될 때

|

피에트 르로이|Piet Leroy(소아청소년과 전문의)

막내딸이 갑자기 아팠던 그날은 어머니 날이었다. 처음엔 독감쯤으로 생각했지만, 일주일이 지났는데도 차도가 없었다. 채 세 살도 안 된 아기가 고열과 기침에 시달리며 가쁜 숨을 몰아쉬었다. 금요일 밤, 상태가 악화해 응급실로 데려갔더니 중증 폐렴이라고 했다. 폐에 고름이 차 있었고 혈압도 비정상으로 나왔다. 진작 알아봤어야 할 전형적인 증상들이었다.

나는 지금껏 한 번도 소아 폐렴 진단을 놓친 적 없는 베테랑 의사라고 자부하고 있었다. 그런 내가 정작 내 아이의 상태를 간과한 것이다.

참으로 기가 찰 노릇이었다. 다른 사람의 아이였더라면 내 짐작을 확인하기 위해서라도 다른 징후는 없는지 열심히 찾아보았을 텐데…. 사태가 그쯤 되자 한 아버지로서 안심할 만한 작은 실마리라도 붙들고 싶은 심정이었다.

딸아이는 내 담당 병동 소아 중증치료실에 입원했다. 이제 나는 더 이상 의사가 아닌 어린 환자의 아빠였다. 내 관점도 말 그대로 180도 달라졌다. 침상 발치에 서 있는 대신 침상 옆에 앉게 되었다.

그 전환이 많은 것을 대변해 주었다. 무엇보다 의사는 질병 자체를 사고와 대화의 시작점으로 받아들이는 경향이 있다. 문제를 확인하고 예후를 가정한 다음 치료방법을 결정하며, 부모에게 가능한 한 많은 정보를 제공하려 한다.

하지만 부모의 관심사는 이와 전혀 다르다. 오로지 내 아이가 제발 무사하기를 빈다. 나아가 혹시라도 후유증이 남지는 않을까? 내가 놓친 다른 증세는 없을까? 하는 두려움과 걱정뿐이다. 아버지로서 내가 나눈 최고의 대화는 올바르고 정확한 정보를 알려줄 뿐 아니라 내 정서적 불안까지 살펴주던 의료진과의 면담이었다.

이 경험은 나에게 지대한 영향을 끼쳤다. 이제 나는 부모와 대화할 때 완전히 다른 접근법을 취한다. 의학 논리라는 게 부모들이 개인적으로 겪고 있는 상황과 종종 동떨어진 세계라는 사실은 어떤 책도 내게 일러준 적 없는 가르침이었다.

그래서 이제 나는 시간을 두고 부모들에게 서서히 다가간다. 일과 취미, 가정사에 관한 얘기부터 마음속 두려움까지 털어놓을 수 있도록 말이다. 그렇게 신뢰를 쌓다 보면 좀 더 효과적인 대화의 문이 열린다. 그런 후에야 내가 하려는 말들이 훨씬 더 수월하게 전달된다.

딸아이는 이후 몇 차례 더 수술을 받았다. 물론 나는 이 증상을 숙지했을 뿐만 아니라, 대부분 괜찮아질 것임을 알고 있었다. 내가 매달릴 거라고는 의학 지식뿐이었으니까. 그런데 일주일이 지나자 심각한 합병증이 발생했다. 정밀검사 결과 폐와 심장 사이에 새로운 감염증이 생긴 것이다. 내 동료들의 눈에 스치는 공포의 빛을 본 건 그때가 처음이었다. 그 증상이 지속되던 하루종일, 우리 모두는 두려움에 떨어야 했다.

결국 딸아이는 기적적으로 살아났지만, 그날 이후 수십 번씩 그때의 공포가 떠오르곤 한다. 딸아이가 누워 있던 병실은 그날 하루 동안의 드라마와 불가분의 관계로 엮여 있다. 그곳은 이미 다른 수많은 아이들이 거쳐 간 곳이고 나 역시 평범한 소아과 의사로 돌아왔지만, 지금도 그 병실에 들어설 때마다 그날의 공포가 되살아나 머리끝이 쭈뼛 서곤 한다.

아이가 중증 질병에서 마침내 회복될 때, 환희와 안도로 들뜨다 보면 가슴 저미던 부모의 아픔들은 까맣게 잊히고 만다. 위험이 가시고 이제 안전한 상태라고 마음을 놓는 것이다. 하지만 속수무책의 절망감이 도사리고 있던 그 시간은 얼마나 길었던가. 아이를 잃을지도 모른다는 두려움, 뜬눈으로 하얗게 지새우는 밤들, 어찌할 줄 몰라 안절부절 병원 복도를 서성이던 나날들, 저마다 달리 겪는 부모들의 극심한 스트레스. 이 모든 것은 쉽게 사라지지 않는 흔적으로 깊게 남는다.

아픈 아이의 부모들과 얘기를 나눌 때면 나는 내 가슴 속 상흔을 꺼내놓고 이렇게 말한다. "한동안 많이 힘드실 겁니다. 그러니 시간을 두고 함께 잘 견뎌봅시다."

내 딸의 병은 부모들의 사투를 체감하게 해줌으로써 내가 좀 더 나은 의사로 성장하도록 도와준 쓴 약이었다.

생사를 둘러싼 결정 앞에서

|

바르트 파우저 Bart Fauser(부인과 전문의)

우리를 찾아온 건 뜻하지 않은 병을 진단받은 후 눈앞에서 자신들의 미래가 무너져 내리고 있다고 여기던 젊은 부부였다. 암 선고를 받은 남편은 어쩌면 불임으로 이어질지 모를 화학치료를 앞둔 상황이었다. 그는 정자를 극저온으로 냉동해 후에라도 아기를 출산할 수 있기를 희망했다.

얼마 후 부부는 다시 나를 방문했다. 불임 치료를 시작하고 싶다는 구체적인 소망을 피력했지만 한 가지 심각한 딜레마가 있었다. 결국 화학치료가 실패해 남편은 이미 죽음을 목전에 둔 시한부 환자가 되었다는 사실이었다.

이 경우 부부의 소망을 들어주는 게 정말 옳은 일일까? 아내가 이 결정의 결과를 감당할 수 있을까? 평생 자기 아버지 얼굴도 못 본 채 살아갈 아기를 우리가 애써 세상에 태어나게 하는 것이 과연 정당화될 수 있을까?

혼자서는 도저히 답을 낼 수 없었던 나는 이런 종류의 복잡한 이슈들을 다루는 월례 학제 간 모임에서 이 문제를 제기했다. 오래지 않아, 이런 일에 우리가 조력자로 나서는 건 그리 현명한 처사가 아니라는 결론이 나왔다. 적어도 그 당시에는 그랬다.

그 논의 결과를 듣고 난 부부의 반응이 아직도 생생하다. 그들은 즉각 냉담한 태도를 취했다. 나는 의사들이 치료에 공동책임을 지는 만큼 치료 범위 결정에도 각자의 발언권이 있음을 설명하면서, 다른 곳에서 치료를 이어가고 싶다면 당연히 그렇게 해도 좋다고 덧붙였다.

3년 후, 혼자가 된 여성이 자신의 아버지와 함께 내 진료실로 찾아왔다. 그녀가 내게 설명하기를, 당시 도울 의향이 있는 다른 병원을 찾기는 했으되, 남편이 1차 불임 치료 중 사망했기 때문에 거기서 멈추었다고 했다. 그러면서 처음에는 나의 말에 격분했지만 그럼에도 지금 다시 찾아온 건 죽은 남편의 소망을 이룰 준비가 되었기 때문이라고 밝혔다. 그래서 현재 재혼하지 않고 안정된 삶을 영위하고 있음을 입증하기 위해 아버지를 대동했다고 말이다.

이번에는 우리 측에서도 치료를 시작하기로 결정했다. 실제로 독신 여성이 아이를 갖는 것은 전혀 문제가 되지 않을 뿐더러, 남편도 이미 자신의 정자가 사후에 사용되는 것에 동의한 상태였기 때문이다. 나 역시 젊은 나이에 그런 엄청난 비극을 극복해낸 그녀의 용기에 감복했다.

얼마 뒤, 체외수정 시술을 해주기로 한 병원으로부터 연락을 받았다. 내 환자가 나타나지 않았다는 것이다. 나는 그녀에게 곧바로 전화를 걸었다.

그녀는 이 문제를 충분히 생각해본 결과, 더 이상 진행하지 않기로 최종 선택을 했다고 나에게 설명했다. 그러면서 "3년 전에는 그게 당신의 결정이라 여겼는데 이제서야 나 자신의 결정으로 느껴진다"고 말하는 게 아닌가!

그때 비로소 나는 생사를 둘러싼 결정이 얼마나 복잡미묘한 문제인지를 실감했다. 처음에 그녀는 우리의 거절을 외부에서 무리하게 가한 강요로 받아들였다. 하지만 나중에 차근차근 자문하면서 그때 자신의 결정이 진정 스스로 원하던 방향이었던가를 진지하게 회의하기에 이른 것이다. 자기 마음에 대한 확신을 얻기 위해 이렇게 멀리 돌아오는 긴 우회로가 필요했던 셈이다.

나는 일방향의 소통법으로 환자를 대하고 말하는 데 익숙한 구세대 의사다. 그러다 보니 이 부부의 사례에서처럼, 내가 처음에 취했던 태도가 다소 투박했다는 생각도 든다. 우리 측 논리를 나름대로 이해시키려 애썼지만 잘되지 않았던 걸 보면 말이다.

그래도 이 여성이 자신의 분노를 가라앉히고 나를 다시 찾아와 준 게 얼마나 다행스러운지 모른다. 내 첫 결정이 틀리지 않았다고 여전히 믿지만, 그녀를 통해 새삼 나를 돌아볼 수 있었기 때문이다. 나아가 환자와 신뢰 관계를 쌓는 일이 무엇보다 중요하다는 사실을 뒤늦게나마 깨우칠 수 있었다.

그 일 이후로 나는 의사 결정 과정에 환자의 부모도 함께 참여시키는 문제에 대해 더 각별히 신경을 쓴다. 최종 결정이 모두에게 흡족할 만한 결과로 나타나길 바라는 마음에서다.

출구는 결국 스스로 만들어낸다

산드라 비일 Sandra Bijl(일반 가정의)

그녀는 오래전 포대기로 감싼 신생아를 들쳐업고 남편과 함께 몇 차례나 산을 오르내리며 이라크에서 탈출했다. 네덜란드에 망명한 후, 내가 일하는 로테르담 시내에 둥지를 틀었고 여기서 두 명의 아들을 더 낳았다. 하지만 그토록 힘겹게 손에 넣은 안전이 가정 내에서 벌어지는 드라마 같은 일들로 인해 뿌리째 흔들리고 있었다.

그녀는 알 수 없는 애매한 증세들을 호소하며 진료실을 찾았다. 수차례 진료를 반복한 후에야 어렵사리 근본 원인을 밝혀냈다. 사실 그녀는 남편에게 학대와 강간을 당하고 있었으며 이로 인해 내면에 깊은 수치심을 안고 살아왔다.

그녀는 남편이 강제로 성관계를 요구할 때마다 무슨 일이 일어났는지를 나에게 털어놓았다. 남편은 그녀가 보지 못하도록 천으로 두 눈을 가린 뒤 온갖 추악한 행위를 벌였고, 이 과정에서 그녀는 여러 번 원치 않는 임신을 했다. 그래서 이번에도 남편 모르게 낙태를 하기 위해 나를 찾아온 것이다. 심지어 남편은 그녀가 다른 남자를 만나고 다닌다는 둥 의처증 증세까지 보이면서 아들들에게 온종일 엄마를 감시하라고 시켰다.

주변 사람들은 한목소리로 조언했다. 절대 이런 식으로 놔두어선 안 된다고, 당장이라도 남편을 떠나야 한다고. 하지만 그녀 마음 한구석에는 같은 이라크 출신 시아주버니에 대한 충격적인 기억이 자리잡고 있었다. 시아주버니는 명예살인이라는 명목으로 아내를 살해했고, 그녀는 자기도 같은 일을 당할까 봐 두려움에 떨었다. 게다가 독일에 사는 오빠 두 명과 이라크에 있는 남동생에게 연락해 이혼문제를 의논했지만, 세 명 다 절대 안 된다는 말만 반복했다. 아이들을 놔둔 채 이라크로 돌아올 각오가 아니라면 꿈도 꾸지 말라고 그들은 말했다. 그야말로 진퇴양난에 빠진 형국이었다.

그러는 사이 가정폭력은 점점 더 심해졌다. 남편은 그녀를 가리켜 다리 벌리기를 거부하는 아무짝에도 쓸모없는 여편네라며, 친구들 앞에서 태연하게 험담을 퍼부었다. 그런 막말을 자식들

앞에서까지 해댔으니 그녀의 모멸감은 갈수록 깊어졌을 터였다. 그 와중에 열악한 가정환경을 이유로 아이들을 데려가겠다고 을러대는 관계자들까지 나타나면서 그녀의 심리적 압박은 점점 더 가중됐다.

이런 상황에서 온갖 주변인들이 그녀의 가정사에 훈수를 뒀다. 그들은 뭐가 최선인지 자신이 가장 잘 안다는 듯 저마다 다른 주장을 펼쳤다. 나 역시 그런 무리 중 하나였다. 매주 진료를 받으러 오는 그녀에게 네덜란드에서는 두려워할 필요가 없으니 어서 행동에 나서라고 설득했다. 그녀의 대답은 늘 똑같았다. "못 해요." 심지어 나는 아부탈레브Aboutaleb 로테르담 시장 측에 전화를 걸어 그녀의 남편을 회유해 줄 수 있는지 물어보려 했지만, 시장 비서진 선에서 막히고 말았다.

모두가 그녀 대신 묘수를 짜내겠다고 열심이었지만, 실은 오지랖 넓게 참견하는 소리에 불과했다. 이혼의 귀결을 그녀 자신이 제일 잘 알고 있다는 사실은 아예 간과한 태도였던 셈이다.

얼마간 시간이 흐른 뒤 그녀는 마침내 스스로 해결책을 찾아냈다. 그녀는 어렵사리 독일에 사는 오빠들과 남편을 한자리에 모아 가족회의를 마련했다. 그리고 그저 견뎌내라는 말만 반복하던 오빠들의 마음을 돌려 결국 자기 편에 서도록 만들었다. 오빠들이 가족 전체를 대신해 이혼을 허락해 준 덕분에 가족의 명예를 더럽혔다는 오명을 쓰지 않게 되었다.

지금 그녀는 네덜란드에서 아이들과 함께 살고 있다. 이혼한 전남편은 이따금 아이들을 보러 온다. 그녀의 현명한 처신 덕에 전남편은 현재 상황을 순순히 받아들이는 것 외에 달리 방법이 없었다.

그녀의 이야기는 타인의 문제를 내가 항상 해결해 줄 수 있으리라고 섣불리 판단해서는 안 된다는 교훈을 남겼다. 다른 사람의 인생에서 무엇이 옳은지를 내가 뭐라고 함부로 재단할 수 있겠는가? 빈곤한 이주자 동네에서 여태 일하고 있지만, 정작 그들의 문화와 배경에 대해 내가 아는 건 얼마나 될까?

이 여성의 강인함은 나를 부끄럽게 만들었다. 엄청난 스트레스와 고통, 열악한 조건 속에서도 힘과 용기를 끌어모아 스스로를 비극 속에서 구해낸 그녀에게 진심 어린 찬사를 보낸다. 아마도 내 진료실에서 그녀를 다시 볼 일은 없을 것이다.

지나친 호의가 화살이 되어

|

미에케 케르크호프 Mieke Kerkhof(부인과 전문의)

아기가 태어난 직후 축하 인사를 전하러 그녀의 집을 방문한 적이 있다. 내가 이렇듯 젊은 산모들을 모두 만나러 다닌다는 사실을 몰랐던 그녀는 자기만 특별대우를 받는다고 느낀 것 같다. 나 역시 그녀가 그렇게 생각하는 줄은 까맣게 몰랐다.

어느 날 그녀가 내게 아기 사진첩을 건넸다. 그러면서 그냥 가지고 있다가 한번 훑어보라고, 생각나면 좋은 글귀나 한 줄 써달라고 부탁했다. 그게 얼마나 사적인 제스처였는지 진작에 알아챘어야 한다. 하지만 나 역시 그때는 그녀의 부탁을 어떻게 거절해야 하는지 알지 못했다. 정신과적 증상을 앓고 있던 그녀는 우리 병원 정신의학 병동 외래 환자이기도 했기 때문이다.

그녀는 배우자가 없어 얼른 일을 시작해야 한다고 말했고, 나는 급한 대로 직장에 복귀한 후 내 진료실로 따로 와서 경과를 살펴보자고 배려했다. 그녀는 이 배려를 일종의 VIP 대우쯤으로 해석했던 모양이다. 나중에야 그녀가 오해했을 법한 일들이었다고 수긍했지만, 당시에는 나 역시 그런 상황이 문제를 일으킬 거라고 짐작조차 못 했다.

일은 아주 묘하게 꼬이기 시작했다. 그녀는 내게 편지를 써서 병원 안내데스크에 맡겨두기 시작했다. 내가 자기 생애 두 번째 엄마가 되어주었다면서 차라도 함께 마시며 나의 역할에 대해 본격적으로 논의하고 싶다고 했다. 일이 그쯤 되자 나는 명확한 선을 그을 필요가 있음을 깨달았다. 우선 병원 법무팀과 상담을 거친 후 공식 서한을 보내 의사 대 환자 관계를 종료한 다음 다른 남자 의사에게 그녀의 진료를 의뢰해 두었다. 하지만 그녀는 이를 곧바로 거부했다.

그 무렵부터 익명의 이메일이 쏟아져 들어오기 시작했다. 다소 선정성을 풍기는 이 메시지들은 모두 동일한 핫메일 주소 셰익스피어인러브투비Shakespeare-in-love-to-be를 통해 발신된 것이었다. 보낸 이가 나를 다 아는 듯 공격적인 말들을 쏟아내는 상황은 불안하다 못해 위협적이었다. 이 같은 이메일 세례는 경찰에 신고하겠다는 통지 직후 뚝 끊길 때까지 무려 1년간 지속되었다.

그 범인이 내 환자였으리라고는 꿈에도 생각지 못했다. 그녀의 정신과 전문의가 혹시 그녀와 마지막으로 한번 만날 용의가 있느냐고 나에게 묻기 전까지는 말이다. 그날 대화를 통해 그녀는 자신이 내내 나를 스토킹해왔다고 자백했다.

그 직후 그녀는 다른 병원으로 옮겨갔는데, 이 과정에서 나는 두고두고 뼈아픈 결정적인 실책을 범하고 말았다. 새로운 여성 의사가 나와 같은 일을 겪지 않도록 경고 메시지를 주기로 마음먹은 것이다. 사실 환자와 의사 간 비밀유지 원칙에 위배되는 일이었다. 그럼에도 나는 이와 같은 조치가 반드시 필요하다고 확신했다.

도저히 입 다물고 있을 수 없었던 나는 그녀를 새로 맡게 된 여성 의사 진료실로 직접 전화를 걸었다. 의사가 전화를 받지 않는 바람에 비서와 연결되었고, 나는 비서에게 그 환자를 남성 의사에게 의뢰하라고 강력히 권고했다. 그런데 비서가 환자에게 곧장 전화를 걸어 이 문제를 논의하는 실수를 저질렀다! 환자는 펄펄 뛰면서 나를 상대로 병원 측에 일곱 차례나 항의서를 내고 장황한 악성 주장을 펼쳤다. 끝내 전부 기각되었지만, 환자—의사 간 비밀유지 위배만은 피해갈 수 없었다. 그 건에 한해서는 나에게 책임이 있다는 판결이 내려졌다.

그 일은 의사로서 우리가 얼마나 취약한 위치에 있는지를 절감케 해주었다. 안 그래도 의사와 환자는 밀접한 관계에 놓일 수밖에 없는 데다 부인과의 경우 훨씬 더 그런 편이니까 말이다. 그 여성은 마치 내가 그런 밀접성을 남용한 것처럼 느끼도록 했다. 물론 그녀의 행동은 비정상적인 정신상태에서 기인했을 가능성이 높다(그녀는 강박성 성격장애를 앓고 있었다). 하지만 이 드라마에서 내가 맡은 역할 또한 무시할 수 없다. 환자를 위해 가능한 모든 것을 해주겠다는 마음이 앞선 나머지 지나친 호의와 열성을 보였던 것이다. 환자와 의사 간 거리를 무시한 채 너무 격의 없이 행동한다고 동료들이 몇 차례 주의를 주었지만, 거리를 두는 것이 내게는 오히려 더 힘들었다. 아마도 타고난 천성 때문인 듯했다. 그렇게 환자들과 스스럼 없이 지내던 나는 이 환자의 사례를 통해 혹독한 깨달음을 얻었다. 무엇보다 나 자신에게 좀 더 엄격해지기로 마음을 고쳐먹은 것이다.

이 경험을 교훈 삼아 나는 수련의들에게 조언하곤 한다. 환자들에게 헌신하되, 반드시 선을 지키라고 말이다.

환자가 된 후 비로소 절감하는 것들

|

예스터 올덴버그 Hester Oldenburg(유방암 전문의)

내가 만난 많은 환자들이 저지르는 실수를 나도 똑같이 하고 말았다. 그냥 무시해버린 것이다. 내 오른쪽 가슴에 작은 덩어리가 서서히 자라는 걸 느꼈을 때, 나쁜 소식이라는 예감이 들었다. 그럼에도 이 문제를 상담하기 위해 동료를 찾아간 건 그로부터 몇 달이 지난 뒤였다. 그는 해당 부위를 만져보고는 곧 초음파와 조직검사에 들어갔다. 나중에 병리학자로부터 전화를 받던 순간을 아직도 잊을 수가 없다.

워낙 긴밀하게 짜여진 팀이라 이 소식은 삽시간에 병동 전체로 퍼졌다. 게다가 환자들 못지않게 우리도 유방암에 무방비라는 사실을 인식한 것 자체만으로 불안감이 엄습했다.

나는 익숙한 우리 병원에서 수술을 받기로 했다. 동료 의사들과 유대가 깊으니, 나에게 이보다 더 나은 곳이 어디 있으랴 싶었다. 다만 가장 힘든 부분은 그 모든 상세한 절차를 내가 다 알고 있다는 점이었다.

난생 처음 의사가 아닌 환자로서 집을 나서던 그날 아침, 침대에 실려 수술실로 들어가며 본 낯익은 얼굴들, 모든 게 초현실적으로 느껴졌다.

수술 후 5주간의 방사선 치료가 이어졌다. 직접 받아보니, 여태 나는 아무것도 모르고 있었다. 환자들을 지켜보기만 하던 것과는 전혀 딴판이었다. 유방암은 일과 집안일, 노부모 돌보기 등, 한꺼번에 많은 일을 해내느라 종종걸음치기 일쑤인 중년여성들에게 아주 흔한 질환이다. 그러다 보니 그 많은 일들 사이에 방사선 치료쯤 하나 더 끼워 넣는 일이라 여기기 쉬웠고 나 역시 그렇게 생각했다.

현실은 너무도 달랐다. 죄어오는 듯한 통증에 오로지 빨리 끝났으면 좋겠다는 생각밖에 들지 않았다. 의사로서의 나는 진단을 내리고 결과를 평가하고 통계를 검토하는 데만 익숙할 뿐이었다. 환자가 되어 처음 접한 그 경험 앞에선 그동안 쌓인 내 의학 논리 따윈 어느새 창밖으로 날아가 버리고 없었다. 외과의와 방사선 치료사가 내 옆에 앉아 얘기를 나눠준 덕분에 겨우 정신을 차릴 수 있었다.

그렇게 방사선 치료를 끝내고 2주 후 다시 일터로 복귀했다. 그 후부터는 건너편에 앉아 있는 환자가 마치 거울 속의 나처럼 보였다. 모든 이들이 바로 나였다. 그들의 이야기가 다 내 일처럼 여겨지기 시작했다.

베를린에서 열린 학회에 참석했을 때 전 세계 수백 명의 의사가 유방암에 대해 떠드는 걸 지켜보는데 저들이 암에 대해 제대로 알기나 하는 걸까, 하는 회의가 몰려왔다. 그 후 나는 3개월 휴가원을 냈다. 다시 의사가 되려면 먼저 환자이기를 그만둘 필요가 있었기 때문이다.

6년 후 추적 검진을 받던 중 유방암 재발 사실을 확인했다. 같은 쪽 유방이었는데, 이번에는 너무 깊이 자리를 잡고 있어서 기미조차 느낄 수 없었다.

방사선 치료 후 2차 수술을 할 때는 유방 보존이 더 이상 불가능해져 완전히 도려내고 재건 수술을 받아야 했다. 그러느라 배뇨 관을 단 채 닷새를 더 입원해 있었다. 수술 다음날에는 침대 가장자리에 기대앉을 수조차 없었다.

나는 환자들에게 치료가 끝난 이후 뒤따라오는 시기에 대해 이야기를 많이 한다. 그때는 삶이 비로소 정상으로 돌아오리라고 모든 환자가 예상하는 시기다. 하지만 그때야말로 내게 무슨 일이 일어났는지, 최악의 경우 앞으로 어떤 일이 또 닥칠지 깨달아야 할 시기다. 소름 끼치고 숨 막히는 느낌이지만 나는 그걸 두 번이나 과소평가했다. 이제 와 생각해보니 의사들 역시 환자들을 대할 때 이 같은 사실을 완전히 놓쳐버린다.

나는 환자들에게 나도 유방암 환자였다는 이야기를 거의 하지 않는다. 진료 상담은 내가 아니라 환자 자신을 위한 것이기 때문이다. 하지만 이 경험은 의사로서 나를 크게 변화시켰다. 이젠 환자들이 무엇에 직면하고 있는지 한눈에 파악한다. 나도 겪어봤기 때문이다. 그 낙담과 공포와 불안을.

무엇보다 암이라는 게 얼마나 만만찮고 끈질긴지 알게 되었다. 암이 나를 죽이지는 못할 테지만 여전히 알람시계의 역할을 한다는 사실도. 나아가 건강을 그저 당연한 것으로 받아들여선 안 된다는 것, 내게도 암이 올 수 있다는 것, 나 역시 언젠가는 죽음을 피할 수 없는 존재라는 사실을 절실히 깨달았다. 그러니 이제까지와는 다른 사람으로 살아가야 한다는 사실을 말이다.

거울 속 낯선 얼굴과 만난다는 것

|

이렌 마티센 Irene Mathijssen(성형외과 전문의)

처음 만난 일곱 살 소녀 케이티는 심한 선천성 두개골 안면 기형아였다. 출생 전 정상보다 조기에 결합된 두개골이 두뇌 성장을 방해했기 때문이다. 뿐만 아니라 안구가 돌출되고 눈 사이 거리가 멀었으며 아래턱보다 들어간 위턱 때문에 호흡마저 힘들어 보였다. 소녀가 앞서 수차례의 수술을 거친 뒤 우리에게 온 이유는 전면적인 안면재건술을 받기 위해서였다. 우리는 소녀의 얼굴 중앙 부분을 전체적으로 끌어당기기로 했다. 이마와 눈구멍, 턱 부위 뼈들을 전부 해체해 얼굴 양쪽을 잘 돌려 맞춘 다음, 특수기구를 이용해 천천히 앞으로 당기는 절차를 거쳐야 하는 대수술이었다.

수술은 성공적이었다.

"네가 얼마나 예쁜지 한번 보렴."

우리는 그렇게 이야기했고, 소녀의 부모 역시 이제는 자매들과 꼭 닮았다면서 행복해했다. 덕담을 건네는 우리 모두 흐뭇한 마음이었다. 딱 한 사람 케이티만 빼고. 거울 속에서 완전히 다른 얼굴을 본 케이티는 그 얼굴이 도무지 자기 자신으로 인식되지 않았다.

설상가상 주변 사람들도 자기를 다르게 대하기 시작했다. 물론 케이티도 바보가 아닌 이상 지금 무슨 일이 벌어지는 건지 정확히 알고 있었다. 예전과 다름없는 자기 자신이었건만, 자기를 둘러싼 모든 이들이 갑자기 열광하며 친근하게 대한다는 걸 말이다. 그게 다 자기가 다른 아이들과 비슷해졌기 때문이라니. 마치 당연히 '그랬어야 한다'는 듯이.

그게 얼마나 악의적일 수 있는지 한번 생각해보라. 단지 외모가 변했다는 이유로 온 세상이 하루아침에 자기를 더 똑똑한 사람으로 대한다면 기분이 어떻겠는가? 케이티는 그 점을 직시했고 이로 인해 깊은 상처를 받았다.

소녀는 좌절감을 속으로 감추려 애썼다. 하지만 아이가 말 못할 고통을 겪고 있다는 사실을 눈치챈 엄마가 우리를 찾아와 도움을 청했다. 우리 팀의 의료복지사와 심리학자가 케이티와 대화를 시도하면서 아이의 기분을 탐지해내려 애썼고 마침내 그

원인이 밝혀졌다. 케이티의 이야기는 우리의 눈을 활짝 뜨게 해준 계기가 되었다.

이제 우리는 수술실을 거치는 아이들에게 전혀 다른 이야기를 건넨다. 아무리 어린 나이여도 아이들은 자신의 외모를 의식할 뿐 아니라 외부 세계에 미치는 영향까지 인지하고 있음을 깨달았기 때문이다. 그래서 우리는 아이들에게 이렇게 설명한다. 가령 "우리가 널 수술하려는 이유는 눈이 더 잘 감기게 하기 위해서야." "숨을 더 잘 쉴 수 있게 해주려고 도와주는 거야." 또는 "잘 씹을 수 있게 해주려고 수술을 하는 거란다."

수술을 하고 나면 네가 훨씬 예뻐 보일 거라는 따위의 말들은 이제 하지 않는다. 대신 우리는 아이들에게 미리 물어보곤 한다.

"수술을 받고 나면 세상이 어떻게 보일 것 같니?" 심리학자와 함께 케이티의 사례를 들려주면서, 수술 후엔 모습이 많이 달라 보일 거라고 설명을 한 뒤, "그럴 땐 어떤 기분일 것 같니?"라고 묻기도 한다.

나는 아직도 케이티와 연락을 주고받는다. 한번은 케이티가 반 친구들에게 자신이 들려준 이야기를 편지로 써서 나에게 보낸 적이 있다. 자신의 상태와 병원 진료 경험 그리고 앞구르기처럼 해서는 안 되는 일들을 설명했다는, 감동적인 이야기였다.

이제 열세 살이 된 케이티로부터 최근 이메일을 받았다. 밖에 나가면 아직도 사람들이 자꾸 쳐다본다고, 많은 이들이 자기를 다르거나 혹은 이상하게 생겼다고 여기는 것 같다고.

친구 한 명에게 그 고민을 털어놓자 친구가 이렇게 제안을 했다고 덧붙였다. 그게 문제라면 약간만 손을 대보는 게 어떻겠냐고, 지난번처럼 한 번에 너무 급격하게 변하는 것 말고 작은 수술을 받아보는 건 괜찮지 않겠냐고 말이다. 조만간 나는 케이티에게 다시 수술을 해줄 참이다.

의사들은 환아들에게 수술을 하면 좀 더 예뻐지거나 정상으로 돌아올 거라고 설명하고 싶겠지만 그런 말은 가치 판단일 뿐임을 절대 잊어서는 안 된다. 그걸 내게 알려준 소녀가 바로 일곱 살짜리 케이티였다. 내가 환아 한 명 한 명을 만날 때마다 꼭 한 번씩 마음에 새기는 교훈이다.

해일처럼 덮치는 공포의 기억들

|

셀마 모겐도르프 Selma Mogendorff(일반 가정의)

그는 좀처럼 보기 힘든 부류의 환자였다. 우람하고 강인하며 아무것도 잘못될 것이 없다는 태도를 지닌 건설노동자. 어쩌다 무릎을 삐거나 손을 다쳤을 때 그는 진료 예약을 잡고 나를 찾아오곤 했다. 긍정 에너지가 흘러넘치다 못해 나이답지 않게 치기 어린 태도를 보일 때면 '어디서나 존재감만은 확실한 사람이구나.' 생각하며 나 혼자 웃곤 했다.

결국엔 모든 것이 다 잘될 거라고, 그렇지 않더라도 그것마저 운명이려니 생각하며 산다고 그는 늘 말했다. 그는 최소 70세까지 현업에서 일했다. 한번은 육체노동이 너무 무리가 되진 않는지, 또 비계 위에 올라서 있으면 무섭지 않은지 물었더니, "에이,

그럴 리가!"라며 친근하게 되받아쳤다. 자신이 내게 큰 돈벌이가 되지 않는다고 생각했는지 이따금 꽃을 사들고 오기도 했다.

언젠가 그는 무심코 젊을 적 제2차 세계대전에 참전해 독일에 주둔한 적이 있다고 언급했다. 그리 내켜하지 않는 듯해서 나도 더는 캐묻지 않았다. 그러다 그에게 심한 치매 증상이 나타나면서, 나는 그의 집을 정기적으로 방문하기 시작했다.

그의 머릿속은 그 옛날 젊은 시절로 돌아가 있었다. 그 당시 저장된 기억들이 더 이상 억눌러지지 않는 듯, 이 노쇠한 70대 노인은 창가에 앉아 원초적 공포로 신음하고 절규할 뿐이었다. "하나님, 오 하나님, 제발, 아냐, 그럴 리가 없어."라며 그는 울부짖었다. "그들은 이제 사람이 아니야. 그냥 시체일 뿐이라고…. 인도주의? 오, 이런. 이제 어쩌지? 뭘 해야 하지?"

그가 목격한 공포의 참상이 무엇이었는지 누가 알 수 있으랴. 어쩌면 그는 집단수용소에서 다른 포로들과 끔찍한 강제노역에 시달렸을지도 모를 일이다. 어언 15년이 지났지만 그 집 현관에 들어서자마자 들리던 처절한 울음소리가 여전히 내 귓가에 쟁쟁하게 울리곤 한다. 그것은 가슴을 쥐어짜는 흐느낌이었다. 너무 고통스럽고 슬픈 나머지 밖으로 새어 나올 수밖에 없는 숨죽인 비명….

어쩌면 죄책감이었는지도 모른다. 그는 분명 뭔가를 하려고 했었다. 하지만 무엇을? 과연 뭘 할 수 있었을까? 고작 열여덟 살의 청년이?

명료한 대화를 나누기에는 너무 늦고 말았다. 질문을 해봐도 조리 있는 답을 얻을 수 없었다. 그저 똑같은 말만 반복할 뿐이었다. 얼마나 소름 끼치는 일들이었는지 그리고 또 얼마나 괴로움을 겪었는지를 신음하듯 읊조리며 몸부림치는 것밖에는.

만약 그의 과거에 대해 알 수 있는 기회를 갖게 된다면, 그리고 그가 고통스러운 기억을 정리하도록 도울 수만 있다면, 어쩌면 그에게 얼마간의 평화를 선사할 수 있었을지도 모른다. 하지만 이제 그는 마음으로 닿을 수 없는 존재가 되어버렸다. 그는 매일같이 전쟁터를 헤매는 듯했다.

그게 다 보이는데도, 내가 해줄 수 있는 게 아무것도 없었다. 나 자신이 너무 무력하게 느껴졌다.

그의 아내는 지나간 그 시간에 대해 남편이 단 한 마디도 언급한 적이 없다고 말했다. 독일에 함께 여행갔을 때조차. 유쾌하고 호탕한 겉모습 바로 아래 자신의 과거를 꽁꽁 틀어막고 산 수십 년의 세월이 감추어져 있었던 셈이다. 그게 그의 생존전략이었는지도 모른다.

하지만 지금 그에겐 아무런 힘이 없다. 더 이상 나쁜 기억들을 떨치거나 억눌러 버릴 힘이 없는데, 그 기억들은 자꾸만 해일처럼 그를 덮치고 있었다.

만약 고뇌의 작은 흔적이나마 내가 알아챌 수 있었더라면, 몇 마디 질문이라도 해봤을 텐데. 어쩌면 그가 너무 오랫동안 그 기억을 밀쳐내기만 했을 뿐 겉으로 드러내놓고 말할 용기를 내지 못한 탓이리라.

그제야 나는 환자들이 자신의 진짜 색깔을 항상 내보이는 건 아니라는 사실을, 그들의 행동이 때로는 강한 감정을 숨기는 방편일 수도 있다는 사실을 이해했다. 불쾌하거나 짜증 나는 행동 역시 불안이나 상심의 표출일 수 있겠다는 사실도. 그와의 경험을 돌이켜보면서 나는 사람들의 행동 이면에 대해 좀 더 주의를 기울이게 되었고, 시간을 두고 곰곰이 자문해보기도 했다. 왜 저들이 저렇게 행동할까?

그는 몇 달 후 세상을 떠났다. 솔직히 말하자면 그를 위해 다행이라 여겼다. 생의 막바지가 너무나도 무서웠으리라는 짐작 때문이다. 오래전에 형성된 그 모든 기억들이 갑자기 생생한 현실로 다가왔으니…. 생각만 해도 가슴이 미어진다.

그날 밤, 그 노부인

|

페터 드 리우 Peter de Leeuw(내과 전문의)

1977년 12월의 어느 날 밤, 나는 주말 야간당직 근무 중이었다. 우리 병동과 다른 병동에 내 담당 환자들이 꽤 많았던 전공의 3년 차였다. 당시는 전공의들이 사흘 밤낮을 내리 일하는 게 당연하게 여겨지던 시절이었다. 이미 24시간 근무를 훌쩍 넘겼을 즈음이니 아마도 경험 부족과 전신 피로의 복합증상이 마구 몰려드는 시간이었을 것이다.

60대쯤 되는 노부인이 모호한 증세로 잠시 병원에 입원해 있었다. 혈액 내 산도가 상승했지만, 원인을 알 수 없어 복부 엑스레이를 요청해 놓았다. 그 뒤 간호사가 내게 결과지를 보여주러

왔던 장면이 지금도 잊히지 않는다. 늦은 밤 침침한 방안, 피곤에 절어 있던 나는 기분 나쁜 개인 통화를 막 끊은 직후였다. 그래서였는지 머리가 다소 산만해진 상태였다. 가져온 엑스레이를 살펴봤지만 별다른 게 없었다.

그런데 그날 밤, 노부인이 갑자기 사망했다. 나는 곧바로 호출되었다. 처음에는 곤혹스럽기만 했다. 어쨌거나 엑스레이는 정상이었으니까. 부검 결과 사망원인이 위 천공인 것으로 드러났다. 내가 수술실에 즉각 알려야 하는 사안이었고, 만약 그랬다면 즉시 수술을 받았을 터였다.

우리는 엑스레이를 다시 한번 더 판독했다. 위 천공은 복부에 공기주머니를 발생시키므로 당연히 엑스레이에 나타났어야 한다. 그런데 두 번째 판독에서야 뭔가가 보였다. 아주 희미한 그림자였지만, 그럼에도 불구하고 흔적이 있었다. 나는 돌이킬 수 없는 실수를 저지르고 말았다.

지금이야 대사성 산증이 위장문제의 흔한 조짐이라는 걸 알 만큼 지식과 경험이 쌓였다. 하지만 그런 사실이 널리 알려지지 않은 시절이었다고 해도, 엑스레이상 문제를 발견했다면 당연히 비상대기 중인 내과 전문의에게 전화를 돌렸어야 마땅하다. 다만 변명을 늘어놓자면, 그 시절 전공의가 이미 집으로 돌아가 침대에서 쉬고 있을 전문의에게 전화를 걸어 수술실로 끌어내는 건 그리 쉬운 일이 아니었다. 게다가 전공의라면 웬만한 문제는 스스로 처리할 줄도 알아야 했다.

그 문제는 거기서 일단락되었다. 의사들은 실수를 저지르지 않는다는 당시의 불문율 아래 그날 밤 일은 두 번 다시 언급되지 않았다. 오로지 나 홀로 감당해야 하는 일이었다. 동료들에게 그 문제를 감히 꺼낼 수도 없었다. 그러기엔 그날 밤 일이 너무나도 죄스럽고 부끄러웠다.

그날 이후 오랫동안, 나는 뭔가 빠뜨린 게 없는지 극도로 예민하게 행동했다. 그 일을 겪은 직후 얼마간은 어느 누구도 감히 치료할 수 없을 것만 같았다. 외래 진료실에서 일할 때도 모든 엑스레이를 최소 두 번 이상 꼼꼼히 들여다보았다.

내가 다시 자신감을 회복하기까지는 꽤 오랜 시간이 걸렸다. 직장 일에 훨씬 더 많은 주의를 기울이느라 내 개인적 삶은 뒷전이 되었다. 내과 전문의 자격을 딴 후에는 집에서 비상대기하고 있다가도 전화를 받는 즉시 병원으로 달려가곤 했다.

가정사는 언제나 2순위였다. 무의식적으로 그날 밤의 성가신 전화를 상기하고 있었던 것일까? 유쾌하지 않았던 그 통화가 내 균형감각을 흩뜨리고, 치명적인 실수로 이어지게 했을지도 모른다고 말이다.

이제 나는 의사들도 실수를 저지를 수 있다는 걸 인정한다. 내 경험을 교훈 삼아 젊은 수련의들도 좀 더 관대하게 대한다. 성급히 판단하지도 않게 되었다.

실수를 저지르기는 쉽다. 그렇다고 스스로의 실수에 너무 가혹하면, 자기 자신까지 함께 무너져 버린다.

그 일도 어느덧 40년이 되어간다. 시간이 많은 걸 치유해 준다지만, 나는 아직도 그 노부인을 생각한다. 그날 밤 사건은 유령이 된 지 오래다. 그때 이후로 내게 한 번씩 출몰하는. 절대 잊지 못하는 환자들은 많지만, 그 부인 생각이 가장 많이 떠오른다. 나의 실수로 인해 비극적인 결과가 초래되었으므로, 그때 느꼈던 참담함이 그 이후 내 삶에 무시할 수 없는 영향을 끼쳤으므로.

목소리를 잃은 한 남자에게 일어난 변화

이디에 피넨부르그 Idie Pijnenburg(간호사)

대략 2년간 우리 병동에 입원해 있던 어느 60세 환자 이야기다. 유난히 내성적이던 그는 스트레스를 잘 받고 자기 표현에 매우 서툴렀다. 그렇게 내면에 쌓인 욕구불만이 가끔 공격적인 방식으로 분출되었고 심할 경우 정신과적 증상으로 이어지기도 했다. 그의 아내는 남편이 너무 무서워 도저히 같은 집에서 살 수가 없었다고 토로했다.

그래도 우리는 그와 비교적 잘 지냈다. 그는 독방을 쓰며 정원 일을 즐겼는데, 아내가 주말에 찾아오거나 때로는 그가 집에 다녀오기도 했다. 그는 스스로도 잘 아는 최대 문제점을 특유의 표현방식들을 조합해 가까스로 털어놓았다. 뚱한 표정으로 고개를 젓다가 더듬거리며 "말을 잘 못 하겠어요."라고 말이다.

어느 날 그가 목이 따끔거린다며 찾아왔다. 검사를 해보니 성대에 종양이 있었다. 말을 잘 못 하겠다고 털어놓았던 사람이 후두암을 키우고 있었다는 사실이 묘하게 아이러니하고 상징적이라는 느낌이 들었다. 수술이 불가피하지만, 수술 이후에는 아예말을 못 하게 되기 때문이었다. 종양을 제거하려면 성대까지 같이 절제할 수밖에 없었다. 그게 아니라면 서서히 질식사를 감수하는 것 외에 다른 대안이 없었다.

우리는 이 문제를 두고 그와 의논하려 했지만, 공포에 질린 그는 지레 스트레스성 정신발작을 일으켰다. 경미한 지적 장애를 앓던 그의 아내 역시 어찌할 바를 모른 채 손 놓고 있다가 결국 자기들 대신 결정을 내려 달라고 의료진에게 부탁했다. 병원 내 다른 의료진과 심의를 거친 우리 팀은 가능한 최선의 치료 방법을 찾아보기로 했다.

수술은 멀리 떨어진 다른 병원에서 맡았다. 아는 사람 한 명 없고 가족 방문조차 여의치 않은 곳이었으니 그가 얼마나 고립감과 외로움을 느꼈을지 상상이 가고도 남는다. 다행히 수술은 성공적이었다. 목소리를 잃은 그가 다시 돌아왔을 때, 우리는 그가 심리적으로 회복하는 게 불가능할 거라고 예상했다. 따라서 깊은 트라우마가 몰고 올 여파를 감당하기로 단단히 각오했다.

하지만 놀랍게도, 정반대의 일이 벌어졌다. 그가 천천히 세상 속으로 발을 들여놓기 시작한 것이다. 그는 손짓 발짓을 하고 글씨로도 적어가며, 자신의 생각을 적극적으로 전달하기 시작했다.

전에는 한 번도 본 적 없는 성의와 열정이었다. 후두에 달린 작은 장치를 눌러 말하는 법도 다시 배워나갔다. 사용법을 가르치는 건 쉽지 않았지만, 그의 의욕과 결심이 아주 대단해서 때론 말이 앞서 나가기까지 할 정도였다. 그렇게 일년 남짓이 흐른 후, 그는 완전히 다른 사람으로 거듭났다. 쾌활하고 적극적이고 낙관적인 사람으로.

그가 과거에 가졌던 긴장감은 온데간데없이 사라져 버렸다. 어떤 요인이 작용했던 걸까? 의학 이론을 근거로 추정컨대, 말을 해야 한다는 압박감과 기대감을 내려놓자 더 이상 스스로 부족하다고 느끼지 않게 된 게 아닐까 싶다. 그래서 난생 처음 편안한 마음으로 대화를 한 건 아닐까? 강박과 기대를 모두 내려놓은 그로서는, 만약 뭐든 말할 수 있다면 그건 보너스인 셈이니까. 게다가 몇 마디 말만으로 칭찬세례까지 받았으니 말이다.

그의 목숨을 구한 수술이 정신적인 해방감까지 덤으로 안겨준 것이다. 그건 우리가 전혀 예측하지 못한 결과였다.

깜짝 선물과도 같은 그의 회복기는 내게 귀중한 교훈을 남겼다. 지난 35년 동안 직장생활을 할 때나 개인적인 삶에서나 늘 간직하고 꺼내보는 교훈이다. 언제나 열린 시각을 갖는 것, 어떻게 생각하느냐에 따라 상황이 딴판으로 달라질 수 있다는 믿음을 품고 살아가는 것이다. 나아가 스스로의 믿음에 따라 행동하지만, 그 신념(그것이 무엇이든지 간에)이라는 게 잘못된 확신일 수 있다는 점을 잊지 않으려 노력한다.

당시 정신건강의학과 간호사였던 나는 개인적인 확신에 비추어 사람들을 재단했고, 웬만하면 환자들을 한눈에 파악할 만큼 충분히 안다고 자부했다. 무엇이 최선인지 안다고 우기기도 했다. 하지만 그 환자를 만난 이후부터는 내가 내린 어떤 결론에 대해서도 100퍼센트 확신하지 않게 되었다.

병원을 그만둔 뒤에도 그와 연락하며 지냈다. 종종 그의 집을 방문했고, 훗날 그의 장례식에도 참석했다. 죽기 전 몇 해 동안, 그는 목소리를 잃기 전보다 훨씬 더 행복해 보였다. 정신과적 증세도 전혀 나타나지 않았다.

사소하지만 명확한 위로

|

유브 뷰이센 Huub Buijssen(심리학자)

그가 목격한 장면은 망막에 그을리듯 새겨져 있었다. 불타는 차 안에 갇힌 수십 명의 사람들, 희생자들의 고통스러운 절규. 그와 동료가 브레다Breda 인근 A16도로 사고현장으로 순찰 오토바이를 타고 부랴부랴 출동했을 당시 본 광경이었다. 짙은 안개가 자동차 도로에서 빚어진 대형 다발사고의 원인이었다.

사고 이틀 뒤 나는 그 경찰관에 관한 일로 전화를 받았다. 경찰관의 상태가 좋지 않으니, 군 심리학자로서 도움을 주었으면 좋겠다는 부탁이었다. 처음 봤을 당시 그는 심각한 충격에 휩싸여 있었다. 본래 정서적으로 매우 안정된 사람이었지만 지금은 정상으로 돌아갈 수 있을지, 다시 제복을 입고 일할 수 있을지 스스로조차 확신하지 못하는 상태였다.

그는 왜 자신과 동료만 그런 시련을 겪어야 하는지 혼란스러워했다. 사실상 해당 경찰 병력 전체가 그 사고를 목격했음에도 말이다. 모두가 같은 걸 보았는데 왜 자기와 동료만 이토록 심각한 후유증에 시달리는 것일까?

나는 그가 먼저 얘기를 꺼내도록 유도했다. 그때가 첫 '응급' 상담이었다. 이야기를 들은 다음, 트라우마 처리 기제를 어떻게 하면 가장 잘 설명할 수 있을까 고민하던 나는 그에게 그래프로 그려주면 좋을 것 같다는 생각을 했다. 먼저 평행선 5개를 가로로 긋고 하나씩 설명을 이어나갔다. 맨 위의 선은 극도의 황홀한 행복감을, 맨 아래 선은 극도의 정신적 공황상태를, 중앙선은 평상시 마음 상태를 나타낸다고 전제한 뒤 철조망 같은 물결 모양 타임라인을 덧그리면서 그에게 설명했다.

충격적인 경험을 하고 난 후 우리는 대개 맨 아래 선까지 곤두박질치게 된다. 그때 우리의 세계는 혼돈 속에 잠기고, 모든 게 암울하게만 보인다. 하지만 얼마 지나지 않아 한동안 위로 기어오르게 해주는 다른 순간들을 만난다. 그러다가 그 트라우마를 떠올리게 하는 어느 시기가 닥치면 다시 또 고꾸라진다. 다만 결코 전처럼 큰 폭으로 떨어지지는 않는다. 그 후 또다시 튀어오른다. 이번엔 지난번보다 조금 더 높게 올라간다.

심리적 처리 과정은 이렇게 물결 형태라고 그에게 말해주었다. 서서히 그렇지만 확실하게, 마치 중력과도 같이 평상시 마음 상태로 돌아가게 마련이라고.

상담을 한 지 한 달 후, 나는 그에게 안부 전화를 걸었다. 그는 기분이 훨씬 나아졌다고, 일터로 복귀한 지 3주째라고 대답했다. 그렇다면 그에게 그토록 큰 힘을 준 것이 과연 무엇이었는지 궁금해졌다.

나는 항상 누군가의 이야기를 들어주는 것, 말이 눈물로 터져 나오도록 하는 것이 어떤 상담에서든 가장 효과적이라고 믿어왔다. 하지만 그게 아니었다. 놀랍게도 그는 자신에게 통제력을 되찾아준 것이 바로 그 그림이었다고 털어놓았다. 자신의 마음속에서 무슨 일이 일어나고 있는지 이해하고 난 뒤 비로소 안정감과 균형감을 회복했다는 것이다. 이상을 정상으로, 환자를 일반인으로, 끔찍한 트라우마에 시달리던 사람을 평범한 인간으로 돌아오게 만들어준 요인이 바로 그 그림이었다니.

그게 27년 전의 일이다. 오랜 시간이 지났지만 그 경찰관은 내게 중요한 가르침을 남겼다. 트라우마를 겪은 후 치유하기까지 걸리는 과정을 사람들에게 명확하게 알려주는 게 그 무엇보다 중요하다는 사실 말이다. 그 일 이후 나는 의료진 교육에 나설 때마다 명확한 설명이 얼마나 큰 효과를 발휘하는지 강조한다.

훗날 이 경찰관은 자신의 반응이 전혀 극단적인 게 아니었음을 깨닫는 순간, 비로소 트라우마에서 벗어날 수 있었다고 나에게 말했다. 사고 당일, 그와 동료는 경미한 차량 충돌사고 현장으로 가고 있다고 생각했다. 말하자면, 그토록 끔찍한 광경과 마주할 마음의 준비가 전혀 되지 않은 상태였다. 그와 이런저런 이야기를 나누던 나는 차후 동료 경관들이 겪을지 모를 유사한 감정적 충격을 예방하는 데 그가 도움이 될 수도 있을 거라고 넌지시 귀띔했다. 실제로 그가 라디오 룸에 전달한 상세한 정보들은 예기치 못한 상황과 마주한 신참들이 정신적으로 무장할 수 있는 귀한 간접 체험의 기회를 제공했다고 한다. 이 일은 그 자체로 그에게 적잖은 위안을 주었을 뿐만 아니라 자신의 고통이 결코 헛된 것이 아니었음을 증명하는 계기가 되었다.

그때 이후로 나는 트라우마를 겪고 있는 사람들의 행동을 보다 긍정적인 시점으로 유도하려 노력한다. 그것이 얼마나 중요한 일인지를 그 경찰관이 내게 몸소 보여주었기 때문이다. 얼핏 사소해 보이는 무언가가 헤아릴 수 없이 소중한 가치를 지닐 수도 있음을….

내가 그 아이를 구할 수 있었을까?

|

넨스 코에베르그 Nens Coebergh(비밀보고 전문의)

유난히 병원 출입이 잦았던 여섯 살 소녀의 이야기다. 어느 날 아이의 학교 측으로부터 연락을 받았다. 아이 엄마 말에 따르면 딸은 늘 몸이 아팠다. 보고서 내용도 점점 더 극적으로 변했다. 처음에는 위장 문제였으나 갈수록 호흡곤란에 기절 증세까지 보인다고 적혀 있었다.

엄마는 딸을 등교시킬 때마다 아이가 갑자기 아플 경우에 대비해 담임 선생님이 대신 먹일 약봉지를 함께 들려 보냈다. 참으로 이상한 건, 아이가 학교에서는 아무런 문제 없이 멀쩡하다는 사실이었다. 천진난만하게 친구들과 놀고 있는 모습을 본 교장 선생님도 아이가 전혀 아파 보이지 않는다고 전했다.

하지만 아이를 담당하는 일반 가정의가 엄마 측의 의견에 적극 동조하고 나선 결과 아이는 한 대학병원으로 옮겨져 정밀검진을 받기에 이르렀다. 나는 나대로 그 병원 의사들에게 학교 측견해를 전달했다. 아이가 학교에선 전혀 문제가 없으니, 전적으로 병원 자체 검사의견에 따라 진단을 내려 달라고 말이다. 대다수 부모에게 아이의 상태를 물어보면 십중팔구 정직한 답변이 나오겠지만 이 경우에는 상황이 다를지 모른다고 직감했기 때문이다. 그런데 병원에서는 내 얘기를 곧이곧대로 들으려 하지 않았다. 그때 내가 얼마나 소외감을 느꼈는지 모른다. 이 사례가 뭔가 수상쩍다는 나의 직감을 어떻게 하면 그들에게 전달할 수 있을까? 어쨌든 이 아이는 전문가들을 찾아 이 병원 저 병원을 전전하며 온갖 무시무시한 외과적 처치를 받아야 했다. 그럼에도 만나는 의사들은 별다른 해답을 내놓지 못했다.

나로서는 그 엄마와 접촉할 방도도 없었다. 오래 전 일이라 절차가 지금과 달랐기 때문이다. 그땐 전문가들 외에 부모를 직접 상대하는 것은 금지사항이었다.

그러다 방학 직전 학교 측으로부터 아이의 심장 수술 일정이 잡혔다는 연락을 받았다. 깜짝 놀랐지만 병원에서 먼저 검진을 위해 아이를 입원시킨 후 문제가 무엇인지 살펴볼 것이라는 말을 듣고서야 마음을 가라앉혔다.

방학이 끝난 뒤 아이 엄마가 병원 검진을 취소했다는 소식을 전해 들었다. 아이의 병세가 갑자기 호전되었다고 했다. 아이가 의사를 만나는 횟수가 줄었고, 아이 엄마 역시 딸이 커가면서 차차 나아지는 것 같다고 학교 측에 말했다는 것이다. 다소 안심이 됐지만 그래도 걱정이 완전히 가시질 않았다.

그러던 중 학교로부터 충격적인 내용의 전화를 받았다. 아이가 사망했다는 소식이었다. 어느 날 오후, 아이는 할아버지에게 다급하게 전화를 걸었다고 한다. 엄마가 무섭다고, 제발 도와달라고. 할아버지가 서둘러 아이에게 달려갔지만 이미 늦은 일이었다. 아이는 층계 바닥에 축 늘어진 채 사망한 뒤였다. 그리고 얼마 후, 아이가 죽기 몇 주 전 그 집 개들이 전부 제집에서 죽은 채 발견되었다는 얘기가 돌았다. 온 동네가 그 사건을 알고 있었으며, 동네 사람들 모두 그 가족을 동정했다고 한다. "대체 누가 그렇게 잔인한 짓을 저지른 걸까?" 하고 수군거리면서.

만일 내가 그 사건을 좀 더 일찍 알았더라면, 절대로 그 집에 대한 경계를 늦추지 않았을 텐데. 동물 학대와 아동학대 간 연관성이 입증된 것은 익히 알려진 사실이었으므로.

그 후 법정 소송에서 밝혀진 내용에 따르면, 아이 엄마에게는 대리뮌하우젠증후군(자신이 누군가 아픈 사람을 극진히 간호하는 모습을 보여 타인의 관심과 칭찬을 얻으려는 유형의 정신질환 — 편집자)

이 있었다. 즉 타인의 이목을 끌기 위해 고의로 딸을 병들게 만든 것이었다. 딸을 죽이고 개를 독살한 장본인은 다름 아닌 엄마였다.

나는 그 아이를 한 번도 잊은 적이 없다. 아이를 둘러싸고 벌어졌던 많은 일들이 비밀보고를 담당하는 의사로서 내 직분을 다시 생각하도록 만들었기 때문이다. 내가 뭔가 더 할 수 있지 않았을까? 내가 그 아이를 구할 수도 있지 않았을까? 지금과 같은 현대적 절차를 갖추고 있었더라면 그 비극을 막을 수 있지 않았을까? 확신할 수 없는 일이다. 고비마다 나는 의심의 목소리를 냈지만, 불신에 갇힌 채 소외되었으니까.

경계를 늦추지 마라, 면밀하게 살펴라, 당당하게 맞서라, 모든 사람의 증언을 검증하라, 중요할지 모르는 단서는 무엇이든 재점검하라. 이것이 내가 얻은 가슴 아픈 교훈이다. 그 엄마는 우리 모두를 속였다. 그 대가로 자신이 기르던 동물과 심지어 딸의 목숨까지 잃었다. 생각만 해도 가슴이 미어진다.

거짓말처럼 솟구쳐오른 내면의 힘

|

폴 반 주이즈렌 Paul van Zuijlen(성형외과 전문의)

자정을 한 시간여 남겨두고, 루마니아 수도 부크레슈티 Bucharest의 한 나이트클럽에서 엄청난 화재사고가 발생했다. 10월의 어느 금요일 밤이었다. 이날 출연진 명단에는 불꽃놀이 쇼를 선보인 록밴드가 포함되어 있었다. 하지만 쇼 도중 무대에 불이 붙었고, 순식간에 연기가 클럽을 가득 메웠다. 공포에 질린 수백 명 관객들은 미친 듯이 좁은 출구로 몰려들었다.

현지 병원들은 넘쳐나는 부상자들을 다 수용할 수가 없어 각국에 국제구호 요청을 보냈다. 화재가 난 지 일주일 후, 네덜란드 외교부에서도 일부 부상자를 실어오기 위해 3개 소방대대를 급파했고, 그 중 한 젊은 여성이 루마니아 제트기 편으로 베베르위크beverwijk에 있는 우리 병원으로 이송되었다.

처음 도착했을 당시 그녀는 매우 위중한 쇼크 상태에 빠져 있었다. 안면과 전신은 3도 화상으로 뒤덮인 상태였다. 하지만 우리의 주된 걱정은 그녀와 함께 딸려온 박테리아였다. 더구나 한 번도 본 적 없는 상당히 공격적인 변종이었기 때문에 그녀를 즉각 격리한 뒤 추가적인 치료를 이어나갔다. 기존 항생제는 전혀 듣지 않았고 인공 피부로 상처를 덮는 것 역시 박테리아 증식에 더 유리한 환경을 만들어주는 꼴이었다. 현실적으로 우리가 할 수 있는 처치는 상처를 지속적으로 세척하면서 실제 피부를 조금씩 이식해 나가는 것뿐이었다. 다행히 이 전략은 효과가 있어서, 바이러스성 박테리아를 대적하는 데도 점차 자신감이 붙기 시작했다.

초기 몇 주 동안에는 진정제를 계속 투여하느라 그녀를 알아갈 기회가 없었다. 우리가 승기를 잡은 3주가 지났을 즈음 그녀의 의식도 서서히 돌아왔다. 그녀는 사나운 눈초리로 내게 같은 질문을 반복했다. "선생님. 저 어떤 모습인가요, 지금?"

붕대로 감싼 자신의 손을 본 그녀는 손가락이 모두 절단되었다는 사실을 알아챘다. 그렇다면 얼굴은? 얼굴은 어떻게 되었느냐며 끈질기게 묻던 그녀가 거울을 보여달라고 애원했다. 나는 좀 더 기다려야 한다고, 흉터가 아무는 데는 오랜 시간이 필요하다고 설명했다. 그녀의 침상 곁에서 나누었던 대화들이 아직도 내 기억 속에 선명히 남아 있다. "어서 낫고 싶어요." "다시 예뻐지고 싶어요."라고 그녀가 말했다.

나는 곧 닥쳐올 그녀의 반응이 너무나도 두려웠다. 패션 감각 넘치는 이 매력적인 여성이 하루아침에 안면기형을 갖게 된 현실을 어떻게 받아들일까? 그녀에게 닥친 불운이 기어이 그녀를 바닥으로 끌어 내리고 말 거라고 나는 확신했다.

하지만 아니었다. 대신 내가 본 것은 놀라운 내면의 힘이 거짓말처럼 수면 위로 솟구치는 모습이었다. 그녀는 거울 속에 비친 자신의 모습을 찬찬히 들여다봤다. 그러면서 자신의 얼굴을 세상에 보여줄 용기까지 서서히 충전했다. 그녀는 자신의 일상으로 되돌아갔고 인스타그램에 달라진 자기 모습을 게재하기 시작했다. 민소매 셔츠와 배꼽티를 한껏 차려입고서. 자신의 상황을 있는 그대로 수용할 뿐만 아니라 주도해 나가고 있는 그녀가 정말로 대단하게 느껴졌다.

그런 그녀를 지켜보는 일은, 직업인으로서 내가 보람과 자긍심을 느끼는 기회이기도 했다. 그녀는 인간이 끔찍한 사고를 겪고 난 뒤 어떻게 스스로를 다시 일으켜 세우는지, 내면의 힘이 어떻게 작동해 자신의 미래 인생경로를 새로 설정해 나가는지를 보여준 산증인이었다. 자신을 다시 '움직이게' 만드는 사람은 말 그대로, 그리고 상징적으로도 유리한 고지를 선점한 사람들이다. 실제로 일어나서 걷는 환자들의 경우 화상이 더 빠르고 깨끗하게 낫기 때문이다. 하지만 그보다 중요하고 더 확실한 게 있다. 자신의 상처를 있는 그대로 받아들이고 자기 삶의 일부로 수용하는 사람들에겐 놀라울 만큼 행복하고 건강한 미래가 펼쳐진다는 사실이다. 이 젊은 여성이 증명해준 것과 같이.

그녀의 이야기는 내 마음 한 곳에 굳건히 자리잡고 있다. 이제 나는 사람들 개개인의 인생관을 더 주의 깊게 바라보게 되었고 특히 그들 각자의 정신적 강인함에 세심한 주의를 기울인다. 내 일은 의술 그 이상이다. 심리학적 측면이 육체적 치료 못지않게 중요하다는 뜻이다. 그래서 나는 환자들에게 앞을 바라보고 미래에 집중하라고 독려한다.

화재사고가 난 지 그새 2년이 지났다. 지금 나는 멋지게 자신을 표현할 줄 아는 강인한 여성의 사진을 들여다보고 있다. 얼굴의 흉터나 손가락 없는 손은 별로 눈에 들어오지 않는다. 내 관심을 끄는 건 오직 반짝반짝 빛나는 그녀의 눈뿐이다.

그날 이후, 크리스마스

수피안 엘 부아자티 Soufian el Bouazati(응급의학과 전문의)

그날은 크리스마스였다. 당직 근무를 시작하려는데 간호사 한 명이 다급하게 달려와 아기가 막 실려 왔다고, 한데 상태가 좋지 않다고 내게 알렸다. 사흘 전 아기 엄마가 응급 일반 가정의를 만나고 간 기록은 있었다. 그때도 아기가 숨을 잘 못 쉬고 물도 제대로 마시지 못했다고 하는데, 그 엄마와 아기가 이 저녁 다시 응급실로 왔다는 것이다. 가보니, 소아과 의사가 이미 검진 중이었다.

불과 30분 후. 두려움에 떨던 간호사의 공포가 그대로 현실이 되었다. 모니터 속 아기의 심장박동수가 급격하게 떨어지고 있었기 때문이다. 나는 곧바로 심장마사지에 들어갔다. 양손으로 가슴을 감싸 쥔 다음 양쪽 엄지손가락으로 흉골을 눌렀다. 엑스레이상 심장이 확장된 모습으로 봐서 아기는 심부전증이었다. 약을 써서 심장을 다시 뛰게 하려고 애쓰는 사이, 소아과 의사는 인근 대학병원 중환자실 전문의에게 전화를 걸었다. 대학병원 전문의는 전화를 끊자마자 구급차를 타고 이쪽으로 이동하는 상황이었다. 양손이 시큰거릴 정도였지만 그걸 생각할 여유조차 없었다. 아기를 에워싼 의료진의 긴장감만이 실내를 가득 메웠다.

반 시간쯤 후, 전문의가 도착했다. 우리는 여러 가지 약을 사용해 심장을 다시 박동시키려 갖은 노력을 다했다. 하지만 쥐가 날 만큼 저린 손으로도 아기의 작은 가슴이 점차 뻣뻣해지는 게 느껴졌다. 바로 코앞에서 내가 계속 아기 얼굴을 내려다보고 있는데 말이다. 내가 더는 진행할 수 없는 상황이 되자 동료 한 명이 심폐소생술을 넘겨받았다. 소아과 의사는 곧바로 아기 엄마에게 상황을 알렸다.

이윽고 상황 판단을 마친 듯 전문의가 우리를 죽 둘러보았다. 더 이상 할 수 있는 게 없다고 결론 내린 그는 심폐소생술을 그만두는 데 모두 동의하냐고 물었다. 최선을 다했지만 모든 게 허사로 돌아가는 순간이었다. 아기는 그 자리에서 사망했다. 바로 우리 손 안에서.

그때 아기 엄마가 달려왔다. 응급실 구석에 앉아 모든 걸 지켜보았던 아기 엄마는 우리를 옆으로 밀치더니 두 팔로 아기를 안아 올렸다. 그 순간 내 마음도 같이 무너져내렸다.

내게도 아기가 있었다. 그 아기와 나이가 같고 심지어 모습마저 비슷한…. 내 아기도 여기 이렇게 누워 있을 수 있다는 생각을 하니 도저히 견딜 수가 없었다. 휴게실 문을 걸어잠근 채 혼자 앉아 내 속의 감정들을 전부 쏟아냈다. 그런 감정의 홍수 상태로 달리 뭘 해야 할지 나는 알 수가 없었다.

의사들은 울지 않는다…. 정말 그런가?

그날 우리 모두는 패배감을 느꼈다. 하지만 감정을 추스릴 여유가 없었다. 다른 환자들 치료도 시급했다. 당직이 끝날 무렵, 또다시 심폐소생술을 받아야 할 환자가 실려 왔다. 이번에는 82세 할머니였다. 호흡이 거칠어지더니 모니터의 심장박동 그래프가 갑자기 정지되었다. 우리는 그 할머니 역시 구하지 못했다. 하지만 이번엔 무감각하게 받아들여졌다. 그날 저녁 내 감정의 격차는 천양지차로 극명하게 갈렸다.

나는 도저히 잠을 이룰 수가 없었다. 뜬눈으로 그 밤을 지새웠다. 우리가 할 수 있는 게 혹시 더 남아 있었을까? 달리 뭔가 할 수 있는 건 없었을까? 끊임없이 생각하면서. 다음날 일찍 하루를 시작하면서도 내 머릿속에서는 코앞에 있던 아기의 얼굴과 전날 밤의 일들이 파노라마처럼 스쳐 지나갔다.

우리 일은 감정적으로 굉장히 소모적이다. 수많은 비극을 접하고도 그걸 마음에 담아두고 지낼 여유가 없다. 명료하고 이성적인 정신상태를 유지하기 위해서라도 그런 감정들로부터 스스로를 차단하지 않으면 안 된다. 이 전략은 한동안 잘 먹히다가도 가끔씩 내 아픈 곳을 찌를 때가 있다. 그럴 땐 댐이 무너지듯 감정의 장벽도 허물어진다. 그게 그날 밤 내게 일어난 일이었다.

이듬해에 나는 또다시 크리스마스 당직을 맡게 되었다. 그날은 70세 노인이 실려 왔다. 다행히 심폐소생술은 성공적이었다. 그럼에도 불구하고 내 생각은 어느새 1년 전 크리스마스 때 만났던 어린 아기에게로 홀연히 돌아갔다.

그날 이후로, 나에게는 어떤 크리스마스도 이전과 같은 적이 없다.

비닐봉지에 유기된 신생아

|

딕 비숍 Dick Bisschop(부인과 전문의)

어느 날 새벽, 응급실 간호사로부터 전화 한 통을 받았다. 열다섯 살 소녀가 오줌까지 지리며 극심한 복통을 호소하고 있다는 내용이었다. 외래 진료 당시 방광염 진단을 받았지만 증상이 가라앉지 않자 소녀의 계부가 병원으로 데려왔다고 했다. 경험 많고 눈치 빠른 간호사는 수상한 낌새를 느꼈는지 단순 방광염이 아니라고 덧붙였다.

아니나 다를까.

복부초음파를 찍어보니 뭐가 문제인지 단번에 드러났다. 자궁이 비정상적으로 커져 있는 상태로 보아 아주 최근에 출산을 한 것으로 판단되었다. 짐짓 태연한 목소리로 아기는 지금 어디에 있느냐고 소녀에게 물었지만, 아이는 의아한 표정만 지었다.

기억하기로 내가 꽤 야멸차게 반응했던 것 같다. 나는 계부 쪽으로 몸을 돌리면서 이렇게 말했다. "집에 가서 얼른 아기나 돌보세요."

바로 그 순간 소녀의 엄마가 커다란 비닐봉지를 들고 나타났다. 봉지 안에는 그녀가 집 밖 창틀 밑에서 발견했다는 아기의 시신이 들어 있었다. 탯줄까지 달린 채였다. 그녀의 딸이 그날 밤 혼자 아기를 출산한 뒤 너무 놀라 유기한 모양이었다. 소녀는 아무런 말도 하지 않았다. 소녀가 임신 사실을 사전에 알고 있었는지조차 나는 파악하지 못했다.

부검 결과, 아기는 태어날 당시에는 살아 있었다. 하지만 그날 밤 추위를 견디지 못해 사망한 것으로 밝혀졌다. 병동 사람들 모두가 커다란 충격에 휩싸였다. 아기의 사망증명서에 '자연사'라고 기재할 수는 없었다. 우리는 이 사건을 검찰 측에 보고했고 곧바로 수사가 시작되었다.

며칠간 소녀를 입원시킨 뒤 경과를 지켜보기로 했다. 그 사이 간호사들은 소녀에게 말을 시키려고 무진 애를 썼다. 나 역시 그날 밤 일로 소녀가 얼마나 큰 정신적 충격을 받았을지 궁금했지만, 소녀에 대해 더 이상 알아낸 건 없었다. 진료상담을 하느라 소녀를 몇 차례 더 만났는데, 그때마다 아이 엄마의 힐난과 질책이 이어졌다. 어차피 애를 많이 낳는 남미 출신 대가족에게 아이 한 명 더 생기는 게 무슨 대수라고 아기를 죽게 놔뒀느냐고 말이다.

간호사들이 나중에 내게 전해준 얘기에 따르면, 소녀는 그 후에도 줄곧 우리 병원을 헤매고 다니면서 면회시간 무렵엔 신생아실 복도 앞을 서성이곤 했다는 것이다. 우리는 당시 그 소녀에게 무엇을 어떻게 해줘야 할지 몰랐다. 정신적으로 몹시 혼란할 거라는 걱정밖에는.

다만, 이 소녀를 둘러싼 비극은 내게 낙태에 관해 완전히 다른 관점을 심어주었다. 1980년대 후반 낙태법이 통과되었지만, 당시 나는 인공유산에 극렬히 반대하는 사람이었다. 일곱 형제자매와 함께 남부 가톨릭 가정에서 자란 나는 강한 태아존중 사상을 갖고 있었다. 하지만 이 소녀의 사례는 내가 진행해온 연구들이 그간 한 번도 보여주지 않은 현실과 대면하게 만들었다. 감당할 수 없는 무수한 고충들로 인해 때론 낙태가 최선의 선택이 될수밖에 없는 또 다른 세상을.

이후 아프리카와 카리브 연안에서 잠시 일할 때도, 어린 소녀들에게 임신은 큰 골칫거리밖에 안 된다는 사실을 수차례 목격했다. 그런 현실을 목도한 이상 이 문제에 더는 눈을 감고 있을 수가 없었다. 그때 이후로 나는 젊은이들에게 피임을 장려하기 위해 나름대로 많은 활동을 해오고 있다.

그럼에도 소녀를 위해 정말로 내가 할 수 있는 모든 걸 했는가를 자문하기 시작한 건 사건이 일어나고 한참 지난 뒤였다. 의학적인 면은 차치하고라도 정서적인 면에서 많이 부족했던 건 아닐까? 같은 연령대 아이들을 둔 내가 어쩌면 화가 난 아빠처럼 반응하지 않았던가?

나는 소녀가 다니는 학교 교장에게 전화를 걸어 나 대신 소녀를 잘 좀 지켜봐 달라고 부탁했었다. 그 후 잘 지내고 있는지 안부라도 종종 물어봤어야 하는 걸까?

그 가족은 일찌감치 모든 이들과 연락을 끊은 채 외부 세계와 접촉을 차단해 버렸다. 그 단단한 장벽 너머에서 과거를 회상하며, 이제야 나는 깊은 아쉬움을 전한다.

지나간 자리마다 남은 선명한 흔적

|

아벨리에즈 반 뷰렌 Annelies van Vuren(내과 전공의)

소녀는 본래 우리 병동에 있을 환자가 아니었다. 그러다 보니 이 17세 소녀는 나이 많은 어른들에 둘러싸여 지냈다. 하긴 아동병원에서 이 소녀의 증상에 대한 경험을 많이 축적했을 턱이 없었다. 흑색종을 앓는 10대 소녀를 본 적조차 거의 없을 테니까. 게다가 피부암이 이미 전이되어 면역요법에 들어갈 시점이었다. 통증 문제까지 겹쳐 더 이상 통원치료가 불가능했으므로 소녀는 결국 우리 병동에 맡겨졌다. 소녀는 독실에 입원해 있었는데 10대들의 방이 으레 그렇듯 방은 금세 돼지우리로 변해갔다.

약 먹는 것도 어려워서 정맥주사로 대신했다. 심장 바로 위에 있는 혈관으로 직접 들어가는 주사라 바늘이 제대로 꼽혔는지 흉부 엑스레이를 찍어 확인하는 절차를 거쳐야 했다. 그때 본 이미지는 아마 내 기억 속에서 영원히 지워지지 않을 것이다. 살면서 그렇게 충격을 받은 적이 없었기 때문이다. 폐는 엑스레이상 까맣게 보여야 정상인데, 소녀의 폐는 불 밝힌 크리스마스트리처럼 환했다. 암이 여기저기에 퍼져 있었다. 어느 한 군데도 성한 구석이 없었다. 면역요법이 도움이 될 거라고 우리 모두 희망을 걸고 있었는데, 이 폭발적인 종양 다발은 우리의 희망을 한순간에 산산이 부숴놓았다.

내가 이 소식을 소녀에게 전한 건 어느 금요일 오후였다. 나는 침대 옆으로 의자를 끌어당겨 앉았고 소녀는 휴대폰을 손에 쥔 채 침대 위에 책상다리를 하고 앉아 있었다. 꺼내기 힘든 이야기였다. 치명적인 일격을 가하는 것처럼 소녀의 희망을 전부 앗아가는 소식이었으니 말이다. 종양은 소녀의 폐뿐 아니라 복부 전체, 나아가 뇌에까지 퍼졌을 가능성이 높았다.

소녀가 얼마나 살지 가늠이 되지 않았지만 그리 길지 않을 거라는 사실만은 확실했다. 나는 소녀에게 무엇을 하고 싶냐고, 그리고 우리가 어떻게 도와줄 수 있겠냐고 물었다. 그 질문과 대답은 당시 우리 병동의 주된 관심사였다.

소녀는 남자친구와 결혼하고 싶다고 말했다. 우리는 가족들과 함께 병원 예배당을 결혼식장으로 꾸며주기로 했다. 진짜 결혼식 같았다. 웨딩드레스를 입은 소녀와 웨딩케이크, 심지어 축사도 있었다.

불운의 전령사였을 법한 나도 결혼식에 초대됐다. 하얀 구름처럼 잔뜩 부풀린 새하얀 망사드레스를 입고 휠체어에 앉은 소녀의 모습은 눈부시도록 아름다웠다. 식이 끝난 다음에는 소녀의 두 번째 버킷리스트가 실현되었다. 소녀가 좋아하는 유튜브 방송에 일화 한 편을 올리는 것.

소녀가 처한 상황이 재미와 장난이 가득할 리 만무했다. 심각한 대화를 피해 갈 수는 없었으니까 말이다. 예를 들어, 좀 더 강력한 진통제를 투여하는 문제라든가 각종 자극제 처방으로 체중이 불어나는 문제 등등. 소녀는 안락사 문제도 의논하고 싶어했지만 그 생각은 소녀의 다른 대담한 계획들에 금방 가려져 버리곤 했다.

며칠 후 소녀의 상태가 눈에 띄게 나빠지기 시작했다. 소녀가 들고 있던 부케는 수납장 속에서 말라가고, 우리의 대화 주제도 점점 더 끝을 향해 달려가고 있었다. 소녀는 집으로 가고 싶다고 말했고, 우리는 소녀의 마지막 소원을 들어주기 위해 한 번 더 야단법석을 치렀다. 그렇게 소녀는 생을 마감했다.

소녀에 대한 기억은 오늘날까지 내 마음속에 깊이 새겨져 있다. 사춘기의 회오리바람을 몰고 우리에게 왔던 소녀는 휩쓸고

간 자리마다 선명한 자국을 남기고 떠났다. 우리가 인생을 어떻게 살아야 하는지에 대해 깊이 성찰하도록 도와준 일주일 동안의 특강과도 같았다.

우리도 소녀와 소녀의 가족들에게 얼마간의 행복한 추억을 선사해 주었기를…. 한번은 수백 명 의료진이 모인 자리에서 소녀에 관한 이야기를 한 적이 있다. 소녀는 언제나 집중 받기를 좋아했으니, 또 한 번 소원을 성취했다고 말해야 할까?

많은 동료들이 소녀에게서 깊은 감명을 받았다는 반응을 보내왔다. 누군가에게는 하루하루 최선을 다해 살라는 채찍질이 되었고, 또 누군가에게는 때때로 무력감을 느낄지라도 환자들을 위해 의사로서 할 수 있는 걸 다하자고 다짐하는 계기가 되었다. 우리는 소녀를 어떻게든 살리고 싶었지만, 아이를 덮친 병은 이미 우리 손을 벗어나 있었다. 다만 우리도 언젠가는 죽게 될 존재라는 걸, 하필 꽃다운 17세 소녀가 상기시키지 않아도 될 날이 하루빨리 오기를 바랄 뿐이다.

"펄은 사랑을 먹고 산답니다"

안네 마리 알데르스 Anne Marie Alders(소아청소년과 전문의)

여섯 살 무렵이던 어느 여름날, 뒷마당에서 뛰어놀던 펄은 갑자기 의식을 잃었다. 학교 기말 수영시험 때도 한 번 있었던 일이다. 나는 부정맥을 의심했지만 병원 검진결과에서는 부정맥 관련 문제가 나오지 않았다. 병원 측에서 내놓은 이론은 과호흡증이었다. 병원이 권하는 대로 얼마간 호흡 연습을 시키자 다소 효과가 나타났다.

그로부터 2년 후, 우리 엄마로부터 다급한 전화를 받았다. 동네에 무슨 일이 났는지 수영장 주변에 구급차들이 늘어서 있다고. 8월 어느 월요일 아침이었다.

최악의 시나리오가 내 머릿속을 스쳤다. 나는 집으로 곧장 차를 몰았고, 상상은 그대로 맞아떨어졌다. 개학 첫날, 무더운 날씨에 펄과 몇몇 친구들이 방과 후 수영장으로 갔다. 그런데 물에 들어서자마자 펄의 심장이 멈추었다. 이 같은 상황에서 구급차는 하필 수영장 입구 반대편에서 한 바퀴 빙 돌아와야 했다. 게다가 당시엔 그 어디에도 휴대용 제세동기가 없었다. 부랴부랴 심폐소생술을 실시해 아이의 심장을 다시 뛰게 하는 데는 성공했지만 이미 늦은 뒤였다. 그것도 한참이나.

이틀 뒤 나온 MRI 검사 결과, 아이는 심각한 뇌 손상을 입은 것으로 밝혀졌다. 회복 가망은 거의 없었다. 때늦은 조사에서 펄은 선천성 부정맥을 앓고 있는 것으로 판명되었다. 수영장에서의 신체활동이 찬물 쇼크와 결합해 치명적인 사고를 초래한 것이다.

펄은 몇 주간 중환자실에 누워 있었다. 상황을 지켜보던 의료진과 펄의 부모는 더 이상의 의료적 조치가 무의미하다고 결론짓고 인공호흡기를 제거했다. 그 순간 기적적인 일이 일어났다. 펄이 계속 숨을 쉴 뿐만 아니라 삼킬 수도 있었던 것이다. 다시 말해 살기 위해 필요한 신체 기능이 제대로 작동한다는 뜻이었다. 펄은 그렇게 중환자실에서 여덟 번째 생일을 맞았다. 자신의 상황에 대해서는 전혀 자각하지 못한 채로.

사실 펄은 내 이웃이고, 펄의 부모는 내 친구들이다. 그 월요일이 벌써 15년 전이지만 부모는 지금껏 펄을 돌보고 있으며, 집안에 펄을 위한 특수 건물을 증축하기까지 했다. 물론 전문 간호팀의 도움을 받고 있지만 24시간 돌보는 일은 대부분 부모 몫이다. 또 다른 일반 가정의와 함께 펄의 담당 의사를 맡고 있는 나는 그녀에게 긴급한 문제가 생기면 언제든지 달려갈 준비를 하고 있다.

나는 펄의 부모가 자신의 외동딸에게 쏟아붓는 사랑을 고스란히 지켜보았다. 얼마나 잘 관리해 나가고 있는지는 물론, 그 일이 얼마나 대단한 열정을 바쳐야 하는 일인지도 잘 알기에 그 두 사람에게 절로 고개가 숙여진다. 부모는 자신들이 하는 모든 일에 펄을 참여시키고, 그 어디든 펄을 데리고 다닌다. 매일 외출을 하고 함께 휴가를 떠난다. 펄의 생일은 언제나 성대한 축하 행사다. 이들 부모는 한때 놓아버렸던 힘을 있는 대로 다 끌어올려 전혀 가망이 없어 보였던 딸의 삶에 한 줄기 의미를 되찾아주고 있다.

펄의 이야기는 한 의료인이자 인간으로 살아가는 나를 변모시켰다. 삶을 여러 각도에서 다양하게 바라볼 줄 알게 되었고 부모들, 특히 만성질환을 앓는 환아의 부모들이 얼마나 힘들고 상처받기 쉬운지 절절히 깨달았다. 세상으로부터 얼마나 많은 도움을 받든, 일단 문이 닫히고 나면 부모들은 그 순간부터 혼자가 된다. 그게 얼마나 고독한 일이겠는가.

그런 측면들을 골똘히 생각하면서, 나는 부모들이 고립감을 느끼지 않도록 그들의 말에 귀를 기울이고, 가능한 모든 지원을 아끼지 않으려 노력한다.

펄은 이제 스물세 살이다. 펄에게만 시간은 그대로 멈춰 있다. 펄의 부모도 주위의 모든 게 얼마나 달라졌는지 실감할 것이다. 그날 수영장에서 함께 놀았던 펄의 친구들은 이제 모두 공부하고 친구들과 어울리고 연애하느라 밖에 나가 있는데, 펄은 늘 그 자리에 머물러 있다. 학교에 다닐 수도, 남자친구를 사귈 수도 없다. 그럼에도 부모는 아무런 조건 없이 펄에게 헌신한다. 늘 곁에서 딸을 간호하지만 아무런 보상도 바라지 않는다.

그런 자신들의 상황을 두고 부모는 늘 같은 말로 우리에게 감동을 선물한다. "우리 펄은 사랑을 먹고 산답니다."

유머의 잠재력

마르셀리노 보게르스Marcellino Bogers(간호사)

내 나이 여덟 살 때 엄마가 많이 편찮으셨다. 엄마는 피부암을 앓고 계셨는데 당시엔 진통제가 따로 없어서 밤마다 엄마의 고통스런 신음에 잠이 깨곤 했다. 어린아이가 듣기엔 너무나도 처절한 소리였다. 그런 밤이 지나고 다음날 아침이 오면, 일찍 일어나서 파자마를 머리에 뒤집어쓰고는 광대 시늉을 하며 엄마를 웃게 하려고 애썼다. 엄마가 웃어야 모든 게 편안해졌기 때문이다. 엄마가 죽는다는 사실을 깨닫기에는 내가 너무 어렸다.

10년 후. 학교 간호학 프로그램으로 현장실습을 나갈 때 처음 배치된 곳이 노인 병동이었다. 첫 당직 근무 때 오늘내일 하시던 한 할머니를 돌보게 되었다. 나를 감독하던 근무 조장이 어디론가 불려가 자리에 없던 어느 밤, 그 할머니가 돌아가시고 말았다. 나 외에 아무도 없을 때 당한 일이었다.

이제 겨우 열여덟 살이던 나는 그 일로 큰 충격을 받았다. 당직 근무를 끝내고 기숙사로 돌아와 침대 가장자리에 한참을 쭈그리고 있던 나는 실습을 그만둬야겠다고 결심했다. 분명 내가 감당할 수 없는 일이라 여겼고, 끝까지 해낼 자신도 없었다.

그래도 이튿날 평소처럼 출근했다. 이번엔 여덟 명 환자가 함께 쓰는 다인용 병실에 배치되었다. 그 중 한 할아버지를 물수건으로 씻겨 드리는데 표정이 영 좋지 않았다. 나는 혹시 무슨 일이라도 있냐고 여쭐 요량으로 "오늘 하루 시작부터 발을 잘못 들여놓으신 거예요?" 하고 말을 걸었다. 내 말을 들은 할아버지가 이불을 휙 젖히더니 절단된 다리 한쪽을 보여주시는 게 아닌가! 얼마나 놀랐는지, 나는 그 자리에서 굳어버리고 말았다. 내가 어쩌자고 그런 말을 내뱉은 거지? 한없이 부끄러웠다. 하지만 할아버지는 나의 반응이 재미있었는지 배가 출렁거리도록 한바탕 크게 웃으셨다. 그제야 모든 긴장이 풀리면서, 전날 밤의 우울한 기억까지 말끔히 날아갔다.

그때부터 유머가 내 생존전략이 되었다. 상황이 아무리 심각하다 할지라도 작은 웃음으로나마 밝게 변화시킬 수 있다면, 이 직업 세계에서 어쩌면 살아남을 수 있겠다는 생각이 들었다. 시간이 지나면서 나는 환자들 역시 그런 웃음을 절실히 원한다는 사실을 깨달았다. 별 뜻 없는 나의 재담 한마디로, 결국 나는 그 병실 할아버지와도 좋은 친구 사이가 되었다. 유머는 환자와 의료진 간에 든든한 다리 역할을 할 수도 있다. 함께 웃는 것만으로 신뢰감을 높이고 안정감을 가져다 주기 때문이다. 근심과 걱정거리를 다른 각도에서 볼 수 있도록 돕고, 어려운 대화를 시작하는 디딤돌이 되기도 한다.

나는 나름대로 신중하게 실험을 거듭했다. 과연 환자들이 유머를 좋아하는지, 좋아한다면 어떤 식의 유머가 좋을지를 세심하게 파악했다. 민감한 주제에 관해서는 절대 농담을 하지 않았다. 그렇다고 해도 질병이 유머를 가로막는 장벽은 아니라는 사실을 나는 환자들과 관계를 쌓아가면서 배웠다.

환자들은 자신의 삶이 어둡고 적막한 비탄에 마냥 휩싸여 있는 걸 원치 않는다. 오히려 작은 유머가 무거운 기분을 떨쳐내는 데 큰 도움이 된다. 게다가 정작 더 큰 웃음이 필요한 건 말기 환자들이다. 그런 환자들이야말로 웃음을 통해 죽음의 공포를 잠시나마 잊을 수 있기 때문이다. 자신이 처한 상황에서도 유머를 잃지 않는다면, 여전히 삶을 스스로 통제하고 있다는 자심감이 생길 것이다.

나는 유머를 의료행위에 도입하는 일을 사명으로 삼고 있다. 강의와 워크숍을 진행하고 관련 책도 펴냈다. 다만 특별히 따라야 할 수칙 같은 건 없다. 광대 시늉을 하라는 것도 아니다. 그저 유머 감각만 조금 더 발전시키면 된다. 잘 찾아보면 환자들과 함께 웃을 만한 요소들은 도처에 널려 있다. 그걸 찾아서 환자들에게 선사하는 법만 익히면 된다.

생각해보면 내 어릴 적의 경험이 이 모든 일의 동기가 되었던 건 아닐까 싶기도 하다. 내 목표는 환자들의 얼굴에 미소가 번지게 하는 것. 미소가 얼마나 소중한 보물인지는 엄마가 내게 가르쳐주셨다.

PART 3

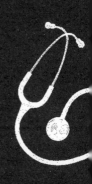

삶을 종결시킨다는 것은 정신의학적 원인이 결부될 경우 훨씬 더 난해한 문제로 남는다. 하지만 모든 문이 닫힌 사람이 어디까지 내몰릴 수 있는가를 똑똑히 본 당사자로서 때로는 그게 더 인간적인 해결책이 되지 않을까 하는 생각이 든다. 안락사가 논쟁의 주제로 대두될 때마다 그녀가 떠오른다. 적어도 그녀가 그런 식으로 생을 끝내지는 말아야 했다.

죽음이란 본디 삶 한가운데 있는 것

|

베르티네 스푸렌 Bertine Spooren(법의학자)

이른 새벽 삐삐 소리가 울렸다. 곧바로 통신센터로 전화했다. 경찰 측에서 법의학자를 보내달라고 요청했다는 내용이었다. 어느 도로 옆 제방 아래서 교통사고를 당한 것으로 추정되는 시신 한 구를 발견했다는 신고가 경찰에 접수된 직후였다. 경찰을 도와 현장 감식에 나서기 위해 해당 주소지로 차를 몰았다. 그곳은 해안 간척지로, 바다를 메워 육지로 만든 거대한 습지대였다. 아침 도로는 비교적 한산했다.

간척지대는 드넓고 평평했다. 들판 쪽으로 살짝 기울어진 제방 위로 도로가 약간 솟아 있었다. 저만치 경찰차 한 대가 눈에 띄었다. 그 옆에는 교통사고 조사 담당 승합차가 주차되어 있었다. 제방 아래 습지 바닥에는 사고를 당한 오토바이 운전자의 시신이 널브러져 있고, 산산조각 난 그의 헬멧 잔해는 사방으로 흩어져 있었다. 지나다니는 차들의 시야에서 완전히 벗어난 위치였으니, 시신은 아마도 밤새도록 그 자리에 방치되어 있었을 것이다. 트랙터를 몰던 한 농부가 오른쪽 아래를 흘끗 굽어보다 우연히 발견하기 전까지.

나는 정확한 사망 시각을 가늠하기 위해 사체의 사후경직 상태를 관찰했다. 땅에 맞닿아 있는 부분에 피가 고이면서 생긴 멍 같은 흔적들도 일일이 확인했다. 그의 자세와 주변 상황도 유심히 살폈다. 모래가 그의 손가락 밑에만 묻은 것으로 보아 누군가에 의해 따로 옮겨진 것도 아니었다. 결론적으로, 전날 저녁부터 밤 사이에 사망했으며, 오토바이에서 떨어진 뒤 엄청난 힘으로 바닥에 처박힌 것으로 추정되었다.

경찰관들은 시신을 감싸기 위한 담요를 가지러 승합차 쪽으로 갔다. 장의사에게도 연락을 취했다. 나는 그때까지 교통사고 담당 경관 한 명과 함께 사체가 있는 제방 가에 서 있었다.

바로 그 무렵 태양이 서서히 솟아올랐다. 우리가 발 딛고 있는 밀밭 가장자리, 대기 속에 깔린 옅은 안개, 지저귀는 새소리, 도로의 가로등 불빛….

순간 이 모든 풍경이 꿈속처럼 여겨졌다. 내 표정을 본 경관이 이렇게 말했다. "숨 막히는 광경이군요."

이토록 아름다운 자연, 영광과 고요의 빛에 둘러싸인 우리 바로 옆에 젊디젊은 한 남자가 숨져 있었다.

나는 그의 가족을, 혹시 있을 아내와 아이들을 떠올렸다. 전날 밤 가장이 집으로 돌아오지 않아 몹시 걱정하고 있을 가족들의 마음도. 경찰이 곧 그의 사망 소식을 가족에게 전달할 것이다. 십중팔구 그는 즉사가 분명했다. 직업상 늘 객관적인 자세를 취해야 하지만, 그 순간 나는 사망자가 즉사했다는 점을 차라리 다행이라 여겼다. 그동안 무수히 많은 사체를 검시하면서 타인들의 죽음을 나와 동떨어진 일로 대해왔다. 나만의 방어선을 굳건하게 쳐두고, 내가 본 것에 감정을 개입시키지 않는 법을 몸에 배도록 익혔기 때문이다.

하지만 햇빛이 찬란하게 비치던 그날 아침은 뭔가 달랐다. 주변의 장엄함이 나를 익숙하던 직업인의 세계에서 끌어내 눈앞의 상황 속으로 깊이 끌어들인 것이다. 삶은 얼마나 말도 안 되게 예측 불가한가? 그 사실 앞에서 나는 새삼 소스라쳤다. 우리가 내일 살아 있을지 아닌지는 순전히 운에 달렸다는 자각이 흡사 경종처럼 뇌리를 세차게 뒤흔들었다.

'이게 삶이란 거구나.'

이 아름다운 날에, 남자는 오토바이를 타고 집을 나섰다가 다시는 돌아올 수 없는 길을 건너버렸다. 게다가 아무도 보이지 않는 습지대 바닥에 내동댕이 쳐진 채 홀로 생을 마감하고 말았다. 바로 위쪽으로 차들이 오고 가는데도, 전혀 그들 눈에 띄지 않은 채.

그 순간 간담이 서늘하도록 깨달은 건, 이 우주의 무심함이 어쩌면 상징적일지도 모른다는 점이었다. 한 사람이 죽은 현장에서도 세상은 계속 돌아가고, 태양은 다시 떠오르고 있었으니까.

가슴 아픈 비극이지만, 그 사건이 고통스러운 기억만 남긴 건 아니다. 오히려 그날 들판 위로 떠오르던 태양과 마주하면서, 죽음이란 본디 우리 존재의 본질이며 어차피 삶 한가운데 있다는 깨달음을 얻었다. 그 깨달음이 죽음을 일상적으로 마주하며 살아야 하는 나를 두고두고 위로했다.

치료의 우선순위

|

스요르드 즈와트 Sjoerd Zwart(일반 가정의)

점심 무렵 병원 사환이 자전거를 타고 내 거처로 왔다. 가나의 한 지방 병원에서 현장근무를 시작한 지 얼마 안 된 때였다. 전날 야간당직을 선 탓에 조금 쉬고 싶었지만, 응급 환자를 맡지 못할 정도는 아니었다. 소년이 내게 간호사가 보낸 쪽지를 건넸다. 서른 살가량 되는 여성 환자가 복통을 호소하며 찾아왔다는 내용이었다. 보아하니 그리 대수롭지 않은 증상이어서 한 시간쯤 후에 가겠다는 답장을 써서 들려 보냈다.

그런데 10분쯤 지나서 사환이 또 다른 쪽지를 들고 다시 나타났다. 환자가 이 마을 촌장 친척인 데다 가나에서 가장 영향력 있는 아샨티Ashanti 부족 일원이니 즉시 와달라는 내용이었다.

"제발요, 의사 선생님." 사환은 영어로 내게 간청했다.

나는 다소 짜증이 났다. 이 여자가 왜 특별대우를 받아야 하는지도 의아스러웠다. 따라서 조금 전과 똑같은 메시지를 써서 사환을 돌려 보냈다. 다만 내 성격상 마음이 썩 편치는 않았으므로 30분쯤 후 병원으로 발걸음을 옮겼다. 환자 상태는 내가 짐작한 그대로였다. 나는 장염 바이러스로 인한 설사를 멎게 할 약을 처방해주고는 환자를 집으로 돌려보냈다.

이틀 후, 촌장이 보낸 사람들이 불쑥 내 거처로 찾아왔다. 내가 긴급 요청을 무시해 촌장이 모욕감을 느꼈다는 이유에서였다. 처음에는 그건 긴급 상황이 아니었고, 환자의 상태를 파악하는 것 역시 전적으로 의사의 몫이라면서 내 입장을 적극 변호했다. 하지만 그들의 이야기를 다 듣고 난 뒤 나는 그들에게 정식으로 사과를 전했다. 이야기를 주고받다 보니 객으로 있는 내가 현지 규범에 따르는 것이 더 중요하다는 깨달음이 왔기 때문이다. 좋든 싫든 그들 사회는 위계로 짜여 있어서, 높은 지위를 가진 사람이 특별대우를 누리는 게 당연시되었다. 그 점을 이해하고 나니 겸손한 마음이 들었다. 그제야 서구 백인 의사로서 현지인들에게 한 수 가르치려 들기만 했던 나의 오만불손함이 부끄러워졌다.

가나에서 만난 그 여성 환자는 내게 몇 번이고 곱씹어볼 만한 생각거리를 안겨주었다. 덕분에 다시 돌아온 이곳 네덜란드에서도 우리가 얼마나 자주 똑같은 딜레마에 처하는지를 새삼 인지하게 되었다. 말하자면 흔히 부적절한 것으로 여겨지는 특별대우를 우리 사회의 의사들 역시 별다른 죄의식 없이 행하는 모습이 내 눈에 들어오기 시작한 것이다.

그 이후부터 나는, 내 환자들 중 누군가가 순서를 가로채고 있지나 않은지 병원 서비스 팀에 정기적으로 확인을 한다. 또 정해진 나의 진료시간 맨 처음과 마지막 시간은 응급 환자를 위해 반드시 비워둔다.

최우선순위는 종종 의료적인 근거로 정해진다. 다시 말해, 더 위중한 중증질환자일수록 먼저 치료받는 것이 당연하다. 하지만 가나에서 나는 사회문화적 측면 역시 고려 사항이 된다는 사실을 깨달았다. 가령 터키 출신 부모들이 아이가 열이라도 오르면 안달복달하는 이유가 터키에서 뇌수막염이 아주 흔한 질병이기 때문이듯이 말이다. 이들의 불안은 사실상 근거가 없지만, 나는 요청이 들어올 때면 언제고 진료시간이 빨리 잡히게끔 조치한다. 물론 중요한 회의에 가던 중 갑자기 병이 난 교수에게도 똑같이 조치한다.

마찬가지로 축구선수 데이비드 베컴이 심각한 부상을 당해 수술이 필요하다면, 혹은 여왕이 당장 의사를 필요로 한다면, 역시 그렇게 하지 않겠는가? 아무도 이에 대해 두 번 생각지 않는다. 그건 아마도 사회가 간접적인 방식으로나마 이득을 얻기 때문일 것이다. 두 사람이 동시에 평등하게 대우받을 수는 없다. 이것이 내가 가나에 있는 동안 분명하게 깨달은 진실이다.

가나에서 그 일을 겪은 이후 나는 혹시나 쫓겨나지 않을까 걱정스럽기도 했다. 알고 보니 촌장이 그 병원 이사장이었기 때문이다. 하지만 대화로 원만히 풀고 난 이후에는 그쪽에서도 뒷말 없이 깨끗하게 마무리했다.

1년 후 태어난 내 딸아이의 이름은 바로 그곳 대비마마의 이름을 땄다. 그 마을에서 가장 높으신 아샨티 부족 여인이다.

성미 고약한 노인

|

빌코 아슈테베르그 Wilco Achterberg(노인의학 전문의)

그의 의료파일은 폴더에 끼워 넣을 수조차 없었다. 수십 명 전문가들이 작성한 서류 뭉치며 그가 앓고 있는 모든 신체적 질환을 적은 개요서가 책자처럼 두툼했기 때문이다. 결국 원인 불명의 증상들만 잔뜩 안고 요양원으로 오게 된 70대 초반의 그는 심한 통증으로 인해 침대에 누워 지낼 수밖에 없었다.

아무도 그에게 무슨 문제가 있는지 알 길이 없었다. 분노와 좌절로 온종일 성을 내는 노인을 그 누구라도 상대하기는 버거웠을 터. 그는 간호사들과 언쟁만 높여갈 뿐이었다.

한 심리학자에게 도움을 요청했더니, 그는 특이하게도 비정통적 방법을 제안했다. 일명 '역설적 접근'이라며, 그저 들어주고 관심을 기울여 주되 당장 무언가를 해결하거나 설명해주고 싶은 욕구를 자제하라는 얘기였다. 그렇게 해서 주 1회 한 시간씩 정기적으로 그를 만나게 되었다. 단, '의사 모드'를 가능한 삼가면서 그저 얘기만 하기로 마음먹었다.

그때부터 금요일 아침 9시에 그를 찾아갔다. 그리고는 침대 옆에 앉아 그가 하는 얘기를 가만히 듣기만 했다. 그는 대체로 매우 격앙된 상태에서 이야기를 시작하다가 시간이 지나면서 점점 진정되곤 했다. 처음 몇 달간은 그와 만나는 게 아주 고역스럽게 느껴졌다.

당시 경험 없는 수련의였던 나는 어서 의료현장으로 나가 환자들을 치료하는 어엿한 의사가 되겠단 의욕이 앞서 있었다. 그러다 보니 그를 상대하는 게 마치 물속에서 제자리걸음을 하는 것처럼 여겨졌다. 그저 주어진 내 역할만 하며 기다려보자는 심산이었다. 우리의 대화가 실제로 그에게 좋은 영향을 미치고 있다는 사실을 인식하기 전까지는 말이다.

시간이 흐르면서 그는 내 방문을 기다리기 시작했고, 그 기대로 일주일을 좀 더 수월하게 견뎌내는 모양이었다. 내가 조금이라도 늦을 때면 그의 호된 꾸지람이 날아오고, 어쩌다 일주일을 거르기라도 하면 여지없이 그가 도로 괴팍해진다는 말을 간호사들한테까지 들었으니 말이다.

그제야 나는 그가 내 관심을 얼마나 절실하게 원했는지 깨달았다. 그 깨달음은 이후 내 의사 생활 전반에 반드시 염두에 두어야 할 교훈이 되었다.

노인들은 줄곧 여러 가지 복잡한 증상들과 내적 씨름을 벌인다. 반면 의사들은 치료에만 몰두한 나머지 흡사 전투라도 치르듯 돌격 나팔을 불어대는 실수를 저지른다. 시의적절한 의료적 개입은 물론 필요하다. 다만 의사의 진지한 관심이야말로 노년층 환자들에게 더없이 중요한 부분이다. 대부분의 노인들은 누구와 말 한마디 나누지 못한 채 몇 날 며칠을 홀로 보내곤 한다. 그게 얼마나 외로울지 상상해보라.

'경청이 먼저, 어떤 조치가 필요할지 결정하는 것은 그 다음.' 이것이 내가 그를 만나던 금요일 아침마다 상기한 귀중한 가르침의 전부다. 아울러 의사라는 직업이 매우 상호적인 성격을 띠고 있다는 사실, 특히 요양원의 경우 환자의 의미 있는 삶에 보탬이 되는 데 보다 주력해야 한다는 점을 마음 깊이 새겼다.

나는 그와 그렇게 2년 반가량을 만났다. 그 사이 그는 마음을 열고 자기 아내 이야기를 들려주기 시작했고 마침내 나에 관해 묻기도 했다. 주중은 어떻게 보내는지, 휴일은 어땠는지 등등. 학업으로 인해 부득이 다른 병동으로 옮겨가게 되었을 때도 나는 우리의 만남을 계속 이어나가기로 마음먹었다. 그를 보지 않고 지내기는 싫었기 때문이다.

그러던 어느 금요일 아침, 그의 침상이 비어 있었다. 전날 밤 갑자기 돌아가셨다고 했다. 너무도 안타까웠다. 이제야 함께하는 시간의 소중함을 서로 깨닫기 시작한 참이었는데….

모쪼록 우리의 대화가 그에게 스스로 특별한 존재라는 자각을 전해주었기를 바랄 뿐이다. 요양원에서 그는 그저 여러 노인 중 한 명일 뿐이었고 그나마 괴팍한 성미로 인해 외로움을 자초할 수밖에 없었다.

이 같은 지위 상실은 노인들, 특히 치매를 앓는 노인들에게는 흔한 일이다. 칭찬 한마디 해주는 사람은커녕, 자기 자리를 인정해주는 사람조차 없다. 잘했다고, 훌륭하다고 격려해주는 사람도 없다. 그분은 사소하되 진심 어린 관심이 얼마나 크고 소중한 것인가를 나에게 일깨워주었다. 자신을 특별하다고 느끼게 해줄단 한 사람만 있어도, 그 삶은 살아갈 만한 가치가 충분하기에.

출구가 모두 막힌 사람에게 해줄 수 있는…,

테드 반 에센 Ted van Essen(일반 가정의)

유리창 너머로 그녀 상태가 좋지 않다는 걸 단박에 파악할 수 있었다. 깊은 실의와 격정적 흥분이 교차하는 눈빛이었다.

그날은 일요일 오후였다. 나는 당직은 아니었으나 집에서 진료를 보던 중이었다. 그때 그녀가 나를 찾아왔다. 못 본 지 한참 지나서였다. 그 사이 심각한 우울증이 자꾸 재발해 몹시 힘들어하고 있으며, 여태 동원했던 온갖 치료 방법이 죄다 수포로 돌아갔다는 사실은 나도 이야기를 들어 알고 있었다. 최근 자해를 하는 바람에 강제입원 당했다는 사실까지. 지금은 퇴원해 집으로 온 모양이었다.

나는 그녀에게 들어오라고 청했다. 현관 복도에 들어서자마자

171

그녀가 단도직입적으로 말했다. 죽고 싶다고, 내 도움이 필요하다고.

그녀의 과거 진료기록부터 우울증으로 인한 깊은 번민들까지 빠짐없이 알고 있던 내 눈에도 그녀의 모습은 매우 심각해 보였다. 30대 초반으로 아직 창창한 나이임에도 수년째 치료에 진척이 보이지 않는, 안타깝고 가련한 환자였다.

하지만 현관 복도에 선 채 그녀의 문제를 풀어줄 수는 없었다. 이 일은 안락사법이 도입되기 훨씬 전의 상황이었다. 의학조력자살은 당시만 해도 훨씬 복잡한 문제였다. 특히나 정신과적 문제라면 더욱 그랬다. 나는 그 상황에 큰 부담을 느꼈다. 일반 가정의가 된 지 얼마 안 지난 시기였고, 무엇보다 생각할 시간이 필요했다. 머릿속에서는 전체적인 수순이 그려졌다. 먼저 정신과 의사의 말을 들어보고 가족들과 상담도 거쳐야 했다. 나는 그녀에게 다음날 병원으로 와서 모든 걸 제대로 얘기해보자고 제안했다. 그녀 역시 그러겠다며 내 말에 순순히 동의했다.

지금 와서 돌이켜보면, 애초에 그녀에게 시간을 더 주지 말아야 했다는 후회가 밀려온다. 그녀를 안심시켰다고 너무 쉽게 확신했다. 그 자리에서 내가 당장 응낙할 수 없다는 점을 그녀도 이해하리라 여겼다. 또 한 가지, 병원에서 퇴원해 집으로 돌아왔으니 가족들과 지내다 보면 좀 나아지겠지, 하는 기대도 있었다.

하지만 모든 게 내 어림짐작이었을 뿐이다.

그 일요일 오후, 그녀와 곧장 얘기를 시작했다면 사태의 심각성을 결코 간과하지 않았을 텐데. 내 설익은 판단과 다시 오겠다는 그녀의 대답만 믿고 너무 쉽게 돌려보내고 말았다.

다음날, 그녀는 나타나지 않았다. 나는 대수롭지 않게 여겼다. 월요일 진료예약은 늘 꽉 차 있어서 잠시 숨돌릴 시간마저 감지덕지할 만큼 정신이 없었다. 나는 그녀가 가족과 잘 있을 거라고, 무슨 일이 생기면 연락을 해줄 거라고 가볍게 넘겨 버렸다.

수요일 아침, 수술을 하는 도중에 경찰로부터 연락을 받았다. 그녀가 내 진료실 인근 어느 건물에서 뛰어내렸다고 했다. 경찰은 나에게 영안실로 와서 시신을 확인해 달라고 요청했다.

직접 확인한 그녀의 모습은 가족들이 큰 충격을 받을 만큼 끔찍했다. 작고 좁은 시신안치소로 가서 그녀를 보려고 몸을 굽히고 서 있던 기억이 지금도 생생하다. 그날 하루가 그녀의 생사를 가를 중대한 날이었다니….

그녀의 부모는 여태 내게 분노를 거두지 않고 있다. 단지 딸이 죽었기 때문이 아니라 그녀의 안락사 요청에 동의하지 않았다는 이유로 나를 원망했다. 그 오랜 시간 딸의 고통을 함께 나누고도 모자라 딸의 삶이 그처럼 처참한 결말을 맞는 것까지 지켜봐야 했기 때문이다. 그들은 두 번 다시 나를 만나고 싶어하지 않았다.

어언 25년 전의 일이지만 이 젊은 여성의 사연은 안락사에 대한 나의 태도를 바꾸어 놓았다. 삶을 종결시킨다는 것은 정신의학적 원인이 결부될 경우 훨씬 더 난해한 문제로 남는다. 하지만 모든 문이 닫힌 사람이 어디까지 내몰릴 수 있는가를 똑똑히 본 당사자로서 때로는 어쩌면 그게 더 인간적인 해결책이 되지 않을까 하는 생각이 든다.

안락사가 논쟁의 주제로 대두될 때마다 그녀가 떠오르곤 한다. 일요일 오후 나는 그녀에게 문을 열어주었고, 그 뒤 일어난 일에 대해 부분적인 책임감을 느낀다. 그녀가 내 망설임을 거부 의사로 받아들였기 때문이다. 가슴 아픈 진실은 내가 진심으로 그녀를 돕고 싶어했다는 점이다. 적어도 그녀가 그런 식으로 생을 끝내지는 말아야 했다.

광증의 앞과 뒤

|

비를 베르진크 Veerle Bergink(정신건강의학과 전문의)

그녀의 말은 송곳으로 후벼 파는 듯 매섭고 악의적인 데가 있었다. 그렇게 가시 돋친 말들을 듣고 있노라면, 일부러 다른 이의 기분을 망쳐놓을 작정으로 이러는 건가 싶은 생각마저 들었다. 정신건강의학과 전공의로 첫발을 뗀 지 얼마 되지 않은 내가 어쩌다 머뭇거리는 모습을 보이기라도 할라치면, 도대체 상황을 제대로 알기나 하냐며 매몰차게 몰아붙이곤 했다. 심지어 내 출근 복장이 조금만 어정쩡해 보여도 그것까지 문제 삼아 인신공격을 퍼부었다.

그건 그녀의 정신장애 증상이었다. 나도 알고 있었다. 젊고 지적인 그녀가 우리 병동에 입원한 이유도 바로 그 광증 때문이라는 걸. 그녀의 행동은 어떻게 설명할 수 없을 만큼 미친 듯이 돌변했다. 제어는 안 되고 기운만 넘쳤다. 잠이 필요없다며 자지도 않았고 생각은 멈출 줄을 몰랐으며 굉장히 변덕스러웠다. 일종의 정서장애였는데, 그녀의 경우 특히 안 좋은 부작용이 따랐다. 쉽게 예민해지고 곧잘 상처를 받았다. 때문에 그녀는 늘 화를 내고 짜증을 부렸다. 그녀는 우리에게뿐만 아니라 남편에게도 짓궂고 잔인하게 굴었다. 하필 남편이 워낙 온순한 성품이라 그녀의 물어뜯는 듯한 언사에 깊은 상처를 받고 있었다.

정신건강의학과 전공의들이 항상 듣는 말은 광증, 우울증, 기타 정신과적 질환을 앓는 동안의 상태로 환자의 성격을 판단해서는 안 된다는 이야기였다. 말인즉 정신과적 증상을 보일 때의 그 사람은, 그의 본모습이 아니라는 뜻이다.

하지만 이 여성의 사례는 지금껏 배운 전문지식조차 위로가 되지 않을 만큼 버거운 난제였다. 아무리 노력해도 불쾌한 기분을 삭일 수가 없었다. 이렇게 못된 여자에게 어떻게 저리도 착한 남편과 멀쩡한 직업이 주어지는지 늘 의아스러웠다. 게다가 그녀가 내 연구를 죄다 망쳐버리기로 작심했는지 자기는 쏙 빠진 채 다른 환자들이 모두 나에게 등을 돌리도록 들쑤신 적도 있었다. 그러니 본성 자체가 글러먹은, 아주 고약한 인간이라고 결론내리지 않을 수 없었다. 입 밖으로 표현한 적은 없지만 단연코 그렇다고 나는 확신했다.

정신과 의사는 상처 주는 말을 듣는 일에 어쩔 수 없이 익숙하다. 저주를 퍼붓기까지 하는 환자들을 상대해야 하는 직업상, 쉽게 동요되지 않을 만큼 얼굴이 두꺼워야 한다. 날 선 손톱으로 할퀴는 듯한 그녀의 말들도 그저 소금 알갱이 몇 톨 얻어맞은 것쯤으로 받아들이려 애썼지만 그렇다고 맘 편하게 무시할 수는 없었다. 어쩌면 그녀의 어떤 면이 감추고 싶은 나의 내면을 투영하는 듯해서 그랬는지도 모르지만…. 아무튼 그녀는 일부러 내 화를 돋우는 게 틀림없었다.

그랬던 그녀가 놀랍게도 점차 호전되기 시작했다. 치료가 효과적이었는지 전혀 새로운 사람으로 거듭나기 시작한 것이다. 그녀는 서서히 지적이고 호감 가는 모습으로 변모했다.

퇴원한 지 2년 후, 경과를 보기 위해 다시 찾아온 그녀의 모습이 얼마나 센스 넘치고 매력적이었는지…. 지금 돌이켜봐도 믿기 어려울 정도였다. 누구에게도 뒤지지 않을 만큼 세련된 유머 감각을 갖춘 똑똑한 여성이 내 앞에 서 있었으니 말이다. 그 순간 나는 정신 질환이 개인의 성격과 기질을 한순간 얼마나 심각하게 훼손할 수 있는지, 심지어 그 사람 내면 깊은 곳에 있는 최악의 요소들만 뽑아낼 수 있는지 두 눈으로 똑똑히 확인했다. 내 앞에 다시 나타난 그녀는 너무도 멋지고 영리한 여성이었다. 광증이 위트 넘치고 사려 깊은 그녀의 말들을 가혹하고 잔인한 어투로 바꾸어 놓았던 것이다.

그 깨달음은 정신건강의학과 의사이자 한 인간으로서의 내 모습도 결정적으로 바꾸는 계기가 되었다. 정신병은 누구에게나 찾아올 수 있다. 안타깝게도 그로 인해 당신의 진짜 모습이 가려질 수 있다.

나는 그녀를 만나기 이전에도 누구보다 정확하게 정신과 이론을 잘 알고 있다고 자부했다. 하지만 이 환자를 통해 비로소 이론을 실제에 적용하는 일이 매우 어렵다는 것, 즉 다른 사람의 성격을 함부로 판단해서는 안 된다는 사실을 제대로 배웠다.

곧잘 성급한 판단을 내리곤 했던 나는 이제 훨씬 덜 비판적인 태도를 취할 줄 알게 됐다. 특히 내가 잘 모르는 사람에 관해서는 더욱 주의를 기울이려 노력한다. 한 번의 악의적인 표현이나 헐뜯는 말 한마디가 반드시 나쁜 성격의 징표는 아니기 때문이다. 누군가의 행동 방식이 그 사람이 누군지를 알려주는 정확한 잣대는 아닌 것처럼.

60년 세월을 건너뛴 우리의 우정

|

토미 니센 Tommie Niessen(간호사)

그가 누군가를 쉽게 재단하는 사람이 아니라는 점이 내겐 퍽 인상적이었다. 나는 평범한 간호사들과는 조금 다른 축에 속했다. 타투를 하고 머리도 밀었으니 말이다. 하지만 그는 나의 외형을 문제 삼는 법이 전혀 없었다. 나중에 그의 딸을 통해서 나를 처음 보았을 땐 조금 놀랐다는 말을 전해 듣기는 했지만, 나는 그 사실을 전혀 눈치채지 못했다.

한번은 그가 문신에 무슨 뜻이 담겨 있느냐고 묻기에, 어릴 적 할아버지가 내게 항상 종이배를 접어주곤 하셔서 잉크에 할아버지 유해를 섞어 내 팔에 그려 넣었다고 설명했다. 가만히 내 말을 들은 그는 꽤 감동한 눈치였다.

젊은이들은 종종 노인들을 지루하다고만 생각하고 노인들은 노인들대로 젊은 세대에 대해 이러저러한 불만을 품지만, 우리 사이는 전혀 그렇지 않았다. 60년 이상의 나이 차는 아랑곳없이, 남들이 믿지 못할 만큼 죽이 잘 맞았다. 살다 보면 이따금 따로 말하지 않아도 서로를 잘 이해하는 사람을 만나게 된다. 내겐 그가 그런 사람이었다.

그의 이름은 칼룸. 네덜란드 북부 출신이지만 후에 일자리를 찾아 남쪽에 정착했다. 그러다 몸 상태가 나빠지면서 딸네 집에 기거하고 있었다. 신장 기능이 점점 떨어지고 있었는데도 그는 더 이상의 치료를 거부했다. 일주일에 몇 차례 그를 만나러 가면, 그는 함께 차를 마시면서 인생, 사랑, 그 밖의 여러 가지에 관한 이야기를 들려주곤 했다.

정말이지 그는 탁월한 이야기꾼이었다. 우리의 대화는 단순한 잡담이 아니었다. 항상 깊고 의미 있는 이야기들이었다. 그는 아주 신실한 사람이었지만 동시에 열린 마음을 가지고 있었고 나처럼 영적인 분야에도 관심이 많았다.

몇 달 후 나는 다른 곳에 일자리를 잡아 떠나게 되었지만 그래도 꼭 그를 만나러 올 거라고 약속했다. 그는 내 마지막 근무 날 눈시울을 붉히기도 했다. 작년 말 나는 그가 호스피스 병동으로 옮겨졌으며 건강이 많이 악화됐다는 소식을 들었다. 그동안 한 번도 만나러 가지 못했던 터라 죄책감이 밀려왔다. 그날 이후 매주 그를 방문했다. 우리는 헤어질 때 중단되었던 바로 그 이야기에서부터 대화를 이어나갔다. 그러던 어느 날 그의 사위로부터 그의 시간이 얼마 남지 않았다는 연락이 왔다. 나는 마지막 작별 인사를 건네려 그를 다시 찾아갔다. 하지만 내가 도착했을 때 그는 이미 반응이 없었다.

나는 그의 침대 곁에 앉아 손을 잡고 이야기를 시작했다. 그러자 그의 뺨을 타고 눈물 한 방울이 흘러내리는 게 아닌가. 내가 거기에 있다는 사실을 그가 지각했는지 알 수는 없다. 그 눈물이 나 때문이었는지도 알지 못한다. 하지만 나에게는 지금도 잊을 수 없는 아름다운 순간으로 각인돼 있다.

나는 그분처럼 자신의 감정을 솔직하게 털어놓으며 이야기하는 노인을 만나본 적이 거의 없다. 그는 만족스러운 삶을 살아온 것에 감사했고, 아플 때 기꺼이 돌봐주는 사람들이 있어서 참으로 행복하다고 말했다. 그는 나에게 "자네는 지금 모든 시스템이 가동 중"이라면서, "꿈을 좇아 바삐 움직이되 너무 목적지에만 집중하지 말라"고 말해주었다. "여정 자체도 그 못지않게 중요하다"고. "나이를 먹으면 먹을수록 자신의 인생을 반추하게 된다"면서, "무작정 앞만 보며 달려 나가기보다 멈춰 서서 주변 광경을 충분히 즐기라"고도 얘기해주었다. 또 "가진 것에 그저 감사해야 한다"며 "작은 것에도 고마워하라"고, "주변 사람들과 자신의 태도에 늘 신경 쓰라"는 충고도 아끼지 않았다.

그의 조언을 전부 다 실행에 옮기지는 못한다. 대신 더 많이 반성하며 지낸다. 그것만으로도 아주 고마운 일이 아닌가. 때때로 내 삶에 브레이크를 거는 데 어려움을 겪긴 하지만 말이다. 내 마음속 깊은 곳에 자리잡은 그를 떠올릴 때마다, 그 어른 덕에 나 역시 점점 더 나은 사람이 되어가고 있다고 느낀다.

아직도 간직하고 있는 그의 부고장에는 다음과 같은 성경 글귀가 적혀 있다.

사랑이 없다면, 우리는 아무것도 아니다.

이 구절만큼 내가 이 일을 하는 이유를 더 잘 설명해줄 말이 있을까? 누군가를 위해 곁에 있어 준다는 것 자체가 바로 사랑이기 때문이다.

치매의 이쪽과 저쪽
|

유고 판 데 비덴 Hugo van der Widen(간호사)

할머니는 나를 항상 존이라고 부르며, 18세 소녀가 반할 만한 옆집 청년쯤으로 여겼다. 어쩌다 내가 다른 여성과 잡담하는 모습이 눈에 띄기라도 하면 질투가 이만저만이 아니었다. 그것만 빼면 할머니와 나는 알 만한 사람들은 다 알 만큼 절친한 사이였다. 우리에겐 서로 잘 맞는 특별한 무언가가 있었다.

기억의 조각보가 가장자리부터 풀리고 있는 할머니의 머릿속에서 당신은 다시 어린 소녀였다. 인생에서 가장 즐겁고 유쾌하고 생명력이 넘치던 때였으리라. 적어도 내가 받은 인상은 그랬다. 우리는 만케 넬리스 음악에 맞춰 온 병동을 휘저으며 춤을 추었고 옛날식 특이한 컵에 애드보카트 리커Advocaat liquer(달걀, 설탕, 브랜디로 만든 독한 술)를 따라 함께 나눠 마시곤 했다.

할머니를 찾아오는 방문객은 거의 없었다. 자식들만 이따금 찾아올 뿐. 그 외 나머지 시간 동안 할머니는 대개 홀로 지냈다. 그러던 중 넘어져 엉치뼈가 부러지고 난 직후 할머니는 숨을 거두었고, 나는 요양원 동료들과 함께 장례식에 참석했다. 그런데 놀랍게도 성당 안은 미어터질 정도로 북적였다. 조문객들을 둘러본 나는 저 많은 사람들이 대체 그동안 어디에 있었던가 의아스러울 뿐이었다. 할머니 자식들을 제외하고 성당 안에 있는 사람들 중 단 한 명도 요양원에서 본 적이 없었으니까.

사람들은 추도사를 낭독하고 즐거웠던 기억을 회상했다. 그리고 그들은 하나같이 할머니가 요양원에서 보낸 마지막 몇 년을 비극적으로 묘사했다. 아니, 할머니와 내가 함께했던 시간이, 우리가 정말로 행복해하고 즐겁게 보냈던 그때가 전부 한탄스럽고 불행했던 나날들로 간단히 치부될 일인가…. 마음이 아팠다. 물론 할머니에게도 슬픔의 순간들이 있었겠지만 그건 대체로 지독한 외로움 때문이었다. 그런데 그런 슬픔을, 오랜 기간 거리를 두고 지내다 불쑥 나타나서 고인에 대한 마지막 의례나 겨우 차린 사람들이 이러쿵저러쿵 말할 자격이 있을까?

성당에서 본 수많은 이들의 면면이 내 뇌리에서 떠나지 않았다. 처음에는 분노가 일었다. 하지만 나중에 사회학을 공부하다가 그 이상의 이유가 있음을 깨닫게 되었다.

사람들이 요양원에 잘 찾아오지 않는 이유에는 부분적이긴 해도 기관 자체의 문화가 영향을 끼쳤다는 점을 알아챈 것이다. 의료기관은 아직도 개개인, 특히 환자에게만 지나치게 초점을 맞추어 돌아간다. 그러다 보니 입원 환자의 사회적 지인들을 끌어모으는 문제에 대해서는 마치 우리가 전혀 손을 쓸 수 없는 것처럼 받아들여지곤 했다. 실제로 오랜 기간 요양원은 난공불락의 요새와도 같았다. 방문 시간도 정해져 있고 가족들도 일정 거리를 유지해야 했으니 말이다. 비록 수십 년 전에도 문은 활짝 열려 있었지만, 이런 기관을 둘러싼 장벽은 여전히 너무 높기만 하다. 하지만 다행히도, 그걸 변화시킬 방법들은 찾아보면 많다.

또 다른 깨달음은 그날 성당에 왔던 사람들이 할머니와의 관계에서 다소간 아픔을 겪었을지도 모른다는 점이었다. 특정 시점에서 어떤 연유로든 그들은 할머니와 거리를 두기로 결정을 내렸던 건 아닐까. 치매는 사람을 예측 불가한 존재로 만들어버리기 때문에 종종 타인의 접근 자체를 주저하게 만든다.

한순간 변해버린 치매 환자를 어떻게 대해야 할지, 지인들조차 감당하기 버거운 상황이 온다. 그런 상황이 한동안 지속되면 치매 환자들은 점점 더 깊은 외로움 속으로 빠져들고 만다. 환자들도 그걸 알고 있다. 알고 있다고 확신한다. 가족과 친구들이 천천히, 하지만 확실히 멀어져 가고 있다는 것을 분명 인지한다.

실제로 할머니도 어쩌다 한 번씩 자신이 요양원에 있다는 사실을 자각하곤 했다. 그럴 때마다 할머니는 몹시 슬퍼했고 우리는 그런 할머니를 위로하기 위해 애썼다. 아마도 할머니의 삶은 여러 해 전부터 허물어지기 시작해 결국 요양원을 택할 수밖에 없었을 것이다. 그 과정에서 성당에 있던 사람들 모두 할머니의 삶에서 한 사람 한 사람씩 떨어져 나갔으리라. 그게 할머니에게 얼마나 고통스러운 과정이었을까?

바로 여기에 치매의 비극이 자리잡고 있다. 또 바로 그 지점에 우리 사회가 노인 치매 문제에 어떻게 대처해야 하는가 하는 숙제가 남아 있다.

자신이 더 이상 진지한 존재로 받아들여지지 않는다는 걸 사람들은 금세 직감한다. 그래서 그날 성당이 그렇게나 꽉 차 있던 것일까? 일종의 보상 차원에서? 할머니의 삶에서 사라졌던 사람들이 그날 장례식장을 찾은 건 어쩌면 죄책감을 털어버리기 위함이 아니었을까?

"여기 강가에서, 이제 나는 행복해."

유스트 드렌스Joost Drenth(소화기내과 전문의)

내가 그를 처음 만난 건 전공의 1년 차일 때였다. 그는 거친 삶을 살아온 40대 남자였다. 불우한 가정에서 태어나 보육원에서 성장했고, 사회 밑바닥까지 떨어져 결국 알코올 중독자가 되었다. 그러다 바이러스성 C형 간염에 걸려 우리 병원으로 찾아온 것이다. 당시 가능한 치료법이 딱 하나 있었지만 심각한 부작용을 수반했고, 불행히도 그에게는 그 치료법조차 별로 효과가 없었다. 그는 모든 희망을 새로운 치료법 개발에 걸고 있었다. 나는 그렇게나 끈질기고 절박하게 치료를 원했던 환자를 본적이 거의 없다. 그도 나름대로 관련 공부를 해왔기 때문에 진료 상담은 흡사 학술토론을 방불케 했다. 내가 학술회의라도 다녀

오면 그는 당장 이렇게 묻곤 했다.

"그래, 무슨 새로운 소식이라도?"

시간이 지날수록 그가 품고 있는 불안감과 부담감이 이해되기 시작했다. 비슷한 처지에 있는 친구들 다수가 간염으로 사망했기 때문이다. 그는 이 바이러스가 얼마나 치명적인지 누구보다 잘 알았다. 특히 간과 뇌까지 초토화되다시피 완전히 망가져 버린 절친을 언급하며 "그런 일이 내게 일어나서는 절대 안 돼."라고 누누이 말했다. 자신도 같은 종말을 맞이하게 될까 봐 노이로제에 시달렸다.

몇 해 전, 이 바이러스를 단 몇 달 만에 성공적으로 억제할 만한 신약이 출시된 적이 있었다. 기쁜 마음으로 그에게 이 소식을 전했지만, 이번에도 효과가 없었는지 치료를 끝내자마자 바이러스가 재발했다. 유일한 대안이라 믿었던 약마저 소용없게 되자 그는 극도로 풀이 죽었다. 그러던 차에 지난해 세 번째 약이 출시되었다. 그의 간을 공격한 바이러스 종을 집중타격하는 신약이었다. 처음에는 잘 듣는 듯했지만 시간이 지나면서 다른 증상이 나타났다. 우리는 즉각 초음파 검진에 들어갔다. 그때 모니터에 나타난 이미지를 지금도 잊을 수가 없다. 그의 간이 환히 불밝힌 듯 하얗게 빛나고 있었다. 나는 입을 다물지 못했다. CT 스캔 결과 간암이었다.

그는 5주 전 호스피스 병동에 입원했다. 내가 찾아갔을 때 그는 창문 밖으로 펼쳐진 드넓은 강을 바라보고 있었다. 수년간 그의 동행인이자 항해사로서 함께 여행하는 동안 더 충분한 관심을 기울이지 못했음을 고백했다. 좀 더 빨리 초음파 검진을 했어야만 하는데. 대체로 모든 환자에게 나는 그렇게 해왔음에도, 그에게는 어떤 이유에선지 그 과정을 간과했다.

지금 돌이켜보면, 아마도 우리 둘이서 암묵적 맹약을 맺었던 게 아닐까 싶다. 이 지긋지긋한 바이러스를 반드시 박멸하고야 말겠다는 약속 말이다. 그만큼 이 바이러스는 그의 것만이 아니라 이미 내 것이 되어 있었다. 그 한 가지 목표에 너무 집중한 나머지, 나는 함께 해낼 수 있다는 확신에 도취했다. 그런 내 집착이 다른 가능성을 모두 지워버리고 말았다는 걸 꿈에도 생각지 못했다. 그는 내게 초음파 검사를 좀 더 빨리 진행했다면 도움이 되었을 거라 생각하냐고 물었다. 아마도 아닐 거라고 나는 대답했다. 왜냐하면, 그는 처음부터 간 이식은 고사하고 외과적 수술조차 원치 않았기 때문이다.

그럼에도 불구하고 그의 사례는 나를 보다 겸허하게 만들어주었다. 이 일을 겪은 이후 나는 의사로서 보다 폭넓은 시각을 갖춰야 한다는 사실, 그리고 일정 수준의 직업적 거리감이 필요하다는 사실을 깨달았다. 아울러 질병 앞에서 의사는 교만이나 확신 대신 삼가고 존중하는 태도를 지녀야 한다는 점도 배웠다. 질병은 결코 만만한 상대가 아니다. 오히려 잠복 중인 저격수처럼 끈질기게 때를 기다리다 예고도 없이 타격하고 만다는 것을 이번에 나는 몸서리치게 목격했다.

그가 한번은 담배를 끊은 게 스스로 얼마나 자랑스러운지 모르겠다고 얘기한 적이 있다. 마지막 남은 중독 대상이었으니 쉽지 않은 선택이었을 것이다. 어쩌면 그에게는 새 삶의 시작을 기념하는 일이 될지도 몰랐다. 하지만 지금 그는 수년 전 처음 그를 사로잡았던 공포와 마주하고 있다.

그는 곧 죽음을 맞을 것이다. 그의 다른 친구들처럼. 그걸 뻔히 알면서도, 나는 그를 보호할 수 없다. 그는 이제 가능한 한 오래 버티고 싶어한다.

우리는 와츠앱을 통해 서로 연락을 주고받는다.

메시지 고마워, 유스트.

그가 최근에 쓴 내용이다.

이제 편안하고 행복해, 여기 강가에서 말야.
때때로 자네 생각이 나는군.

생사의 주도권은 누구에게 있는가?

|

앙겔라 마스 Angela Mass(심장내과 전문의)

그녀는 친구 같은 딸, 사랑스러운 고양이와 함께 좋은 동네, 멋진 집에서 원하는 삶을 누리며 살고 있었다. 그런 그녀가 대동맥 판막의 심각한 이상징후를 확인했을 때 그녀의 입장은 단호했다. 수술은 절대 안 된다는 것이었다. 이제 70대 초반에다 굉장히 활동적이어서 결과가 나쁠 것 같지 않았지만 그녀의 굳은 결심을 돌릴 방법은 없었다. 하는 수 없이 그녀가 매년 두 차례씩 받으러 오는 정기검진 때만이라도 지켜보는 것 외에 도리가 없었다.

그렇게 나는 종종 심장 초음파를 찍어보고 상황에 맞게 약을 처방하며 관리해 나갔다. 처음부터 그녀는 곧장 본론으로 들어가 자신의 의사를 피력한 바가 있었다. 심폐소생술 거부서 및 안락사 선언서를 제출해달라는 것. 그 후 진료 때마다 그 두 가지 서류를 잘 보관하고 있는지 나에게 재차 확인했다.

여러 해째 상황은 순조롭게 지나갔고 나도 우리가 올바른 선택을 했다고 확신하려던 참이었다. 초음파상 대동맥 판막이 많이 좁아지긴 했지만, 그녀의 상태는 그리 큰 문제가 없어 보였다. 그러던 어느 날 아침, 정기검진차 활기차게 걸어 들어오던 그녀가 갑자기 호흡곤란 증세를 보였다. 숨을 헐떡이며 내 건너편에 앉았는데 입가에 거품이 일기 시작했다. 만약 집이었다면 그녀는 그 자리에서 사망했을지 모른다. 다행히 병원에서, 그것도 질식사 직전 내 눈앞에서 발견된 것이다. 맙소사! 그녀는 분명 그 어떤 의료적 개입도 반대할 텐데…. 그동안 우리는 수도 없이 이런 상황에 대비해 논의를 해왔다. 그렇다고 밝게 웃으며 내 진료실로 들어서던 그녀를 그냥 관속에 눕도록 내버려 둘 수는 없는 일 아닌가? 의사라면 반사적으로 조치를 취한다.

나는 인공호흡기를 쓰기로 결정했다. 발작 증세가 회복되리라고 기대한 것이다. 그녀는 아직 반응이 있었고 본인도 이에 응낙했다. 하지만 막상 인공호흡기를 달고 보니, 인공호흡기 없이는 더 이상 생존이 불가하다는 사실이 명백해졌다. 그녀의 목구멍 속에 튜브를 밀어 넣는 기도삽관은 이제부턴 말도 할 수 없게 된다는 걸 의미했다.

그녀는 손짓으로, 그리고 생각을 종이에 적는 것으로 의사를 전달했다. 그녀는 예전처럼 단호하게 촉구했다. "이건 내 의도와 다르니 당장 중지하세요."

그녀를 이대로 죽게 내버려 둔다는 건 너무나 힘든 일이었다. 나는 그녀의 바람이 무엇인지 이미 잘 알고 있었지만 그럼에도 불구하고 결국 그녀에게 인공호흡기를 부착하고 말았다. 너무 당황한 나머지 의사로서 직업적 본능에 굴복한 셈이다.

이성적인 판단과 달리, 나는 그녀가 버텨내리라고 희망했다. 그런 식으로 행동한 게 잘못된 선택이었을까? 내 속내를 환자의 딸에게 털어놓자 그녀는 나를 이렇게 안심시켰다.

"아마 엄마도 선생님을 원망하진 않으실 거예요."

결국 그녀가 직접 인공호흡기 제거 날짜를 정했다. 죽기 전 마지막 소원도 이루었다. 고양이를 한 번 더 보는 것과 와인 한 잔을 마시는 것. 그렇게 그녀는 평화롭게 세상을 떠났다. 고양이를 자신의 침대 발치에 두고서, 그리고 탁자 위에 와인 한 병을 남긴 채. 몇 주 후 나는 그녀의 딸로부터 감동적인 편지 한 장을 받았다. 내가 얼마나 가여웠는지 모른다고, 얼마나 많이 고심했을지 느끼고도 남는다고, 엄마도 그런 상황을 이해하고 결국에는 만족하셨을 거라고, 마지막으로 엄마에게 작별인사를 나눌 기회를 주어서 진심으로 감사하다고.

항상 환자의 의사를 존중하라. 설사 환자의 선택이 내 의사에 반할지라도. 그것이 내가 이 여성으로부터 배운 교훈이다.

환자들은 우리 마음대로 다룰 수 있는 소유물이 아니다. 우리에게 속해 있지도 않다. 우리가 할 수 있다고 해서, 우리의 힘이 닿는 한 모든 것을 다 동원하는 데 환자들이 언제나 동의하는 것도 아니다. 지금이야 이런 내용에 대한 논의가 활발히 이루어지고 중대한 문제에 대해 의사와 환자가 공동 결정을 내리는 일이 흔하다. 하지만 15년 전 내가 그녀를 처음 만났을 때만 해도 거의 모든 선택권을 의사가 쥐고 있었다.

그녀는 내가 취해야 할 방향과 의사로서의 본분을 분명히 제시해 주었다. 그녀에 대한 기억은 그날 이후부터 지금까지 내 머릿속에 뚜렷이 각인되어 있다. 다음과 같은 가르침과 함께.

의사로서 당신이 할 수 있는 전부는 잘 들어주는 것이다.

모니카의 용기

|

프레데릭 아망 Frederic Amant(부인과 종양 전문의)

모니카가 자궁암 진단을 받은 건 임신 4개월이 넘어가던 때였다. 그 순간부터 그녀의 몸 안에서 생과 사의 대결이 벌어졌다. 암을 치료하려면 자궁 적출이 필요했다. 하지만 그건 아기를 포기한다는 뜻이었다. 게다가 수년 전 첫 아이를 조산으로 잃은 뒤 찾아온 두 번째 임신이었다. 자궁절제술로 생명은 건질 수 있지만 다시 아기를 못 갖게 되는 대가가 따랐다.

그녀는 내게 아이를 구할 방법이 정말 없겠느냐고 애원하며 물었다. 설사 자신의 치료에 악영향을 미치는 방법이라 해도 상관없다고, 기꺼이 위험을 감수하겠다고 말했다.

암은 태아 정기검진 중 우연히 간호사의 눈에 띄어 발견되었다. 모니카가 아직 아무런 증상도 느끼지 못하는 시기였다. 그녀는 임신이 암을 조기에 발견하도록 해주었으니 자기도 뱃속 아기에게 무언가 보답할 기회를 갖고 싶다고 했다. 아직 만나지 못한 아기지만 그렇게라도 자기 목숨을 구해준 것에 대해 감사를 표하고 싶다고 말이다. 내 앞에는 아기의 첫 태동이 막 시작된 젊은 산모가 마주앉아 있었다. 그런 그녀의 마음을 충분히 이해하고도 남았다.

의학 문헌을 뒤져보니, 작지만 귀중한 정보가 있었다. 아주 드물게, 임신한 암 환자가 치료를 받으면서 성공적으로 아이를 출산한 몇 건의 사례가 기록되어 있었다. 일단 가능성이 있다는 뜻이었지만, 아기의 건강이나 산모의 치료 결과에 대한 통계자료는 전무했다. 결정할 시간은 단 며칠뿐이었다. 불확실성이 컸으나 우리는 일단 도전해보기로 합의했다. 자궁절제술을 연기하고, 대신 아기가 태어날 만큼 충분히 자랄 때까지 종양을 최대한 억제하는 화학치료부터 들어갔다.

32주 후, 모니카는 건강한 사내아이를 출산했다. 아기가 나오자마자 그 자리에서 그녀의 자궁도 적출되었다. 꼬마 승리자는 다행히 아주 건강하게 태어났다. 이 쾌거로 말미암아 임신한 다른 암 환자들도 도울 수 있겠다는 용기가 생겼다. 그 후 우리 환자가 아기를 낳을 때마다 나는 곧장 산모에게 가본다. 그리고 아기가 건강하면 그제야 깊은 안도의 숨을 내쉬며 병동을 나온다.

초창기에는 적지 않은 의사들이 우리가 불필요한 위험을 감수한다고 생각했다. 그러면서도 유사한 환자가 생기면 혹시라도 문제가 생길까 전전긍긍하며 암 환자 산모들을 우리 쪽에 의뢰했다.

하지만 시간이 지나면서 그런 조심스러움도 점차 사라지고 있다. 산모와 아기들을 계속 추적 관찰한 결과 태내에 있는 아기들이 생각보다 강인하다는 사실을 입증해주는 임상자료들이 축적되었다. 나아가 생후 1년간 아기들의 발달단계 역시 다른 정상 산모 아기들과 동등하게 나타났기 때문이다. 그 과정에서 암 환자 산모와 아기의 생존 가능성을 긍정적으로 본 다른 의사들이 이제는 추가 정보나 조언을 구하기 위해 우리에게 연락을 취하기도 한다.

이처럼 수백 명이나 되는 다른 암 환자 산모들의 삶에 크나큰 영향을 미친 사람은 바로 태중의 아기를 살리기 위해 자신의 모든 것을 건 용기 있는 한 엄마였다. 나아가 모니카의 사례는 다른 암 환자 산모들을 위한 데이터베이스 축적을 가능케 하고, 국제적인 연구 프로젝트에 착수하는 계기가 되었다.

자신의 생명과 아이의 생명 중 단 하나만 선택해야 하는 경우보다 더 잔인한 일은 없을 것이다. 그런데도 한때 암 환자 산모들에게는 임신을 포기하거나 아이를 조산하는 것 외에 달리 선택권이 없었다. 최근까지 축적한 데이터 덕분에, 이제 그런 운명은 웬만하면 피할 수 있게 되었다. 말 그대로 죽음의 문턱으로 내몰리던 아이를 구할 수 있게 된 것이다.

모니카는 현재 공식적으로 암이 완치된 상태다. 벌써 열다섯 살이 된 아들도 건강하게 잘 지내고 있다. 몇 해 전부터 우리는 우리 병동을 거쳐 간 환자와 그 자녀들의 모임인 '가족회'를 조직해 운영하고 있다. 모니카도 항상 참석한다. 작년에는 용기와 조언을 구하러 이 행사에 온 젊은 예비 산모를 만나 이야기를 나누기도 했다. 아직 화학치료에 들어가기 전이었던 예비 엄마는 행복하게 뛰노는 여러 아이들을 보자마자 금세 의구심을 떨쳐낼 수 있었다.

의사는 전지전능한 존재가 아니다

|

코르스 반 데르 엔트 Kors van der Ent(소아청소년과 전문의)

인큐베이터 안의 작은 아기는 몇 날 며칠을 홀로 사투를 벌이고 있었다. 다운증후군이 있던 그 아기는 태어난 지 불과 일주일 만에 심한 감염병까지 걸려 인공호흡기에 의지하는 신세가 되었다. 우리는 아기의 안정된 혈압 유지와 감염병 치료를 위해 심장약과 항생제를 투여했다. 매일 그렇게 우리는 연약한 아기를 에워싸고 기술적 전투력을 보강해가며 치료 강도를 높여나가는 데에만 혈안이 되어 있었다.

그 사이 문득 우리가 과연 옳은 일을 하고 있는 건가 하는 의구심이 고개를 들었다. 치료에 매진을 해도 아무런 변화가 없었고 오히려 날이 갈수록 아기의 상태는 악화하기만 했다. 5일째 되던 날 밤 11시. 당직 근무를 마친 나는 어쩌면 마지막이 될 거란 생각에 아기에게 작별인사를 건네려 인큐베이터 쪽으로 걸어 갔다. 아마도 오늘 밤을 넘기지 못할 거라고, 내일이면 널 다신 못 볼지도 모른다고 예상하면서. 하지만 다음날 다시 돌아와 보니 아기는 아직 버티고 있었다. 게다가 아기의 상태가 밤새 몰라보게 호전된 상태였다.

몇 년이 지난 어느 일요일 오후, 네 살 된 아이가 중환자실로 실려 왔다. 건강하고 활발했던 아이가 조부모의 뒷마당에서 놀던 중 연못에 빠졌는데 뒤늦게 발견된 탓에 꽤 오랜 시간 물속에 있었다고 한다. 구급차 안에서 급히 심폐소생술을 실시해 심장은 겨우 다시 뛰게 했지만 아이는 여전히 의식불명이었다. 우리는 오후 내내 아이에게 매달렸다. 인공호흡기를 달고 심장 마사지를 하고 온갖 약을 다 썼다. 그래도 살아나지 못할까 봐 두려웠는데, 놀랍게도 아이의 의식이 돌아왔다. 마침내 눈도 뜨고 인공호흡기도 떼어냈다. 그날 저녁 나는 아이의 침대 가에 다가섰다. 당직 근무를 마치고 잠깐 인사라도 하려던 참이었다.

그런데 바로 그 순간, 내 눈앞에서 아이의 심장이 멈추었다. 의료 인력이 총 투입되어 갖은 방법을 동원했지만 모두 허사였다. 아이는 끝내 사망하고 말았다.

내게는 이 두 아이가 함께 '가장 기억에 남는 환자'다. 30년이 지나도록 내내 잊히지 않는 이유는 아마도 이 두 아이가 의사들이 견뎌내야 할 극단적인 상황을 명확히 대변하고 있기 때문은 아닐까. 아직 수련의에 불과하던 내 앞에 나타난 그 아이들은 그때 이후로 내가 걸어온 길 위에 뚜렷한 이정표로 남아 있다. 그들은 의사로서 내가 해야 할 역할의 지침서였다.

이 직업을 택한 신참 의사들은 대개 자신이 환자의 운명을 바꾸어 놓을 수 있다고 믿는다. 치료, 약, 수술이 차이를 낳는다고, 그걸 선택하는 자신의 행위가 결정적인 역할을 한다고 말이다. 하지만 궁극적으로 깨닫게 되는 건 자신이 생각만큼 전지전능한 존재가 아니라는 사실, 사태의 진로를 마음대로 좌지우지할 수 없다는 사실, 때로는 어찌해볼 도리 없이 무력하기까지 하다는 사실이다.

우리가 가용한 모든 의료 시스템을 동원했던 그 첫 번째 아기는 모든 게 소용없어 보이던 그 순간 기적적으로 살아났다. 반면 우리가 똑같이 사력을 다했던 두 번째 아이는 정반대의 결과를 보였다. 이것이 바로 의사들이 직면하는 현실이다.

최첨단 기기와 최신 의술이 가능성을 높일 수는 있다. 하지만 때로는 한 사람의 생명이 의사의 예상보다 오래 지탱되기도 하고, 또 다른 편에선 손가락 사이로 허망하게 빠져나가기도 한다.

그게 의사로서 우리가 마주하는 엄연한 현실이다. 운명의 주사위가 어디로 떨어질지는 아무도 모른다.

그러므로 신참 의사들이 무엇보다 먼저 배워야 할 것은 의술의 전지전능함이 아니다. 의술이란 그저 제한된 능력에 불과하다는 사실을 가능한 한 일찍 깨달을 필요가 있다.

그 두 아이는 그런 측면에서 내게 하나의 기준점이 되어주었다. 의사로서 내 몫과 본분을 자각해야 한다는 사실을 온몸으로 증명해준 셈이다.

삶과 죽음의 최종결정권자는 신이다. 우리는 겸허히 최선을 다하는 존재일 뿐이다.

웃음 전파자

|

마리 호세 반 드루멜 Marie-Jose van Dreumel(특수장애 전문의)

　보육센터에서 근무한 지 얼마 지나지 않았을 때였다. 내가 담당하고 있던 환자는 심각한 복합장애를 지닌 15세 소년이었다. 두 살 정도의 지적 수준에 중증 뇌성마비와 간질 발작증세를 갖고 있었다. 하지만 굉장히 명랑해 주변을 금세 웃음의 도가니로 만들곤 했다. 소년의 웃음소리만 들어도 얼굴에 저절로 미소가 지어질 정도였다.

　그런데 어느 순간부터 소년의 몸무게가 줄기 시작했다. 극심한 발작 경련을 일으키는 아이들에겐 그리 드문 일이 아니었다. 어느 면에서 보면 흡사 고강도 운동선수와 같다고 할 수 있을 만큼 이런 아이들의 근육은 지속적인 긴장 상태에 놓여 있다. 특히 성장기엔 신진대사까지 활발해 열량 소모도 심하다. 따라서 소년의 음식 섭취량을 늘려보았다. 살이 조금 붙으며 상태가 호전되는 듯하여 나도 마음을 놓았다.

그러던 어느 날부터 소년이 돌연 웃음을 멈추었다. 쾌활함은 온데간데없이 자주 울었다. 뭔가 잘못되었다는 신호들이 속속 나타나기 시작했다. 몇 마디 말밖에 할 줄 몰랐기 때문에 도대체 뭐가 문제인지 제대로 파악조차 되지 않았다. 이윽고 전 의료팀이 소환되었다. 행동 전문가, 언어치료사, 물리치료사를 위시해 모두가 달려들어 무슨 일인지 알아내려 애썼다. 자극이 과해서일까 아니면 부족해서일까? 집에 무슨 변화라도 생겼나? 휠체어가 불편한가?

하지만 아무것도 정상에서 벗어난 것이 없어 보였다. 신체검사도 다 해봤지만 별다른 이상이 없었다. 그러던 중 상황을 유심히 살펴보던 누군가가 소년이 삼키는 걸 굉장히 힘들어 한다는 사실을 알아냈다.

평소 우리는 별 어려움 없이 음식을 씹어 넘긴다. 하지만 우리가 깨닫지 못해서 그렇지, 삼키는 행위에는 걷는 행위보다 더 많은 근육이 사용된다. 소년은 이번 발작증세로 말미암아 너댓 번의 시도 후에야 겨우 한 입을 삼켰던 것이다. 매끼 식사가 그렇게 힘들었으니, 식사 후에는 기력을 회복할 시간이 필요할 수밖에. 종일 먹고 쉬는 데 시간과 에너지를 다 소진하느라 웃으며 놀 시간이 전혀 없었던 셈이다. 당연지사였다. 우리는 부모와 상담을 거친 후 소년의 위 속으로 영양공급 튜브를 삽입하기로 결정했다. 결과적으로 올바른 선택이었다. 소년의 기분은 다시 좋아져 예전의 명랑한 모습으로 돌아왔다.

6개월 후 당직 근무를 마치고 보육센터에 잠깐 들렀는데 마침 음악 공연이 진행되고 있었다. 나는 방에 있는 부모들과 무대에 선 아이들을 죽 둘러보았다. 서로 다른 특수장애를 지닌 아이들의 모습이 한눈에 들어왔다. 휠체어를 탄 아이, 발작증세를 보이는 아이, 다칠까 봐 안전모를 쓴 아이, 그 아이들 사이에 소년이 서 있었다. 악기 하나를 느슨하게 들고서.

아이들 중 한 명이 내게 다가왔다. 깜짝 놀란 표정으로 "의사 선생님, 여기서 뭐하고 계세요?"라고 아이가 물었다. 주위를 둘러보던 아이가 무대에 눈길을 고정한 채 이렇게 물었다.

"여기에 아픈 사람 있는 거 아니죠? 그렇죠?"

그 말에 나는 퍼뜩 정신이 들었다.

'아, 내가 이 일을 하는 이유가 바로 이거였구나.'

질병을 바라보는 그 아이의 시각은 완전히 달랐다. 그 아이에게 '아프다'는 말의 의미는 침대에 누워 있거나 비참한 기분을 느끼는 것일 뿐이다. 그렇다면 무대 위에 있는 저 쾌활한 소년은 아무리 오래 질병에 시달리고 있어도 완벽하게 괜찮은 것이다.

그 아이의 질문이야말로 내가 무슨 일을 하는 사람인지, 내 직업이 무엇인가를 일목요연하게 일깨워 주었다. 한마디로 특수장애 전문의가 해야 할 임무는 일반 의사가 하는 일과는 다르다는 사실을 나는 그 자리에서 새삼 자각했다. 즉, 우리는 지적 장애를 고치는 사람이 아니라 그 장애가 유발하는 증상을 최대한 줄여주는 사람이다. 우리의 목적은 함께 힘을 모아 이들이 각자 멋진 삶을 살 수 있도록 돕는 것이다.

오래 전 일인데도 엊그제처럼 생생하다. 그날 오후의 기억은 단 한 번도 날 떠난 적이 없다. 무대 위에서 울려 퍼지던 그 소년의 전파력 강한 웃음소리와 아직도 내 귓가에 쟁쟁하게 메아리치던 아이의 질문과 함께. 아마도 내 심장이 어디 있는지를 알려준 순간이었기 때문이리라.

그녀는 진정한 투사다

|

딕 티뵈엘 Dick Tibbeoel(중증소아과 전문의)

태어날 때 처음 본 키어스틴의 모습은 안와(눈 주위에서 안구를 감싸고 있는 공간)가 얕고 안구가 튀어나온 안면 기형아였다. 두개골 접합이 적정 시기보다 이르게 진행되면서 두개골 안쪽 공간을 좁혀 정상적인 안면 형성을 방해하는 증후군이다. 호흡기관도 기형이라 숨이 잘 쉬어지도록 후두 아래 목 안으로 튜브를 삽입하는 수술도 불가피했다.

아이는 그렇게 생후 첫 몇 년간 여러 차례 수술을 받았다. 번쩍이는 경광등에 요란한 경보음을 울리며 다급히 실려 올 정도로 상태가 위중했던 적도 여러 번. 과연 살아날까 싶었던 적이 한두 번이 아니었다. 호흡기관을 둘러싼 연골 고리들이 제 모양을 갖추지 못한 탓이었는데, 이런 상태는 다들 곤혹스러워할 만큼 희귀한 사례에 속했다. 전 세계 내로라하는 전문가들에게 죄다 문의를 해봤지만 그 누구도 최선의 접근 방법을 선뜻 내놓지 못했다. 기도에 삽입한 튜브를 매번 바꿔 달아주는 수밖에 없었고 그때마다 우리는 혹시라도 잘못될까 봐 전전긍긍했다.

성형수술과 재건술을 수도 없이 받았지만 안면 기형은 크게 나아지지 않아, 그녀가 밖을 나서면 사람들이 겁먹은 얼굴로 쳐다보기 일쑤였다. 그녀의 엄마가 언젠가 내게 말해주길, 한번은 길을 가는데 버스 한 대가 승객들에게 키어스틴을 제대로 보여주려고 잠깐 멈춰 선 적도 있다고 한다.

키어스틴도 아마 바깥세상의 편견 어린 시선을 느꼈으리라. 등뒤에서 들려오는 수군거림까지도. 그 어린 아이가 자라면서 얼마나 많은 시련을 겪어야 했을까? 내가 친구를 사귈 수나 있을까, 파티에 가도 될까, 나 같은 아이에게 남자친구가 생길 수 있을까, 하는 의구심들은 또 얼마나 많았을까?

하지만 삶에 대한 키어스틴의 태도는 어른인 내가 봐도 존경스러울 정도였다. 명랑한 성품을 가진 그녀의 얼굴 표정은 사람들에게 이렇게 말하고 있었다.

"그래요, 이게 내 모습이에요. 그게 무슨 문제라도 되나요?"

그녀는 결국 간호사가 되었고, 이곳 중증 환자 병동에서 우리와 함께 일하길 고대했다. 어느 면에서 보면 이곳이 그녀의 두 번째 집이나 마찬가지였으니까. 안타깝게도 그녀의 파란만장한 의료 이력상 이미 수많은 약제에 내성을 지닌 바이러스를 갖고 들어올 수 있다는 우려 때문에 그녀를 우리 병동에 들일 수는 없었다. 가슴 아픈 현실이었다. 거절하기가 얼마나 힘들었는지 모른다. 만약 내게 아낌없이 기회를 주고 싶은 단 한 사람을 꼽으라고 하면 단연코 키어스틴이었기 때문이다. 그녀는 현재 한 단체에 상주하며 장애아들을 돌보는 일을 하고 있다.

어렸을 적 툭하면 죽음 직전에 이르곤 하던 그녀를 보면서 우리는 이젠 끝인가 보다, 여기까지가 한계인가 보다, 하는 생각을 헤아릴 수 없이 되뇌었다. 하지만 그녀는 그때마다 항상 이겨냈다. 이 고비 저 고비를 스스로 넘어서면서, 마치 그녀가 우리를 앞에서 끌고 가는 것처럼. 자연은 그렇게 우리 편에 서주었다. 물론 그녀가 태어났을 때는 아니었지만 말이다.

한때 우리가 과연 잘 하고 있는 건지 의구심을 품은 것도 사실이다. 몇 번의 대수술에서는 살아남았지만, 그런 외모를 가지고 적대적인 바깥세상에서도 살아남는 법을 배워야 했기 때문이다. 그녀가 나중에 우리를 원망하지나 않을까 고민도 했다. 왜 자기를 살려냈느냐고 우리를 탓할 수도 있지 않을까 예단하면서. 하지만 그녀는 우리의 모든 근심 걱정을 잠재워버렸다. 온갖 추측과 의심과는 정반대로, 자신을 살려내기 위해 우리가 쏟아부은 모든 노력에 대해 진심으로 깊은 감사를 표했다. 그녀는 새 학년이 시작되거나 여행을 떠날 때면 어김없이 우리에게 엽서를 보내왔다. 그녀의 부모들도 항상 딸을 진심으로 자랑스러워했고 어느 순간에도 사람들 앞에서 감추려 하지 않았다.

2년 전, 마침내 그녀의 목에서 튜브를 완전히 제거했다. 후탈을 우려해 20년간 시도조차 못 해본 일이었다. 하지만 아무 문제 없었다. 목의 구멍은 이제 잘 아물었고 그녀도 입으로 정상 호흡을 할 수 있게 되었다. 그걸 보면서 깨달았다. 결의를 불태우며 마냥 돌진하기보다는 가끔은 두고 보아야 할 때가 있음을.

키어스틴을 알고 지낸 지 23년째다. 지금껏 보아온 그녀의 삶은 진정한 투사의 이야기다. 그렇게도 강렬히 생의 의욕을 불태우는 환자를 나는 본 적이 없다.

환자의 가이드가 되어

|

리엔 베르뮬렌 Rien Vermeulen(신경외과 전문의)

그는 일반 가정의로 은퇴한 분이었다. 환자들 일이라면 밤낮을 가리지 않고 먼 곳까지 왕진을 다니곤 했다고 회고하는 구세대 의사였다. 확실히 그 시절만의 장점이긴 했을 텐데, 크리스마스 만찬을 들다가도 불려 나가기 일쑤였다면서 그는 눈까지 반짝이며 옛날 일을 구구절절 풀어놓곤 했다. 한동안 그의 전담의였던 나는 더 이상의 진료가 필요치 않은 시점이 되자 그를 본래 일반 가정의에게로 돌려보냈다.

3개월 후, 그가 새로운 증상이 생겼다며 다시 나를 찾아왔다. 최근 걷기가 힘들다고 말하는 그에게 정확히 어떤 증상이냐고 여쭙자 즉석에서 말을 만들어내는 건지 궁색한 답변만 늘어놓았다. 몇 달 후, 그는 콕 집어 뭐라 설명하기 어려운 또 다른 문젯거리를 대며 내 진료실에 들어섰다.

그가 세 번째로 진료실에 다시 들어섰을 때에야 비로소 뭐가 문제인지 감이 잡혔다. 아무래도 내 짐작을 솔직히 털어놓아야 할 것 같았다. 조심스러운 어조로 "제 생각에는 가상의 증상이 아닐까 싶군요." 하고 말했다. 그가 상체를 젖히더니 나를 지그시 바라보다가 이렇게 대꾸했다. "자네 말이 절대 옳네."

그가 나를 제일 믿을 만한 의사라고 여긴 건지 어떤지는 잘 모른다. 다만 어떻게 해서든 그는 나를 놔주고 싶지 않았던 모양이다. 그는 자기를 담당하는 일반 가정의가 관료적이라고 투덜거렸다. 오전 9시부터 오후 5시까지 칼같이 일하다가 시계가 땡, 하고 울리자마자 환자들을 밖으로 내모는 게 자신의 직업윤리와 영 안 맞는다는 거였다. 비록 자신도 의사직을 '소명'이라고까지 여기지는 않았지만, 의사 일을 제대로 하려면 그런 식의 관료적 정신 상태로는 도저히 곤란하다는 투였다.

그는 신뢰할 만한 각 분야 전문의들이 어디 있는지 줄줄이 꿰고 있었다. 나아가 그들이 다 같은 병원에서 일하는 건 아니므로 자신의 환자들을 일일이 해당 전문의들에게 의뢰했고, 그 이유까지 상세하게 설명해주었다고 자신 있게 말했다. 그랬던 그가,

막상 은퇴를 하고 나자 그처럼 소중한 네트워크를 잃어버릴 처지에 놓였다. 게다가 언젠가는 자신에게 절박하게 필요할지 모를 네트워크이기도 했다. 그는 바로 나를, 유사시 자신에게 딱 맞는 의사와 연결해 줄 적임자로 점찍어두고는 마치 생명줄처럼 붙들어두려 했던 것이다.

나는 그에게 아무 때고 찾아오시라고, 언제든 환영이니 일부러 없는 증상까지 지어내서 오실 필요가 없다고 일러두었다. 그냥 오셔서 옛날 진료하던 얘기나 들려달라고 덧붙이면서.

그제야 내 의도가 그에게 명확하게 전달되었다. 그러던 어느 날 아침, 내 진료실 문 앞에 커다란 메모지가 매달려 있는 걸 발견했다. '심장 전문의에게 전화 요함. 긴급.' 부정맥으로 입원한 그 환자가 우리 병원 심장 전문의의 투약 처방을 완강히 거부한다는 내용이었다. 베르뮐렌 박사가 승인한 것이 아니면 그 어떤 것도 받아들이지 않겠다고 고집을 부린다는 거였다. 심장 전문의는 나에게 신경과 전문의인 당신이 도대체 심장에 대해 뭘 아느냐고 항의했다. 그런데도 내 환자는 요지부동이었다. 심장 전문의는 격분했다. 충분히 그럴 만했다. 나는 당장 그에게 전화를 걸어 다 괜찮다고 안심시켰다.

나는 이 일로 사람들이 때때로 손잡아 주길 간절히 바란다는 사실을 깊이 이해하게 되었다. 요즘 환자들은 스스로를 독립적이라 여기고 뭐든 혼자 결정을 내릴 수 있을 거라 믿는다. 하지만 정말로 그럴까? 의사 경력을 지닌 환자조차 그처럼 어려움을 겪는 마당에 평범한 일반 사람들이 자신의 안위와 관련된 결정들을 명쾌하게 내릴 수 있을까? 자신의 증상에 맞춰 찾아갈 만한 최적의 의료진 정보마저 없는 상태에서 의사와 병원 순위가 환자들에게 대체 무슨 소용이란 말인가?

환자들에게는 자기가 갈 길을 안내해 줄 의사들이 절실히 필요하다. 다만 그 관계가 신뢰를 기반으로 하지 않는다면 그게 또 무슨 의미가 있겠는가? 나는 그 의사 환자를 통해 의료행위에서 신뢰라는 것이 얼마나 중요한 요소인지를 비로소 깨달았다.

그 후 오래도록 나는 이 환자를 3개월마다 진료했다. 오랜만에 만나 반가운 진료시간이면 그는 내게 옛날 시절, 과거 자신의 의사 생활, 환자들 사연, 이런저런 일화 등 값진 이야기를 해주었고, 나는 그에게 내가 항상 그 자리에 있다는 확신을 심어주었다. 그는 그렇게 편안한 여생을 즐기며 천수를 누렸다.

평생과 맞먹을 그녀의 18개월

|

바우터 반 게펜 Wouter van Gefffen(호흡기내과 전문의)

처음에 그녀는 등의 통증을 호소하며 의사를 찾아갔다. 하지만 당시 20대 초반의 젊고 활달한 비흡연 여성에게서 누가 최악의 상황을 감지나 할 수 있었겠는가? 숨이 가쁜 증상으로 다시 병원을 찾고 나서야 정밀검사를 진행했고 진짜 문제가 드러났다. 폐암 중에서도 유독 공격적이고 희귀한 유형의 암이었다. 이미 많이 전이되어 온몸 구석구석 성한 곳이 없었다. 이내 시력을 잃었을 뿐만 아니라 척추도 공격당해 척수 병변까지 생겼다.

그녀가 나에게 왔을 때는 이미 화학치료와 방사선치료를 모두 거친 뒤였다. 다만 동일 유형의 암을 표적으로 한 신약이 때마침 나온 상황이라 하루속히 시도라도 해보자는 마지막 희망에 매달렸다. 물론 그 약으로 당장 치료가 되는 건 아니었으나 적어도 생명은 연장할 수 있을지 모른다는 기대였다.

그러나 치료가 시작된 지 겨우 며칠 만에 중증 폐렴이란 형태로 다시 재앙이 찾아왔다. 항생제는 효과가 나타나려면 시간이 필요하다. 하지만 그녀에게는 한시가 급한 상황이었다. 무엇보다 기도가 많이 수축된 상태라 그녀는 심각한 산소 부족에 시달렸다. 알다시피 그 상황은 호흡이 점점 가빠지면서 폐에 불순물이 쌓이게 된다는 것을 의미했다. 신속하게 조치하지 않으면 그녀는 당장 그날 저녁이라도 죽게 될 터였다.

그날 밤부터 그녀를 견디게 할 유일한 방법은 인공호흡기를 다는 것밖에 없었다. 중증환자들의 호흡을 유지하기 위해 코와 입에 단단히 부착시키는 이 마스크 장치는 사실 극도로 고통스러워서 일부 환자들은 견뎌내질 못한다. 그녀가 이겨낼 가능성이 없지는 않았지만 그런 상황에서는 극히 희박한 기대였다. 침상에 누워 있는 그녀를 지켜보자니 무거운 회의감이 가슴을 짓눌렀다.

만약 인공호흡이 제대로 되지 않는다면 불필요하게 그녀의 고통만 연장할 뿐이었다. 인공호흡이 제대로 된다 하더라도 그렇게 해서 얻은 시간이 사실상 의미가 있는 것일까? 이 여성은 자신의 삶을 한창 즐길 나이였다. 친구들과 맥줏집에도 가고 재미 있는 일상을 보내면서. 최소한 병원에서 이런 식으로 고통받는 삶은 아니어야 마땅했다.

나는 그녀에게 상황이 좋지 않다고 말해주었다. 그녀는 숨이 가빠 헐떡이느라 한 번에 한두 마디밖에 내뱉을 수 없었지만 단호하게 말했다. "그냥 그대로 진행해 주세요."

나는 최악의 상황을 각오하면서 그녀의 소원대로 인공호흡기를 달았다. 그리고 두고두고 잊지 못할 일이 그녀에게 일어났다. 놀랍게도 그녀는 인공호흡기로 인한 고통을 잘 견뎌냈다. 항생제도 효과를 보였으며, 신약도 듣기 시작했다. 암세포는 억제되고, 며칠 후 그녀의 시력도 얼마간 돌아왔다. 다시 일어나 앉을 수 있었고, 다리도 움직일 수 있었다. 더 이상 오줌을 지리지도 않았다. 그러고 나서 얼마 있다가 퇴원해 집으로 돌아갔다. 그렇게 그녀는 18개월을 더 살고 떠났다.

그 기간은 그녀가 소중하고 가치 있게 보낸 여분의 시간이었을 것이다. 매일매일 힘겹게 사투를 벌이던 이 여성에게 그 18개월은 아마도 평생이나 다름없었을 것이다.

그리고 그날, 그녀의 침상 곁에서 나는 새로 태어났다. 그녀의 삶의 질에 대해 나는 퍽 논리적이라고 믿는 잣대를 들이댔다. 하지만 그녀에게 삶의 질은 내가 예상한 것과 전혀 다른 의미를 띠고 있었다.

흔히 사람들은 너무 쉽게 말한다. 가령 자신이 어느 날 갑자기 온몸이 마비된다면, 또 상황이 계속 내리막길로 치닫는다면, 그땐 미련 없이 삶의 무대에서 퇴장하겠다고 말이다.

그런 선 긋기는 여전히 건강한 상태에서나 할 수 있는 일이다. 그날 나는 최악의 공포가 막상 우리 눈앞의 현실로 닥치기 전까지는 우리 스스로 얼마만큼이나 준비가 되어 있는지 결코 알지 못한다는 점을 새삼 깨달았다. 나아가 실제로 그 상황이 오면 각자가 그어놓은 선 자체도 전혀 다른 방향으로 이동할 수밖에 없다는 사실을 두 눈으로 확인했다.

생각해보면, 건강할 때의 우리가 한 인간의 삶의 질이 어디서 시작되고 끝나는지 판단한다는 게 가당키나 한 일인가? 더구나 의사로서 말이다. 우리에게 의미 없어 보이는 사소한 것들이 환자에게는 온 세상을 의미할 수도 있으니 말이다.

설계자 위주 세상에 용감하게 맞선 부부

마리엔 비그베르스 Marianne Wigbers(산부인과 전문의)

두 사람의 첫 아이였다. 처음엔 합병증 조짐 같은 게 전혀 없었다. 불과 얼마 전에 우리 동네로 이사를 온 부부는 둘 다 바쁜 맞벌이 직장인으로, 성실하고 근면한 삶을 영위해 나가고 있었다. 부지런히 자기 경력을 쌓아가던 도시의 두 멋쟁이들. 그런 그들의 가슴에 정말이지 내가 대못을 박는 말을 했다고 여겼다. 따라서 그들이 최종적으로 내린 결정에 나는 적잖이 놀라고 말았다.

첫 초음파에서는 모든 것이 좋아 보였다. 하지만 인근 병원에서 20주차 초음파검사를 하던 중 촬영기사가 걱정스러운 얼굴로 산과 전문의를 불러들였고, 초음파 영상을 본 그는 당장 문제를 진단했다. 태아는 장기 탈출증, 즉 배꼽 근처 복부에 난 구멍으로 장이 빠져나와 외막에 매달린 상태였다. 설상가상 심장 이상도 감지되었다. 산과 전문의가 내린 즉각적인 제안은 임신중절이었다. 매우 심각한 상황이니 아직 돌이킬 수 있을 때 결정하라고 부부에게 권했다.

내가 알기로, 적잖은 요즘 부모들은 장애아에게 자기 생명의 위험을 걸지 않는다. 즉 초음파 결과 이상이 발견되면 대부분 낙태를 선택한다. 사회 여론 역시 비슷한 태도를 보이는 추세다. 그래서 오늘날 다운증후군을 가진 아이를 기꺼이 낳기로 선택하는 부모들은 오히려 스스로를 변호해야 하는 상황에 내몰린다. 하지만 이들 젊은 부부는 산과 전문의의 제안에 단호하면서도 당당한 반응을 보였다. 임신중절은 아예 논외라고 그들은 선을 그었다. 더 이상 논할 가치가 없을 뿐더러 그런 일은 절대 일어나지 않을 것이니 여기서 얘기를 끝내자고 말이다.

그들의 아기는 네덜란드 해방일에 태어났다. 부부는 딸에게 피오나라는 이름을 지어주었다. 피오나가 태어날 당시 나는 그 자리에 없었다. 여기서 좀 떨어진 대학병원에서 출산했기 때문이다. 하지만 학회 일로 그 근방에 간 김에 한 번 들러보기로 마음먹었다. 젊은 엄마는 출산 후 막 회복 중이었고, 아기는 곧바로 수술에 들어갔다. 수술 절차는 의사들이 애초 예상한 것보다 훨씬 간단했다. 그들은 성공적으로 복부의 구멍을 메웠고, 심장 이상 역시 처음 예상했던 것보다는 덜 심각했다.

부모와 나는 훗날 종종 이 문제에 대해 이야기를 나누곤 했다. 그들이 매우 단호한 태도를 취한 덕에 나 역시 용기를 얻었다고 말이다. 아기의 생사를 선택하는 데 있어, 그들은 실로 강력한 메시지를 보냈다. 실제로 많은 젊은 부모가 직면하는 난제에 대한 보기 드문 반응이기도 했다. 태아 검진으로 자궁 내 광범위한 이상 증상들을 확인할 수 있고, 낙태가 더 이상 거센 사회적 반발에 부딪히지 않는 지금, '설계자 위주의 세상'이 손만 뻗으면 가능한 시대가 되었다. 하지만 아이가 장애를 지니고 태어났다고 해서, 장차 그 아이의 삶이 의미 없다는 것을 의미하지는 않는다. 그런 점에서 이 부부에게 아이의 출생에 반하는 결정은 결단코 선택지가 될 수 없었던 셈이다.

나쁜 소식을 전하며 낙태를 권하는 산과 전문의에게 맞서기란 사실 굉장한 용기가 필요한 일이다. 향후 어떤 상황이 벌어질지 알 길이 없기 때문이다. 심지어 장애가 얼마나 심각할지는 더욱 모르는 일이다. 나 역시 이렇게 바쁘게 살며 열심히 일하는 부부의 삶에서 장애아는 결코 환영받지 못할 거라 섣불리 예단했다. 얼마나 어처구니없는 편견이었던가?

그 경험은 겉모습만 보고 무언가를 판단해서는 안 된다는 사

실을, 나아가 다른 사람의 선택을 절대 함부로 예단해서도 안 된
다는 점을 나에게 일깨워주었다.

나는 이따금 초음파 결과에 대한 그 산과 전문의의 첫 반응을
두고 그와 한번 정면으로 맞서볼까 생각했었다. 그가 예측했던
문제들은 아예 일어나지도 않았기 때문이다. 피오나는 지금 활
달하고 사랑스럽고 행복한 여덟 살 소녀다. 한쪽 복부 근육을 잃
긴 했지만 물리치료로 잘 극복하고 있다. 심장 이상도 결국은 저
절로 사라졌다.

"건강하기만 하면….'

요즘 예비부모들이 너무도 자주 듣는 말이다. 좋은 뜻에서 하
는 말이지만, 얼마나 무신경하게 내놓는 가정인가?

생각해볼수록 이 말은 터무니없는 감상에 지나지 않는다. 아
이에 대해 무한하고 조건 없는 사랑을 온몸으로 보여준 젊은 부
부에 비하면 말이다.

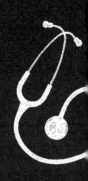

PART 4

나는 그에게 안정제를 투약하는 것으로 주어진 임무를 다했지만, 본질적인 부분에서 그를 실망시키고 말았다. 자신이 살아나지 못할 거라는 두려움을 함께 나눌 누군가가 절실히 필요하던 그였다. 하지만 나는 무엇을 어떻게 해줘야 할지 몰랐다. 그저 무력하고 미숙한 초보 의사에 불과했다.

"이대로 영영 떠날까 봐,
잠을 잘 수가 없어요."

|

안네 스펙켄스 Anne Speckens(정신건강의학과 전문의)

그날 환자 한 명이 굉장히 불안해하고 괴로워한다는 연락을 받았다. 가보니 중증 심장 질환에 의한 호흡곤란 증세로 중환자실에 입원 중인 40대 초반의 젊은 남자였다. 의사들은 호흡을 편안하게 해줄 수 있는 진정제가 필요하다고 판단했다. 내가 해결해야 할 부분이었다. 당시 나는 의학박사 학위 취득을 위한 최종 시험을 막 통과한 뒤 정신건강의학과 병동에서 일하게 된 신출내기였다.

그의 증상을 다 파악하자면 1인치가 넘는 두툼한 의료파일부터 읽어봐야 했지만, 시간이 턱없이 부족했다. 우선 나는 그에게 내가 왜 여기 왔는지 설명하면서, 잠을 편히 잘 수 있도록 도움을 주고 싶다고 말했다. 그러자 그는 자신이 왜 잠을 못 자는지, 속내를 솔직하게 털어놓았다. 그는 죽는 게 무섭다고 했다. 잠이 들면 못 깨어날 것 같다고, 아내와 아이들을 다신 못 볼까 봐 너무 두려운 나머지 차마 눈을 감지 못하겠다고. 이대로 영영 떠날까 봐, 이게 마지막이 될까 봐 겁이 난다고 했다.

갑작스러운 토로에 나는 할 말을 잃었다. 중환자실의 그 어떤 의료진도, 만에 하나 그가 그날 밤을 못 넘길지 모른다고 언질한 적이 없었다. 다만 아이들도 아직 어렸으니 전반적인 상황이 굉장히 고통스럽고 힘들 거라는 생각은 들었다. 나는 그에게 안정제를 처방한 뒤 그 자리를 나왔다.

이튿날 아침 나는 그의 상태를 체크하러 중환자실로 들어갔다. 그의 파일을 찾았지만 원래 있던 자리에서 보이지 않았다. 간호사 한 명을 붙들고 물었더니 바쁜지 짤막하게 대답했다. "아, 그 환자는 지난밤에 사망했어요."

나는 그 자리에서 얼어붙었다. 바닥에 두 발이 붙기라도 한듯 한 발짝도 움직일 수 없었다. 내 주변의 모든 이들이 정신없이 분주하게 돌아다니고 있었다. 그가 누워 있던 침상에는 벌써 다음 환자가 들이닥치는 중이었다. 그러는 게 당연했다. 중환자실 침상은 귀한 자원이니까. 하지만 나만 홀로 얼이 빠진 채 그대로 서 있을 수밖에 없었다. 후에 지도교수에게 내가 느낀 그 충격에 대해 말도 꺼내보지 못했다. 내가 내린 처방은 적법한 것이었으며, 중요한 건 그뿐이었다.

다만 그날 밤의 경험은 이후 의사로서 내가 걸어온 길에 커다란 영향을 미쳤다. 나는 그에게 안정제를 투약하는 것으로 주어진 임무를 다했지만, 본질적인 부분에서 그를 실망시키고 말았다. 자신이 살아나지 못할 거라는 두려움을 함께 나눌 누군가가 절실히 필요하던 그였다. 하지만 나는 무엇을 어떻게 해줘야 할지 몰랐다. 그저 무력하고 미숙한 초보 의사에 불과했다.

의사는 일반적으로 사람들을 어떻게든 살려낼 수 있는 방법을 배운다. 반면 사람들이 죽음을 맞을 때 어떻게 도울 수 있을지에 대해서는 별로 배우지 못한다. 그 문제에 관한 한 되도록 회피하려 든다. 심지어 정신과에서조차.

죽음의 가능성을 인정한다는 것은 곧 타인의 고통에 마음을 열고 다가선다는 뜻이며, 그러려면 먼저 삶이 유한하다는 개념을 받아들일 마음의 자세부터 선행되어야 한다. 내가 수련의였을 때에 비해 지금은 많은 것이 나아졌지만, 젊은 의사들에게 앞으로 더 많은 지원이 있었으면 좋겠다. 그들이 죽음을 맞는 첫 환자 앞에서 그날의 나처럼 산산이 부서지는 듯한 쓰라린 경험을 맛보지 않도록 말이다.

30년 전 그날 아침, 내가 곱씹은 생각은 '이건 아니다. 의술에만 매몰된 나머지 관계 자체를 소홀하게 넘기는 건 정말로 내가 원한 것이 아니다.'였다. 마음 챙김이 내 주된 연구 분야가 된 이유다. 그날의 경험이 나를 이 선택으로 인도했다고 확신한다.

그때 그 환자가 내게 왜 그리도 심대한 충격을 주었는지는 나중에야 명확히 깨달았다. 당시 나는 막 첫발을 뗀, 모든 게 불확실하고 불안정하기만 한 젊은 의사였다. 그의 죽음으로 나는 말할 수 없는 고독감을 느꼈다. 매우 세심한 주의를 요구하는 이 직업의 또 한 측면이기도 하다.

의사는 감정적으로 대단히 힘든 직업이다. 그런데도 젊은 의사들에 대한 지원은 아직도 빈약한 수준이다. 때문에 서로가 서로를 좀 더 세심하게 살펴야 한다. 시간을 가지고, 동료와 이따금 차 한 잔 함께 하면서, 자신의 공포심과 취약성을 드러내놓고 얘기할 만큼 용기를 갖고서 말이다.

그 강아지가 눈으로 말을 걸어왔다

코 쇼엔마커스 Ko Schoenmakers(수의사)

본래 루마니아 태생인 그 강아지는 새끼 때 입은 척추 손상으로 인해 심한 불구였다. 양측 하지 마비에 오줌까지 흘리고 다녔다.

그런 유기견을 한 네덜란드 여성이 구조해 집으로 데려와서 사랑으로 보살폈다. 그녀는 강아지에게 온종일 기저귀를 채웠고, 맞춤형 특수 휠체어도 마련해주었다. 양쪽 뒷다리를 지탱해줄 자그마한 카트로, 강아지는 이걸 타고 마음껏 뛰어다녔다. 하지만 이 해결책도 얼마 버텨주질 못했다. 마비된 두 다리가 닳기 시작한 것이다. 축 늘어진 두 다리를 온종일 질질 끌고 다녔으니, 결국은 상처가 나서 점점 곪아 갔다. 고통조차 느끼지 못하는 그 작은 생명은 제 상처를 물어뜯기 일쑤여서 되레 더 심한 상처를 입혔다. 무언가 조치를 해야 할 시점이었다.

그녀가 처음 찾아간 의사는 강아지의 다리를 절단해야 한다고 말했다. 하지만 그건 적잖은 비용이 드는 방법이었다. 다른 대안으로 의사가 제시한 방법은 강아지를 그냥 가만히 눕혀두라는 거였다. 지금 상황도 매우 안 좋은데 더 암울한 미래를 그저 두고 봐야만 한다는 말에 강아지 주인은 상심했다. 뭔가 다른 의견을 듣고 싶었던 그녀가 결국 나를 찾아왔다.

처음 이야기를 들었을 때는 나 역시 매우 회의적이었다. 온종일 기저귀를 차고 휠체어 신세까지 지고 있는 동물에게 부분적인 미봉책이 가당키나 할까? 그게 정말 동물을 위하는 길일까? 우리가 상황을 더 어렵게 만드는 건 아닐까?

주인과 여러 논의를 하고 있는데 문제의 그 강아지가 열린 문틈으로 작은 머리를 들이밀었다. 장난스러운 미소를 띤, 어리고 자그마한 연갈색 테리어였다.

강아지는 생기가 넘쳤다. 작은 카트를 끌고 온 방을 질주했다. 미동도 없는 뒷다리를 매달고도, 그런 것쯤 전혀 신경 쓰지 않는 눈치였다. 강아지의 반짝이는 두 눈을 들여다보고 나니 내 마음속에 맴돌던 갖가지 의구심이 한순간에 사라졌다. 당장 우리의 도움이 절실한 가엾은 동물이라는 사실 외에 다른 어떤 생각도 들지 않았다.

우리는 강아지에게 맞는 최선의 치료법을 찾아주기 위해 크라우드펀딩 캠페인에 착수했다. 자재비를 제외한 수술비는 전액 무료였다. 그리고 원가에 맞춤 보철 기기를 달아줄 보철 전문 외과 의사를 찾아냈다. 뭉툭해진 양쪽 다리를 보호해주고 엉덩이가 카트에 잘 고정되도록 돕기 위해 반드시 필요한 장치였다. 휠체어도 거기에 맞춰 추가적인 변형이 불가피했다.

모든 게 대성공이었다. 치료 이후 강아지는 전보다 훨씬 더 빨리 온 방을 질주할 수 있게 되었다. 사실은 너무 빨라서 때로 휠체어와 보철 기기가 뒤엉킬 지경이었다. 그럴 때면 강아지는 몇 발자국 뒤로 물러났다가 곧이어 날쌔게 앞으로 내달렸다. 동물들이 환경에 얼마나 빨리 적응해 나가는지 그저 경이로울 따름이었다.

동물들에게 애착을 느낀 게 이번이 처음은 아니다. 다만 그 강아지만큼 내 눈과 마주친 순간이 또렷이 남은 적은 없었다. 강아지의 눈에 어린 생기가 그렇게 강렬할 수 없었다. 첫 만남부터 단번에 나를 사로잡았을 만큼.

이 쾌활한 테리어는 내가 직접 보고 느끼는 감각에 의존해도 된다는 믿음을 증명해주었다. 물론 의사는 비판적 시각을 견지할 필요가 있으며, 때로는 과감한 조치가 동물에게 최선일 수도 있다. 다만 합리성 너머의 직관 역시 또 하나의 안내자가 될 수 있다는 사실을 나는 이 경험을 통해 배웠다. 마치 동물들이 자신의 본능에 의존하듯이 말이다.

그 테리어는 지금 나의 정기 외래환자다. 처음 내 진료실로 뛰어들어온 지 어느덧 2년, 여전히 건강하게 잘 지내고 있다.

처음 주인이 나를 찾아왔던 날, 강아지의 상태를 전해 듣던 나는 무거운 마음으로 생사의 결정을 내려야 하는 기로에 서 있었다. 바로 그 순간 강아지와 눈길이 마주쳤고 나는 합리적 판단과는 전혀 다른 길을 따랐다. 그때 우리의 선택이 옳았음을 증명해주는 강아지의 생기 넘치는 모습을 볼 때마다 우리는 꾸밈없는 행복과 보람을 느낀다.

내 접시 위에 너무 많은 양이 놓일 때마다

|

자니 대커 Janny Dekker(일반 가정의)

내 동료가 마침 출산휴가 중이었다. 따라서 그녀의 환자들 중 일부를 내가 맡기로 했다. 4개월 정도만 비울 예정이었으므로, 현실적으로 관리 가능할 것으로 보았다. 하지만 그러기엔 내가 너무나 바쁘다는 점이 이내 드러났다. 온종일 진료실에서 일하는 데다 대학에서는 연구직을 겸하고 있었으니까. 돌이켜 생각해보면 내가 스스로를 과대평가했던 듯하다. 여분의 일을 어떻게든 끼워 넣기만 하면 된다고 간단하게 치부해 버렸으니.

그 4개월 사이에 할머니 한 분이 찾아오셨다. 평소 아주 잘 알던 분이었다. 남편이 여러 해 전에 먼저 세상을 뜬 이후로 할머니에게는 어딘가 슬픔의 기운이 감돌았다. 평소 앉는 의자에 어느 날 피가 묻어 있는 걸 보고 혹시 전에 앓던 치질이 다시 도진 게 아닌가 싶어 오셨다고 했다.

증상을 살펴보고 진찰을 마친 나 역시 그 정도 문제쯤으로 넘겨짚었다. 조금 창백해 보인다 싶은 느낌이 들었지만, 그 느낌마저 밀어내 버렸다. 너무 바쁜 나머지 그날 할머니 안색이 대체로 좋지 않았다는 인상이 내 머릿속에 제대로 들어와 박히지 않았던 탓이다. 게다가 나의 스케줄은 이미 과할 정도로 빡빡했다. 나는 할머니의 창백한 안색을 보면서 아마도 잘 드시지 못해 그런 것이 아닐까 하고 흘려버렸다. 삶이라는 게 예전만큼 즐겁지 않으실 테니 그럴 만도 하다고 말이다.

할머니는 며칠 후 혈압 체크를 하러 다시 오셨지만, 피 얘기는 더 이상 언급하지 않았다. 내가 먼저 요즘 어떻게 지내시냐고 자상하게 여쭸어야 마땅하다. 그럼에도 나는 짧은 진료시간에 안도하며 내 앞에 놓인 일에만 매진했다. 나중에 듣기로, 할머니는 당시 내가 꽤 스트레스를 받고 있다는 사실을 눈치채고 계셨다고 한다. 하지만 평소 심지 굳고 과묵한 성품답게 불평은커녕 별다른 말이 없으셨다.

몇 달 후 할머니가 다시 찾아오셨을 때는 살도 많이 빠진 데다 확실히 더 피곤해하셨다. 빈혈기마저 있어서 결장경 검사를 해보니 그 원인이 대장암이었다. 이미 간으로까지 전이된 상태라 더는 손을 쓸 수도 없는 지경이었다.

진단 결과를 알리러 진료실로 걸어 들어가는데 마치 내 장례식장을 찾아가는 기분이었다. 전날 밤 한숨도 잠을 이루지 못했다. 죄책감이 너무 커서 검사 지시조차 제대로 못 내릴 정도였다. 좀 더 빨리 발견했다고 해도 별 차이는 없었을 것이다. 그 사실을 들어 조금은 나 자신을 위로할 수 있다고 쳐도, 내가 무시한 증상들까지 용인될 수는 없었다.

나는 크게 책망받을 걸 예상했다. 하지만 오히려 정반대였다. 할머니는 내가 얼마나 낙담해 있는지 눈치채고는 되레 나를 격려하려고 애썼다. "아니에요, 선생님. 자신을 탓하지 말아요. 전혀 그럴 필요가 없다니까요."

성품이 너그러운 할머니는 그 상황에도 나를 책망하거나 오진을 문제 삼지 않으셨다. 어차피 홀로 나이 들어가는 노년이고, 남편이 돌아가기 전까지 행복한 삶을 누렸다면서.

두 사람의 역할이 갑자기 뒤바뀌어 버린 느낌이었다. 위로할 사람은 나인데, 도리어 내가 위로를 받고 있었다. 그 당시 할머니의 말씀은 절망감과 죄책감 사이에서 헤매던 나에게 큰 위안이 되었다. 그때 내가 느낀 감정을 어떻게 말로 표현할 수 있을까.

다만 당시 내가 자발적으로 짊어졌던 스트레스가 의사로서 지녀야 할 경각심을 늦추는 원인이 되었음을 고백하지 않을 수 없다.

이 일을 겪으며 나는 큰 교훈을 얻었다. 내 영역에 대해 좀 더 엄격해져야 한다는 사실이 바로 그것이었다. 그분이야말로 나의 멘토였다. 안 되는 걸 안 된다고 거절할 줄 알아야 한다는 사실, 나아가 양을 줄이는 것이 질을 높이는 유일한 길이라는 사실을, 그분과 만나고 이별하면서 깨우쳤다.

내 접시 위에 너무 많은 것이 올라와 있다고 여겨질 때마다 나는 그 특별한 환자분을 떠올린다. 틈틈이 돌아보고, 반성하고, 숙고할 시간이 인생에서 꼭 필요하다는 걸 알려준 유일한 분이기 때문이다.

마침내 찾아온 깊은 평온

|

얀 라브리센 Jan Lavrijsen(노인의학 전문의)

40대 초반인 그녀는 심각한 사고에 이은 합병증으로 5년 이상 인사불성이 되어 요양원에 누워 있었다. 30년 전 내가 젊은 의사로 막 첫발을 내디딜 무렵, 그녀와 비슷한 부류의 환자들은 어딜 가나 뒷방 신세를 면치 못했다. 의료계의 주목을 받지 못하는 소외되고 잊힌 그룹이었다. 때로는 그렇게 20~30년을 보내야 하는, 가망 없는 환자들이었다.

그녀는 낮 동안에는 눈을 뜨고 있었지만 시선을 맞추지는 못했다. 곧잘 초조해했고 수시로 울음을 터뜨렸다. 뻣뻣하게 굳은 양팔과 손가락 발가락은 물리치료사들이 아무리 애를 써도 펴지지 않았다. 코에 끼운 튜브로 영양을 공급받는 도중에는 때로 콧물이나 피가 딸려 들어가 기침을 해대기 일쑤였다. 그런 일이 일어날 때마다 그녀는 숨이 가빠 심하게 헐떡였고 안색도 금세 새파래지곤 했다. 그러다 그녀가 질식사라도 할까 봐, 그런 식으로 비인도적인 죽음을 맞게 될까 봐 우리는 늘 전전긍긍했다.

그녀의 코에 튜브를 매번 다시 끼우는 일은 그 고통을 생각하면 정말이지 못할 짓이었다. 그래서 음식 튜브를 위에 직접 삽입하는 방안을 고려해봤지만 그러기 위해서는 먼저 수술이 필요했다. 다른 한편으로는 그렇게 하는 게 과연 그녀를 위하는 길일까 하는 회의감도 들었다. 단지 환자의 고통을 연장하는 데 그치는 건 아닐까? 우리는 그녀의 가족들과 일반의에게 각각 의견을 물었다. 그들의 답은 명료했다. 불필요한 연명 치료는 아마 그녀도 절대 원치 않을 거라고. 다른 관계자들에게도 광범위하게 의견을 청취했다. 동료 의사들, 병동 의료팀 전원. 원내 목회자, 윤리학자, 법률 전문가 등등…. 결론을 말하자면, 그들 모두 이 수술에 동의하지 않는다는 견해를 피력했다. 우리는 다음번에 또다시 튜브가 빠져 나오면 더는 새로 끼우지 말기로 합의했다. 나는 가족들에게 이 합의의 최종결정은 내가 진행하겠다는 뜻을 전했다. 지금과 같은 의료조치를 지속하는 건 무의미하다는 결론에 도달했기 때문이다.

그런 식으로 치료를 중단하는 것이 과연 정당한지는 알 수 없었다. 당시에는 알려진 선례나 뒷받침할 만한 법적 사례도 없었기 때문이다. 어느 날, 간호사가 나에게 와서 튜브가 다시 빠져나왔다고 전했다. 그 말을 들었던 그날, 그 시간이 아직도 내 기억 속에 생생히 남아 있다. 마침내 수 개월간의 논의를 실행에 옮겨야 할 순간이자, 내가 한 말을 기꺼이 책임져야 할 시점이었다. 나는 그녀의 침대 가에 홀로 앉아, 앞으로 내가 어떻게 진행할 의도인지 설명했다. 그러는 동안 나는 내 결정의 결과를 스스로 받아들일 각오가 되어 있는지, 나아가 전 과정을 끝까지 지켜볼 준비가 되어 있는지 몇 번이나 자문했다. 그건 그녀와 눈을 마주치고 소통하고자 했던 내 마지막 시도이기도 했다. 마침내 스스로 확신이 섰다고 판단했을 때, 나는 진심을 다해 이것이 최선의 선택이라 믿는다고 그녀에게 말해주었다.

바로 그 순간 깊은 평온함이 그녀의 얼굴에 드리워졌다. 일주일 후, 그러니까 사고로 의식을 잃은 지 6년 만에 그녀는 평화롭게 생을 마감했다. 그녀의 가족은 몹시 슬퍼하면서도 그녀의 편안한 모습에 안도했다. 뒤이은 법적 조사도 모든 조치가 정당하게 취해졌음을 확증해주었다.

이 여성의 특별한 이야기는 의학과 의술을 바라보는 내 관점을 근본적으로 바꿔놓았다. 그녀의 침대 곁에 있던 짧은 시간, 나는 모든 의사가 물어야 하는 가장 근원적인 질문을 스스로에게 던졌다. 내가 어떻게 하면 그녀를 가장 잘 도울 수 있는가? 내 능력이 닿는 한 의사로서 그녀를 위해 무엇을 더 해줄 수 있는가? 이 경험은 의사라는 직업에 대해 숙고하는 중요한 계기가 되었다. 즉, 이전까지 '치료를 중단하는 게 과연 정당한가?'라는 질문에 머물렀다면, 그 순간 이후 질문은 다음과 같이 바뀌었다. '뚜렷하고 구체적인 목적이 없다면, 그리고 환자의 동의 여부를 확실히 모른다면, 그래도 의사로서 과연 치료를 지속해야 하는가?' 그 이래 우리는 요양원 전공의들이 이 같은 결정을 좀 더 수월하게 내릴 수 있도록 교육하고, 관련 연구를 시행했다. 나아가 장기 의식장애 환자들에게 최선의 치료를 제공하기 위한 요건들을 찾아내는 데 역점을 두고 있다.

이처럼 새로운 영역의 탄생에 큰 발자국을 남긴 사람이 바로 한 가정의 어머니이기도 했던 그 여성 환자였다. 그녀는 내게 우리 일의 본질에 대해, 의사가 된다는 것이 과연 무엇을 의미하는지에 대해 새롭게 눈뜨게 했다. 더불어 매 순간 스스로 나의 의료행위가 진실로 가치 있는 것인지 물어야 한다는 깨달음을 주었다. 좋은 의사는 언제 환자의 치료를 시작해야 할지는 물론 언제 어떻게 환자의 치료를 중단해야 하는지도 잘 알고 있어야 한다. 그것이 오래전 내가 그녀로부터 배운 가르침이다.

부모의 사랑에도 때로 시간이 필요하다

|

티네케 베스트디이크 Tineke Westdijk(의료복지사)

내게 전화를 걸어온 간호사의 목소리는 흥분을 넘어 패닉 상태에 가까웠다. 분만을 막 돕고 나온 간호사는 아기가 다운증후군인데 산모는 아기를 받아들일 생각이 전혀 없다면서, "어서, 와주세요."라고 간청했다. 엄마가 아기를 거부하고 있다는 얘기였다. 산과 병동은 병원 6층에 있었다. 나는 서둘러 승강기에 올라탔다. 이 문제에 대해 생각할 시간이 절대적으로 부족했다. 어떻게 해야 할지 아무 생각도 나지 않았다.

방에 들어서니 산모는 등 돌리고 누운 채 제 아기를 보려고도 하지 않았다. 아기 아빠란 사람이 내게 다가와 자기소개도 생략한 채, 20년 후인 지금 생각해도 소름 돋는 말을 대뜸 내뱉었다.

"이 새는 둥지를 떠나야 합니다."

나는 아기 쪽으로 다가갔다. 딸이었다. 간호사는 어쩔 줄 몰라 서성이고 있었다. 이미 여러 차례 엄마를 돌아 눕히려고 시도해 보고, 다운증후군 아기도 사랑스럽고 예쁜 자식이라고 설득했으나 소용이 없었다고 했다.

나는 먼저 아기 엄마와 차분한 대화를 시도했다. 막상 얘기를 나눠보니 그녀는 슬픔에 잠겨 있었다. 한편으로 화도 많이 난 상태였다. 그녀는 임신 내내 뭔지 모를 불길함을 느꼈다고 말했다. 아기가 비정상일지 모른다는 예감이 들었지만, 간호사가 자신의 우려를 무시했다고 했다.

태아 검진이라는 게 일반적이지 않을 때였다. 산모의 나이가 젊은 데다, 정기검진에서 특이징후도 나타나지 않았기 때문에 추가 검사를 할 이유가 하등 없었다. 아니나 다를까, 막상 출산하고 나니 자신의 예감이 옳았던 것으로 드러난 것이다. 그녀는 그때 간호사가 왜 자신의 말을 진지하게 들어주지 않았던 거냐고, 부모로서 도저히 용납할 수 없다고 말했다.

아기는 몇 층 아래 소아과 병동으로 의료검진을 받으러 가야만 했다. 엄마는 "좋아요, 데려가세요. 차라리 안 보는 게 훨씬 나아요."라고 대꾸했다.

이 같은 산모의 태도는 온 병원을 충격과 경악 속으로 몰아넣었다. 의사와 간호사들 모두가 분노했다. 어떻게 그럴 수 있느냐고 여기저기서 수군거렸다. 엄마가 되어서, 어떻게 자기 자식을 그런 식으로 거부한단 말인가? 병원 측에선 아동보호 서비스를 당장 요청해야 한다고, 아기가 즉각적인 양육관리를 받도록 해야 한다고 입을 모았다.

나도 처음에는 격앙된 주변의 감정에 휩쓸렸다. 하지만 이내 이런 의문들이 고개를 들었다.

'만약 부모에게 얼마간 시간을 준다면, 외부 압박을 조금만 거두어 준다면…, 일이 잘 풀릴 수도 있지 않을까?'

이튿날, 나는 부모들을 소아과 병동으로 데려갔다. 거기서 자기 딸을 처음으로 본 부모는 겨우 3분쯤 머물다가 나왔다. 나는 그렇게 조금씩 조금씩 부모와 아기 간 유대감이 쌓일 수 있게 시간을 늘려갔다. 작은 것 하나라도 놓치지 않고 눈여겨보다가 적당한 시점에 딸이 누굴 닮은 것 같냐고 부모에게 묻기도 했다. 처음에 아빠는 아내의 혐오감에 경도되어 있었지만, 점차 자식에 대한 애착을 드러내기 시작했다. 며칠 후, 아빠는 딸 사진을 찍어 갔다. 그 행동은 확실히 획기적인 전환점이었다. 그 후 상황은 점차 좋은 쪽으로 흘러가기 시작했다.

너무 성급히 판단하려 들지 마라.

이들 부모로부터 내가 배운 교훈이다. 시간이 흐르면서, 우리는 점차 문제가 무엇이었는지 서서히 알아냈다. 아기를 거부했던 그들의 태도는 단순한 분노만이 아니었다. 그것은 공포로부터 기인한 감정이었다. 이들 부모는 다운증후군에 관해 크게 잘못 알고 있었다. 자기 아이에게 어떤 삶이 기다리고 있을지, 그런 아이를 자기들이 잘 보살필 수 있을지 두려워하고 있었다. 그래서 우리는 다운증후군을 갖고 태어났지만 잘 성장하고 있는 다른 아이들의 비디오를 함께 시청하기도 했다. 그러는 동안 그들이 처음 머릿속에 그렸던 악몽도 점차 누그러졌다.

그때 이후로 직업적 직감에 대한 나의 믿음은 더 강해졌다. 내가 기대하는 대로 일이 흘러갈 거라는 믿음 말이다. 실제로도 그랬다. 두 달이 지난 뒤 부모는 병원에 있던 딸을 집으로 데려갔다. 1년 후, 마치 아무 일도 없었던 것처럼 그 작은 아기는 웃고 재잘거렸다. 그들 사이는 깊은 유대감으로 맺어져 있었다.

모든 아이는 자기를 사랑해주는 부모를 가질 자격이 있다. 하지만 때로는 그것마저 결코 강요할 수 없는 문제라는 걸 나는 배웠다. 그 산모의 경우 사랑에도 시간이 필요했으므로. 그리고 시간이 모든 걸 해결해주었다. 마침내.

폐암 환자가 되어

|

바르너 프레부 Warner Prevoo(영상의학과 전문의)

단지 한번 찍어보기만 할 요량이었다. 3개월간 평소 같지 않은 기침이 나오긴 했지만, 그리 신경 쓰지 않고 넘겼다. 직장에서 번거로운 일들이 좀 있었기 때문에 스트레스와 관련되었을 거라고만 짐작했다. 내 일반의는 폐렴을 의심했지만 항생제가 도통 듣지를 않았다. 아무래도 몸 상태가 안 좋은 것 같아 우리 병원까지 자전거를 타고 가서 CT를 찍어보기로 했다. 그냥 혹시나 해서였다.

나는 결과실에서 동료들과 함께 앉아 폐의 각 부분이 스크린에 나타나는 모습을 지켜보았다. 의사로서 나 스스로 그간 자주 봐왔던 이미지들이다. 그리고 즉시 문제를 간파했다. 위쪽은 금방 좋아질 만한 세균성 감염이었다. 그런데 왼쪽 아래에 큰 덩어리가 하나 보이고, 오른쪽에는 검은 점들 몇 개가 산재해 있었다. 진단결과는 명확했다. 말기 폐암이었다.

동료로서 종종 의견을 나누던 호흡기내과 전문의가 곧장 내 담당 의사가 되었다. 나는 이미 손금 보듯 훤하게 통계수치를 꿰고 있었다. 내 경우 확률은 아주 낮았다. 극소수 환자들만이 5년 이상의 생존율을 보였다. 추가 검사 결과, 내 종양은 다행히 치료가 가능하다는 사실이 밝혀졌다. 막 출시된 신약에 유독 잘 반응했기 때문이다. 그렇게 해서 나는 귀중한 시간을 벌은 셈이었다. 그런데 지금 그 암이 재발했다. 지난 여름 내 폐 일부가 제거되었고, 불과 한 달 전에 방사선치료를 받았는데.

16년 동안 나는 매일같이 암 환자들을 치료해왔다. 그리고 지금은 내가 바로 암 환자다. 환자들이 무슨 일을 겪는지 직접 경험한 후 나는 많이 변했다. 이제야 환자들이 진정 어떤 기분일지 의사들은 잘 모른다는 사실을 알게 되었다. 의사들은 의료적 측면에 치우쳐서 질병을 상대하는 경향이 있기 때문이다. 가령 의사로서 환자에게 정기적으로 바늘 관을 삽입해 폐나 간에서 조직을 떼어내는 일은 지극히 일상적인 일이다. 그래야 암세포가 치료에 어떻게 반응하는지 볼 수 있으니까. 최근 나도 내 절친이자 동료에게 똑같은 조직검사를 받았다. 그건 극도로 공포스러운 경험이었다. 죽은 듯 꼼짝없이 누워 있는 일 외엔 아무것도 할 수 있는 게 없었다.

의사의 말과 행동이 환자에게 실로 측량할 수 없는 영향력을 끼친다는 점은 흔히 간과되는 측면이다. 시간적 여유가 너무 없기 때문에, 다른 한편으로는 환자들이 일으키는 온갖 감정에 일일이 다 반응할 수 없기 때문에…. 수술 전 환자 몸에 펼쳐놓는 녹색 천은 단지 수술 부위만 규정하는 게 아니다. 수술대 위에 누워 있는 환자를 아예 차단해 버린다. 질병이 환자들에게 가하는 엄청난 심리적 충격에도 불구하고 무의식적으로 정작 환자 본인을 제쳐두는 셈이다. 하지만 지금은 무엇보다 암이라는 게 감정적으로 얼마나 사람을 지치게 만드는 큰 타격인지를 절감한다. 매 순간 외줄타기를 하듯, 결코 평화로운 순간을 기대할 수 없는 초긴장 상태로 지내는 일이야말로 고단하고 고통스럽다.

나는 집에 와서 환자들 일로 울기도 하고, 자주 마음 졸이기도 하는 의사였다. 아무리 그랬다 하더라도, 내 일이 아니었기에 금방 털어버릴 수 있었다. 환자들에게 동정의 말이나 좋은 뜻의 격려 몇 마디를 건네는 게 다였다. 그조차 다 빈말이었다는 걸 이제 와 깨닫는다. 그렇게 선심 쓰듯 건네서는 안 되는 말이었다. 밖에서 바라보는 외부인, 겪어보지 않은 사람은 환자가 어떤 기분인지 결코 알지 못한다. 차라리 의사들이 그 자리에서 드러내놓고 말해야 한다. 반신반의하는 마음이라든가 불안한 기분을 솔직하게 털어놓고 그게 얼마나 끔찍하고 힘든 일이 될지 사실 그대로 인정하되, 최선을 다하겠다고 약속하면 된다.

암 진단을 받고 나서도 나는 가능한 한 열심히 내 일을 지속해 오고 있다. 나는 내 일을 사랑하고, 일이야말로 진정한 성취감을 가져다주기 때문이다. 내 안에 네덜란드인 특유의 칼뱅주의가 내재해 있는지도 모른다. 일하러 갈 수만 있으면, 당연히 일터로 간다. 이제 거의 3년이 돼가고 있다. 진실을 말하자면, 내 예후에 대해 최대한 가벼운 마음으로 접근하려 노력한다. 물론 암이 재발했을 때 내 마음도 황폐해졌지만, 그래도 나는 항상 스스로 운이 좋았다고 여긴다.

"조금이라도 더 오래 널 우리 곁에 있게 할 거야."

동료 호흡기내과 전문의는 내게 말했다. 나도 앞으로 10년쯤 여기 콕 박혀 있으면 좋겠다고 생각한다. 그런데도 이렇게 말하고 있는 나의 상황이…, 목이 메도록 슬퍼진다.

나의 첫 안락사 환자

|

스벤 대너 Sven Danner(감염병학과 전문의)

간호사가 내 방에 오더니 그가 나와 만나기를 원한다고 전했다. 따라서 그날 오후, 나는 별다른 생각 없이 혼자 있는 그의 병실로 찾아갔다. 그는 당시만 해도 기이하게 여겨지던 신종 질병에 걸려 있었다. 현재 에이즈로 알려진 그 병이다. 면역체계가 다 무너져 눈과 뇌까지 심각한 감염이 번져 있었고, 헤르페스라는 피부발진과 장염까지 생긴 상태였다. 마침 장염에 쓸 신약 하나가 새로 나왔다는 소식에 해당 제약사에 문의를 해놓은 뒤 내가 있는 병동으로 그를 입원시킨 직후였다.

침대 곁으로 다가가자 그가 상상조차 못 한 말로 나를 놀라게 했다. 그동안 나를 굉장히 신뢰하게 되었다면서 자신의 고통을 끝내게끔 도와달라고. 이런 요청을 하는 자신의 기분이 그 어느 때보다 편안하다고 말했다. 그러면서 이대로 계속 지낼 수는 없다고, 아파 죽을 것 같은 고통도 이제 신물이 난다고 토로했다. 몹시 당황했던 나는 "곧 신약을 투여할 예정이니 잘하면 장염을 없앨 수도 있지 않겠느냐"며 그를 설득했다.

그는 내게 뒤로 물러나서 자신을 한번 잘 보라고 말했다. 눈도 거의 안 보이고 수개월째 침대에 묶여 피부는 다 허물어질 지경이라고, 강력한 진통제 없이는 한시도 견딜 수 없으며 지금 설사가 너무 심해 참을 수도 없거니와 온 방에 악취가 진동해 문병객을 들일 생각조차 못 한다고 말했다. 게다가 최악인 것은 스스로 할 수 있는 게 아무것도 없다고, 이 병이 어떻게 해서든 자길 삼켜버리고 말 거라고. 매번 새로운 문제가 발생하고, 새로운 질병에 감염되고, 머지않아 암도 걸릴 텐데, 결국 하루하루 지루하게 스스로의 삶을 조금씩 포기해버리는 것 외에 달리 무슨 희망이 있겠느냐고 덧붙였다.

당시 분위기상 환자 측에서 치료과정을 결정한다는 건 전례가 없는 일이었다. 의사라는 직업에는 엄격한 권위가 있었다. 환자에게 무엇이 최선인지는 의사가 가장 잘 안다, 그것 하나로 끝이었다. 사실 치명적인 그 신종 질병에 맞서 싸울 방도는 당시 의료진에게도 없었다. 다만 질병의 위력을 하나하나 줄여가기 위해 우리 수준에서 가능한 최선을 다하고 있었다. 그런데 갑자기 언론인으로 일했던 지적인 남자가 나타나서 우리가 시도하려는 모든 의학적 조치를 거부하겠다고 선언하는 게 아닌가! 게다가 구구절절 옳은 말이었다. 나는 나무만 봤을 뿐, 숲을 보지 못한 셈이었다. 그에게 닥친 문제들을 각개격파하듯 하나씩 풀어나가려 동분서주했으나 그 아래에 포진한 더 큰 현실, 다시 말해 환자의 삶이 얼마나 고통스럽고 절망스러울지는 미처 깨닫지 못했다. 그를 위한답시고 내가 궁리하던 온갖 치료부터 멈춰야 했다. 그와 같은 환자들이 무슨 일을 겪고 있는지 짐작조차 못 하고 있지 않았던가 말이다.

고민 끝에 나는 그의 요청을 받아들이기로 했다. 내가 처음 안락사를 실시한 건 그런 이유 때문이었다. 그는 평화롭고 고요하게 생을 마감했다. 그때는 안락사법이 통과되기도 전이었다. 그래서 불필요한 요식도 많았지만 세세한 규정은 마련되어 있었기 때문에 나는 꼼꼼하게 절차를 밟았다.

그때 이후로 나는 환자들과 의미 있는 논의를 거치기 위해 노력한다. 그저 정보를 전달하는 데 그치는 게 아니라 자신이 처한 상황을 환자들이 어떻게 느낄지 함께 고민한다. 새로운 치료법을 제안할 때면, 각각의 장단점을 상세히 얘기한다. 물론 그게 늘 쉬운 일만은 아니다. 중립적이고 종합적인 태도를 갖추는 동시에 환자의 편익을 최우선으로 삼아야 하기 때문이다.

의사들 역시 나름의 이해관계와 관심사를 가지고 있다. 더구나 에이즈 발생 초기에 그랬던 것처럼, 치료와 연구가 겹칠 때는 더더욱 그럴 수밖에 없다. 의사들 입장에서는 계속해서 새로운 접근방법을 연구하고, 그 과정에서 가능한 많은 환자를 참여시키고 싶어한다. 나아가 그렇게 축적한 자료를 토대로 권위 있는 의학지에 성과를 발표하기 위해 매진한다. 내 경우 그 점을 염두에 둔 것이 에이즈 치료에 도움이 되기도 했다.

그 사이 30년이 흘렀고 상황도 많이 좋아졌다. 환자 커뮤니티와 인터넷 덕분에, HIV에 대한 지식도 상당한 수준에 도달해 일반의보다 환자들이 더 많이 아는 경우도 적지 않다. 하지만 데이터가 전부는 아니다. 내게는 첫 에이즈 환자 중 한 명인 그때 그 환자와의 대화가 새로운 전환점이 되었다.

중요한 것은 사실 그 자체가 아니다. 그 사실이 환자에게 무엇을 의미하는가이다. 30년 전 한 환자로 인해 얻은 이 같은 깨달음은 지금도 내 마음속 깊이 새겨져 있다.

"그들 눈에 제가 안 보였던 거죠."

|

아놀드 반 드 라르 Arnold van de Larr(외과 전문의)

이 여성은 나의 일곱 번째 환자였다. 확실히 기억난다. 수술실로 들어가기 직전 그녀가 내게 이 수술을 해본 경험이 있냐고 물었기 때문이다. "물론이죠. 이미 여섯 번이나 해봤는걸요." 나는 그녀에게 대답했다. "아, 그럼 됐어요." 그녀가 대꾸했다. 수년간 성과 없는 체중감소 노력을 시도하던 끝에 위 절제를 하겠다고 우리 병원을 찾아온 젊은 비만 여성이었다. 실은 당시 이 수술이 도입된 지 몇 달 되지 않은 시기였다. 이 여성의 경우, 내 동료들의 요청에 따라 수술을 결정한 환자였다.

솔직히 말하자면, 나는 이 일에 별다른 열의를 느끼지 않았다. 탈장이나 암 같은 증상을 가진 환자들을 수술할 때면 환자들의 운명이 내 손에 달려 있다는 사명감이 들었지만, 비만에 대해선 그만큼 열정이 생기지 않았다. 게다가 나는 비교적 건강한 체중을 유지하고 있었다. 때문에 비만 환자들의 절박함을 제대로 이해하기도 쉽지 않았다. 물론 고도비만이나 고혈압 환자들의 경우를 포함해 위절제술의 건강상 이점이 널리 알려져 있었고, 그런 차원에서 우리 병원 내과의들까지 나서서 이 수술법 도입을 적극 추진하는 추세였지만 말이다. 어쨌든 그렇게 해서 이 수술을 맡아달라는 요청이 나에게 들어온 것이다.

동의를 해놓고도 나는 회의감을 떨쳐내지 못했다. 장기적으로 내가 정말 원하는 일일까? 내가 제대로 이해하지 못하는 증상을 굳이 맡아서 수술하는 게 옳은 일일까? 이성적으로는 환자의 전반적인 건강에 기여한다는 걸 이해했지만 그들의 특수 상황을 전적으로 공감하기는 어려웠다.

그런데 수술을 해준 지 18개월이 지나서 나의 일곱 번째 환자와 다시 만난 것이다. 60킬로그램을 감량한 그녀는 최근 걷기대회에도 참가했다고 무용담을 늘어놓았다. 담톳담룹Dam-tot-Damloop이라고, 암스테르담부터 잔담Zaandam까지 이어지는 16킬로 도보 코스였다. 나도 찬사를 보태며 전반적인 생활은 어떠냐고 물었다. 그녀는 사람들이 자신을 잘 알아보지도 못한다고 말했다. 심지어 직장에서까지 새로 들어왔냐는 질문이 쏟아져서,

여러 해째 일하는 곳이라고 일일이 설명해야 할 정도라고 했다.

전에 없던 경험들을 내게 들려주던 그녀는 급격한 체중 감량이 고통스럽도록 명료하게 드러내 준 사실이 한 가지 있다고 덧붙였다. 그건 바로 비만 여성으로 살던 시절, 자신의 존재 자체를 인정받지 못하던 세상의 편견이었다. "오랫동안 그들 주변에 있었지만, 그들 중 많은 수가 저의 존재 자체를 인지하지 못하고 있었더군요. 그 사람들 눈에는 제가 안 보였던 거죠." 그때는 자신에게 접근조차 하지 않던 사람들이 지금은 먼저 다가온다고, 초등학교 다닐 적에 괴롭힘당하는 것도 무서웠지만 그보다 더 끔찍했던 건 뚱뚱하다는 이유만으로 투명인간 대하듯 동급생들이 자신을 아예 무시했던 일이라고 그녀는 털어놓았다.

그 말을 들으며 내 초등학교 시절을 떠올렸다. 4학년 때 유난히 괴롭힘을 당하던 한 소녀가 있었다. 비록 내가 가해자 무리에 있었던 건 아니지만, 나 역시 그 아이에게 말 한마디 걸어본 적이 없었다. 그 아이가 얼마나 외로움을 느꼈을까. 학교폭력 방지 프로그램이 있었던 것도 아니고 선생님들도 딱히 도움을 주지 않던 시절이었다. 그 아이는 결국 학교를 떠났다.

어제 일처럼 그날의 만남이 생생하게 기억난다. 그녀는 자신의 전 인생에서 무엇을 놓쳤는지를 불현듯 깨닫고는 서러움이 북받쳤는지 끝내 눈물을 글썽였다. 그런 그녀를 바라보면서, 사람의 외모를 잣대로 세상이 얼마나 많은 편견을 만들어내는지를 비로소 깨달았다. 우리와 달라 보이는 사람들에겐 처음부터 마음의 문을 열 필요조차 느끼지 않는다. 부끄럽지만 이렇게 잘못된 태도를 그때까지 한 번도 진지하게 성찰한 적이 없었다.

그녀와의 대화는 내 인생에 있어 중대한 분수령이 되었다. 벌써 11년 전 일이다. 지금까지 나는 약 1,000건의 위절제술을 시행했다. "그 사람들 눈에는 제가 안 보였던 거죠." 그녀의 이 말이 다른 수많은 환자를 치료하는 내 귓가에 늘 맴돌고 있다.

지금은 수술실에 기꺼운 마음으로 들어선다. 내가 하는 일이 얼마나 대단한 결과를 가져올 수 있는지 분명하게 알기 때문이다. 내 환자들이 신체적으로 건강해지는 것, 의사들의 한결같은 소망이다. 나아가 잠재적으로 훨씬 더 가치 있는 걸 꼽으라면, 나의 의술로 말미암아 누군가가 좀 더 다양한 관계를 맺고, 새로운 친구를 사귀고, 자존감을 높일 기회를 얻는 것이 아닐까. 아름답고 보람 있는 삶의 문을 새로 열어주는 일이니까 말이다.

규정이 구속복이 될 때

|

에드빈 괴드하르트 Edwin Goedhart(스포츠의학 전문의)

그는 겨울 방학 때 훈련캠프에서 부상을 당했다. 한쪽 어깨가 탈골되었는데, 자주 재발하는 부상이라 수술이 필요했다. 수술은 잘 진행되었으나 그는 지속적인 통증에 시달렸다. 게다가 통증 정도가 너무 심하다고 호소했다.

며칠이 지난 어느 토요일 오후, 나는 그를 병원 응급실로 데려갔다. 뭔가 잘못된 것 같았다. 응급실에서는 체온계로 체온부터 쟀다. 열은 전혀 없었다. 의료진은 혈액검사도 필요치 않다면서 우리를 돌려보냈다.

사흘 후, 통증이 참을 수 없는 지경에 이르자 그는 결국 입원 치료를 받기로 했다. 어깨 염증으로 인해 세척이 필요하다고 했다. 그런데 다음날에도 그의 상태가 별로 좋아 보이지 않았다. 당직 의사를 불러 나의 우려를 전달했지만, 상대편은 내 말을 귀 담아듣지 않았다. 일반적인 검진만 두루 해보더니 별다른 징후가 나타나지 않는다고 말할 뿐이었다. 그리고 다음날, 그는 중환자실로 긴급 후송됐다. 패혈 쇼크가 와서 신장이 손상되고 있었던 것이다. 문병을 온 팀 동료들이 그를 보고 대경실색했다. 감염으로 인해 온몸이 퉁퉁 붓는 바람에 원래의 모습을 찾아볼 수 없을 정도였으니 당연한 일이었다.

그는 한 달간이나 병원에 입원해 있었다. 감염은 치료했지만 어깨 연골에 심각한 손상이 와 조금만 움직여도 통증을 견뎌내지 못했다. 우리는 해결책을 찾기 위해 백방으로 뛰어다녔고, 마침내 기꺼이 재수술을 맡겠다는 의사를 이탈리아에서 겨우 찾아냈다. 결과는 성공적이어서 그는 완전히 회복되었다. 다만 장기 재활치료에도 불구하고, 그는 두 번 다시 네덜란드 축구팀에서 뛸 수 없게 되었다.

그의 불운에서 비난받을 사람은 아무도 없다. 의사들은 맡은 바 임무를 다했으니까. 어디서 실수가 있었는지는 내게 조금도 중요치 않다. 다만 내가 아쉽게 생각하는 것은 우리가 이 젊은 운동선수에게 엄청난 고통을 안기지 않았을 수도 있었다는 사실이다. 의사로서 조금만 더 용기를 보였더라면 말이다. 규정은 준

수되었고 모든 리스트를 빠짐없이 점검했지만, 정작 환자는 그 틈새 사이로 빠져 버리고 말았으니까.

정책과 절차는 필수불가결한 요소다. 그래야 의사들도 일의 안정성과 지침을 확보하게 되고, 취해야 할 단계들도 명확해진다. 다만 적절한 치료에 방해가 될 정도로 너무 엄격한 규칙을 정해놓지 않도록 주의할 필요는 있다. 이 운동선수의 증상 발현이 유례없이 극적이긴 했지만 때로는 이런 극단적인 사례가 값진 교훈이 되기도 한다.

이를 통해 나는 환자의 증상들을 절대로 놓치지 않고 항상 눈여겨봐야 한다는 사실을 다시금 되새겼다. 그게 설사 익숙하지 않은 영역으로 발을 들여놓는 일이라 할지라도 말이다. 규정은 평균치에 근거를 둘 뿐이며, 규정의 목적도 완벽을 기하기보다 실수를 막는 데 있기 때문이다. 다시 말해, 최고가 아니라 그저 평균적인 의료행위를 제공하는 데 필요한 것임을 유념해야 한다. 최고의 의료행위는 환자에 대한 진심 어린 염려를 통해서만 도달할 수 있다.

지침에서 벗어나려면, 시간도 필요하지만 무엇보다 용기와 배짱이 요구된다. 이를 실천하는 의사는 비난과 법적 결과에 스스로 노출되는 위험을 감수할 수밖에 없다. 규정이란 한때 유용한 보조장치였지만 이제는 구속복이나 마찬가지다. 아무도 감히 거기서 벗어나지 못하는 권위적인 관행으로 자리잡고 만 것이다. 그러므로 훌륭한 의사가 된다는 것은 때로 그러한 고정관념에 저항할 용기를 갖는 것을 의미한다.

옛일을 돌아볼 때마다 그 누구도 아닌 나 자신을 질책한다. 그 주말 오후 응급실에서 스스로 얼렁뚱땅 넘기고 만 나 자신을 말이다. 그 자리에서 강력하게 혈액검사를 요구했어야 마땅하다. 지침과 어긋나더라도 내 환자는 내가 잘 아니까.

나는 그 축구선수와 요즘도 소식을 주고받는다. 연장된 재활 치료 기간이 끝나고 고향으로 돌아간 그는 현지 축구클럽에서 새로운 일거리를 찾아보고 있다고 전했다. 부상으로 꿈을 접고 만 아빠가 필드에서 뛰는 걸 본 적 없는 아이들을 위해 내린 결정이었다면서. 나도 그에게 훌륭한 코치가 될 거라 믿는다는 답장을 보냈다. 그런데 얼마 전, 그가 정말로 그렇게 되었다는 메시지를 나에게 보내왔다.

구급차 안에서 아기를 받던 날

|

얀 반 덴 베르그 Jan van den Berg(응급구조사)

　한밤중 제대탈출증(분만 시 태아가 나오기 전에 탯줄부터 나오는 현상 — 편집자) 환자 신고가 들어왔다. 나는 얼른 이송만 하면 된다고 생각했다. 우리 임무는 환자를 무조건 신속하게 병원으로 데려가는 일이었으므로.

　제대탈출증은 아기의 혈행을 방해하기 때문에 자칫 생명을 위협할 수도 있다. 네덜란드 여성들은 집에서 출산하는 일이 꽤 흔하다. 이 여성도 자기 집 침대에 누워 진통 중이었다.

　주위를 둘러보았지만 조산사는 보이지 않았다. 예비 아빠가 병원에 전화했고, 그쪽에서 바로 구급차를 알선해 준 상황이었다. 산모에게 임신한 지 몇 주가 되었냐고 물으니 29주 차라는 답이 돌아왔다. 그 말이 상황을 반전시켰다. 즉각 방침을 바꿔야 했다. 수개월이나 조산이었으니 말이다.

다행스럽게도 아기의 머리는 아직 보이지 않았다. 만약 그런 경우라면 도로 들여보내야 했다. 우리가 배운 바에 따르면 탯줄 자리를 확보하기 위한 것이다. 산모를 가능한 한 빨리 들것에 실어야 했다. 문제는 거기가 아파트 3층이고 들것은 1층 현관 로비에 있다는 점이었다. 그래서 우리는 한 발짝 한 발짝 조심해서 계단으로 내려갔다. 진통이 있을 때마다 잠깐씩 쉬면서 가고 있는데, 마지막 층에서 산모가 멈추더니 뭔가 나오고 있다고 말했다. 나는 얼른 내려갈 테니 조금만 더 참으라고 부탁했다. 그렇지 않으면 아기가 바깥 찬공기를 맞으며 태어날 판이었다.

그동안 내 동료는 구급차 내부 온도를 올려 거대 인큐베이터로 만들어 놓았다. 조산아들은 피부가 매우 얇기 때문에 열이 쉽게 손실된다. 혹여 병원으로 가는 도중 아기가 태어날 경우, 아기의 체온을 가능한 한 따뜻하게 유지해야 한다.

우리는 경광등을 켜고 경보음을 울리며 병원까지 전속력으로 달렸다. 그 사이 아기 머리가 나오고 있는지 다시 한번 체크하는데, 오싹하게도 머리가 아닌 작은 발 하나가 보이는 게 아닌가! 둔위분만(볼기나 다리가 먼저 나오는 태아 분만 — 편집자)이었다. 푹푹 찌는 구급차 안에서, 식은땀이 내 등골에 송골송골 맺혀 흘러

내리는 게 느껴졌다. 곧이어 나머지 발도 따라 나왔다. 나는 아기가 나오다 도중에 걸리지 않기만을 바랐지만, 너무 작아서 몇 분 만에 태어나고 말았다.

그런데 아기가 울지 않았다. 엄마 배 위에서 미동도 없이 엎드려 있었다. 엄마는 아기의 머리를 들어올리며 나를 바라보더니 걱정스러운 목소리로 물었다.

"무슨 일이죠? 살아 있나요?"

병원과는 불과 2분 거리였고, 나는 아기에게 인공호흡기를 채우기로 결정했다. 아기의 폐가 아직 충분히 발달하지 않았으므로 극도로 조심스럽게 진행해야만 했다. 병원에 도착해 대기 중이던 의료팀을 따라 산모병동으로 이동했다. 승강기를 타고 오르는데, 갑자기 아기가 조금 움직이는가 싶더니 이내 건강한 울음소리가 터져 나왔다. 나는 그제야 안도했다.

지금까지 25년째 응급구조 팀에서 일하고 있지만, 내가 직접 아기를 받은 일은 그때가 유일하다. 그것도 구급차 안에서, 합병증이 있는 둔위분만 조산아를. 정말 운이 좋았다고 혼자 생각해보곤 한다. 나중에 소아과 전문의로부터 훌륭한 일을 해냈다며 내가 취한 조치들을 칭찬받았을 때 훈련과 경험이 왜 그토록 중요한가를 절감했다.

응급구조는 극도의 압박감 속에서 실행되는 작업이다. 거기다

늘 기민하게 움직이고, 재빨리 대응하며, 때로 창의성까지 발휘해야 한다. 삶이란 항상 계획대로 진행되는 것이 아니기 때문이다. 이 예외적인 분만 사례를 통해 내가 하는 일의 진짜 의미를 깊이 깨달았다. 즉, 상황에 뛰어들어 행동하는 것 말이다.

그날 새벽, 젊은 산모에게 나의 간절한 기원을 담아 보냈다. 예비 아빠는 그 후 다시 보지 못했다. 자기 차로 구급차를 뒤쫓아 오고 있었는데, 뒤늦게 병원에 도착했던 탓이다. 동료와 나는 근무처로 돌아와서야 제정신이 들었다.

그 드라마에서 우리가 무슨 역할을 했는지, 우리가 정말 생명을 구하기는 했는지, 다음 이야기가 어떻게 진행되었는지 전혀 모른 채 며칠을 지냈다.

일주일쯤 지난 뒤 부모로부터 감사편지를 받았다.

딸이에요. 덕분에 아기와 저희 모두 잘 지내고 있답니다.

호르몬이 그녀의 뇌를 공략했다

|

리즈베스 반 로섬 Liesbeth van Rossum(내분비내과 전문의)

6년 동안이나 그녀는 어떤 의사도, 신경과 의사나 정신과 의사조차 알아내지 못한 이름 모를 병증과 홀로 싸우고 있었다. 신체적으로는 그녀에게 아무런 문제가 없었다. 하루아침에 갑자기 바뀐 건 그녀의 성격이었다. 곧잘 흥분하거나 극도로 짜증을 내고 이상한 말더듬 증세까지 시작되었다.

우리 병원으로 진료 의뢰가 들어오기 전 그녀는 29차례나 전기충격요법을 받았지만 전혀 차도가 없었다고 했다. 그녀의 알 수 없는 행동은 의사와 간호사들을 끊임없이 괴롭혔다. 의료진은 그게 다 자기 행동을 변명하기 위한 알리바이가 아닌지 종종 의심했고, 심지어 그녀 스스로 증상을 만들어내고 있다는 의혹

을 사기도 했다. 한번은 나이 많은 어떤 간호사가 "내 자식이라
면 얼굴에다 냅다 물을 퍼부었을 것"이라고 쏘아붙이듯 말한 적
도 있었다.

그녀는 온라인 검색을 해보더니, 스스로 쿠싱 증후군이라고
진단했다. 부신에 의한 스트레스 호르몬인 코르티솔 과다분비
로 인해 발생하는 희귀질환이었다. 쿠싱 증후군은 대개 수많은
신체적 증상을 유발한다. 다만 그녀에게 해당하는 증상이 없기
때문에 가능성은 매우 낮아 보였다. 의사들의 설명에도 불구하
고 그녀는 집요하게 검사를 요구했고, 갖가지 검사를 진행한 끝
에 결국 그녀의 말이 옳았음이 판명되었다. 영상판독 결과 뇌하
수체에 양성종양이 발견되었다. 이것이 과도한 코르티솔 분비의
원인이었다. 이상한 점은 오로지 뇌만 영향을 받을 뿐, 다른 신
체는 전혀 영향을 받지 않는다는 점이었다.

우리는 종양을 제거했고 그녀도 점차 회복세를 보였다. 하지
만 2년만에 옛 증상들이 재발했다. 그녀는 절망감과 낭패감으로
어찌할 바를 몰라 했다. 왜냐하면 지난번과 달리 검사란 검사는
다 거친 뒤라 이젠 더 이상 우리도 원인을 찾아낼 수가 없었기
때문이다. 그녀의 코르티솔 수치도 정상이었다.

그렇다면 옛 증상들은 도대체 어디서 다시 유발된 것일까? 우
리는 원인 규명을 위해 백방으로 뛰었다. 전 세계 의료진에게 문

의를 해봤지만 워낙 특이 사례여서 아무도 그런 증상을 접해본 적이 없었다. 어쩌면 우리가 새로운 검사를 개발하거나 시약을 투약해볼 수도 있었지만, 확실한 단서나 획기적 전기를 잡지 못하는 한 어둠 속 헛발질에 불과했다. 그녀도 그걸 알고 있었다. 똑똑한 여성이었던 만큼 자기 몸속에서 무슨 일이 일어나고 있는지 훤히 꿰고 있었다. 그녀 자신이 다른 사람들에게 미치는 영향까지도. 그래서 더 참아낼 수가 없었을 것이다. 그녀는 다신 못 하겠다고, 견딜 만큼 견뎠다고 말했다. 그리고 안락사 요청서를 제출했다. 요청서는 즉각 수락되었다.

그녀의 엄마로부터 전화를 받았던 그날을 아직도 잊을 수가 없다. 주말 인수인계를 마친 어느 월요일 아침이었다. 그녀의 엄마는 그 절차가 다음날로 잡혔다고 내게 말했다. 나중에 알게 된 사실이지만, 그녀가 죽는 날 아침 온 가족이 다 같이 주방 식탁에 둘러앉았고, 그녀의 기분도 밝고 유쾌했다고 한다. 오후가 되면 자신이 더 이상 이 세상에 존재하지 않으리라는 사실을 알고 있던 기이한 상황에서도.

아직도 그녀에게 무슨 문제가 있었던 건지 알 길이 없다. 내가 떠올린 한 가지 이론이라면, 어떤 이유에선지 그녀의 몸속 세포들이 코르티솔에 반응하지 않았던 게 아닐까 싶다. 전형적인 쿠싱 증후군이 나타나지 않은 이유가 그 때문은 아닐까? 반면 그녀의 뇌세포들만 코르티솔에 반응했다. 아니, 오히려 과잉반응을 했다. 그녀의 사례는 호르몬이 얼마나 강력하게 뇌를 초토화시킬 수 있는지 증명해 주었다. 우리 의사들은 신체에만 유독 초점을 맞추는 경향이 있지만, 뇌도 하나의 장기로 바라볼 필요가 있다. 뇌 역시 다른 장기들과 마찬가지로 질병에 그만큼 취약하다는 점에서 심장이나 간과 전혀 다를 바가 없다. 단순한 호르몬 불균형이 사람의 정신을 정상궤도에서 이탈하게 만들 정도라면, 그 점을 더욱 유념해서 살펴볼 필요가 있다.

나는 증상 발현 이전의 그녀 모습이 어땠을지 정말 궁금했었다. 그녀가 보여준 사진 속에는 여느 젊은 여성 못지않게 밝고 환한 모습이 담겨 있었다. 좋은 직업, 많은 친구, 풍부한 인맥을 가졌던 그녀는 불가해한 성격 변화로 모든 것을 한꺼번에 잃었다. 몇 년 후, 한 국제회의에서 나는 유사 증상을 지닌 한 환자에 관해 듣게 되었다. 전 세계적으로 두 번째 사례다.

환자가 사망한 후, 나는 그녀의 부모와 몇 차례 더 만나 이야기를 나눴다. 그때마다 부모는 눈물을 글썽였다. 어느덧 10년이 흘렀지만, 그녀는 항상 내 마음속에 남아 있다.

기술적 치료, 심리적 치유

|

실비아 후이징가 Sylvia Huizinga(치과 전문의)

대기실로 들어섰을 때 그는 유난스레 긴장한 표정이었다. 여기까지 오는 데도 큰 용기를 냈구나 하는 생각마저 들었다. 그래서 그에게 이렇게 말해주었다. 두려움을 무릅쓰고 진료예약을 잡은 것만도 진일보인데 실제로 온 게 어디냐고 말이다. 치과의사들은 불안해하는 환자에게 익숙한 편이다. 그래서 나는 그가 편안함을 느끼도록 최선을 다했다.

졸업 직후 몇 년간 해외에서 일하기로 결심했던 나는 대학에서 배운 것을 제대로 실천하자는 원칙을 세워두고 있었다. 우선 무엇을 하려는지 환자에게 설명한 다음 시술 기구를 보여주고 조심스럽게 시작하는 것. 복잡한 증상도 아니고 단지 정기검진에 불과한데도 그는 마치 치아라도 뽑으러 온 것처럼 겁부터 집어먹었다. 입속에 무언가를 넣으려 할 때마다 그는 심하게 저항했다. 특히 아래턱 쪽을 보려고 하면 저항이 더 심했다.

그를 밀어붙이고 싶지 않았던 나는 상황이 나빠지기 전에 얼른 검진을 그만뒀다. 그리고 다음번에 다시 오라고 청했다. 하지만 매번 같은 씨름을 계속 벌였다. 도저히 그를 치료할 수가 없었다. 급기야 그의 치아는 충치가 생기고 어금니 일부가 떨어져 나가는 지경까지 악화했다. 제때 적절한 치료를 받지 못하면 치아를 점점 잃고 말 조짐이었다.

아무래도 그가 두려워하는 게 통증은 아닌 것 같았다. 틀림없이 다른 이유가 있을 거라는 직감이 들었다.

그 다음 진료 일에 여자친구와 함께 온 그는 눈에 띄게 떨고 있었다. 그래서 혹시 말하고 싶은 게 있냐고 물었더니 그제야 그가 자신의 속내를 털어놓았다. 도중에 감정이 북받쳐 말을 잇지 못할 때는 여자친구가 대신 받아 얘기했다.

자초지종을 들어보니, 그에게는 오랫동안 성적 학대를 받은 상처가 있었다. 때문에 의자에 그냥 누워 있기만 해도 자기도 모르게 강한 신체적 거부반응이 유발된다는 이야기였다. 그간 내 치경이 그의 혀를 건드리거나 입에 솜뭉치만 넣어도 반사신경이 즉각 반응한 건 그런 상처의 연장선이었다. 하지만 이제 그는 자신의 목을 조르는 과거의 기억에 더 이상 굴복하지 않기로 굳게 결심했다고 선언했다.

정말이지 그가 안타깝고 가여웠다. 그의 고통과 고뇌를 충분히 헤아릴 수 있었기에 최선을 다해 그가 이겨내도록 돕고 싶었다. 우리는 천천히 한 단계씩 진행해 나갔다. 먼저 그가 주도권을 잡도록 해주었다. 조금이라도 불편하다 싶으면 그에게 손을 들라고 했고 그 즉시 나는 치료를 중단했다.

사실 생각하기에 따라 의사가 몸을 자기 쪽으로 구부린 상태에서 입을 크게 벌린 채 치과 의자에 길게 누워 있는 모양새는 꽤 위협적으로 느껴질 수도 있었다. 일단 내가 자신의 상황을 이해해주고 있다고 확신하자 그도 조금씩 편안한 자세를 취했고 점점 스스로를 내맡기기 시작했다. 그리고 어느 날 마침내 자신의 치아 전부를 온전히 지켜낼 수 있게 되었다.

내가 그 환자를 마지막으로 만난 게 어언 15년 전이다. 하지만 조금 예민한 환자를 대할 때마다 그 환자가 반사적으로 떠오른다. 당시 치과의사로서 첫발을 뗀 지 얼마 되지 않았던 나는 구강이나 치아 문제를 해결하는 기술적 측면들에만 골몰해 있었다. 하지만 그를 만나고부터 물리적 치료 못지않게 환자에 대한 관심과 시간, 이해가 치료의 질을 좌우하는 핵심적 요소라는 사실을 깨우쳤다.

먼저 어떤 처치를 할 것인지 상대에게 말해주고, 말한 대로 치료하는 것. 그게 바로 신뢰를 얻는 길이다. 이 말을 머리로 배운 건 치의대 시절이었지만, 실전에서 몸으로 깨우친 건 내가 마침내 한 환자에게 깊은 안도감을 주었을 때였다.

모든 치료를 끝내자마자 그가 보인 반응을 지금도 잊을 수가 없다. 그는 팔로 나를 한껏 감싸 안았다. 모든 게 무사히 끝났다는 행복감이 내게 그대로 전해졌다. 그는 검진 차 몇 번 더 나를 찾아왔다. 그 후 내 해외 근무 기한이 다해서 나는 다시 네덜란드로 돌아왔다. 그의 기억 속에 깊게 남아 있는 고통을 내가 다 없애줄 수는 없었다. 그렇더라도 그를 옭아매던 과거의 족쇄를 조금은 느슨하게 해줄 수 있었다는 사실에 나는 지금도 큰 보람을 느낀다.

내면의 목소리에 귀 기울여라

|

아드리안 그로엔 Adriann Groen(열대병 전문의)

그녀는 마을에서부터 소달구지를 타고 병원에 도착했다. 원래
는 동네 조산사의 도움을 받아 집에서 아기를 낳으려 했다. 하지
만 도중에 분만이 멈춰버리자 다리 사이로 힘없는 하얀 팔과 탯
줄 고리를 매단 채 10시간이나 지체하다 병원으로 온 것이었다.

네덜란드에서 함께 온 젊은 동료 의사와 함께 탯줄을 만져보
니 맥이 느껴지지 않았다. 나무 트럼펫을 이용해 심장 음을 들어
보고 산부인과 간호사까지 불러 다시 확인해봤지만 아무 소리도
들리지 않았다. 도플러 모니터, 즉 태아의 심장박동 소리를 증폭
시켜주는 기구는 하필 방전상태였다. 초음파 기기는 몇 달 전에
망가졌고, 오기로 예정된 새 기기는 배송 중이었다.

제왕절개를 하기에는 감염 위험성이 너무 컸다. 이미 빠져나온 아기의 팔을 산도로 도로 집어넣은 다음 복부절개로 아기를 빼내야 했지만, 팔이며 탯줄이 이미 먼지와 흙, 다른 오염원들로 뒤덮여 있었기 때문이다. 게다가 그런 식의 자궁감염은 추후 불임을 불러오거나 심하면 산모를 사망에 이르게 할 수도 있었다.

그 상황에서 할 수 있는 건 단 하나밖에 없었다. 말로 설명하기조차 끔찍할 정도로 역겨운 시술인데, 간단히 말하자면 산모의 배를 짓눌러 아기를 짜내듯 억지로 질을 통과시키는 방법이었다. 탄자니아에 있을 때 몇 번 시행한 적이 있긴 했지만 할 때마다 구토가 나올 만큼 꺼려지는 시술이었다. 나는 시술 과정에서 질식해 죽은 아기를 차마 두 눈으로 보지 못하고 매번 수술실을 뛰쳐나왔다. 이따금 간호사가 나에게 와서 죽은 아기가 딸이었는지 아들이었는지 말해주곤 했었다.

내키지 않는 시술을 앞두고 우리는 마지막으로 기구를 한 번더 체크했다. 그러고 나서도 젊은 동료와 나는 망설였다. 그 이유를 나는 지금도 명확히 설명할 수가 없다. 잠시 시선을 교환하던 우리는 끝내 마음을 바꿨다. 아기의 팔과 탯줄을 최대한 소독한 후 제왕절개를 시도하기로 결정한 것이다.

그 뒤 이어진 장면은 아마도 내가 죽는 날까지 절대로 잊지 못할 것이다. 산모의 배에서 막 빼낸 아기가 짧은 숨을 한 번 토하더니 우렁차게 울기 시작했다. 그 울음소리는, 곧이어 여기저기서 들리는 감격과 기쁨의 탄성, 그리고 하느님께 올리는 감사의 노래와 섞여 온 수술실에 울려 퍼졌다. 다만 나와 동료는 간발의 차로 아기가 모면한 운명을 떠올리며 얼이 빠진 채 한참을 서 있었다. 마지막 봉합선이 우리 손에서 벗어났을 때에서야 겨우 떨림을 멈출 수 있었다.

내면의 목소리에 항상 귀 기울여라. 이것이 그날 내가 배운 교훈이다. 오늘날 의료행위는 엄격한 규정들로 빈틈없이 짜여 있다. 가치가 충분히 입증된 규정들이지만 그렇다고 해서 결코 직감을 잃어서는 안 된다. 2003년 1월 이후, 나는 무시무시한 그 수술을 영원히 그만두었다. 그건 모두 그날 만난 산모와 아기 덕분이다.

서구에서 질식분만을 위해 아기를 희생시키는 행위는 옛일이 된 지 오래다. 여기서 이미 사장된 기술이 저소득 국가에서 더 이상 시행되어선 안 된다는 것을 그날의 경험이 내게 똑똑히 각인시켜 주었다. 가난이 이중잣대를 정당화시킬 수는 없기 때문이다. 저소득 국가 의료진들도 지금은 나와 같은 시각을 견지하고 있다. 그 시술이 오래전에 중단되었다는 사실이 아프리카 국가들에 널리 알려지면서 거센 역풍을 맞는 실정이지만 말이다.

많은 아프리카 병원들도 이제 질 좋은 항생제를 취급할 여력이 생기면서 감염 위험이 많이 줄었고, 그 덕에 제왕절개에 대한 선호 역시 보편적인 수준에 이르렀다. 어쩔 수 없이 태아를 훼손하는 조치는 도저히 다른 대안을 찾을 수 없거나 산모의 생명이 위험에 처한 상황에 한해서만 고려할 수 있다. 설사 그런 경우라 하더라도, 초음파 검사상 태아가 살아 있을 가능성이 전혀 없어야만 허용된다.

산모는 우리 병원에서 일주일의 회복기를 거친 뒤, 팔로 아기를 감싸 안고 자전거 뒷좌석에 앉아 집으로 돌아갔다. 아기가 구사일생으로 모면한 끔찍한 운명에 대해선 까맣게 모른 채.

지금의 나를 만들어준 좋고 나쁜 경험들

|

에른스트 퀴페스 Ernst Kuipers(소화기내과 전문의)

어린 자녀가 있는 30대 중반의 남성이었다. 다른 병원에서 의뢰를 받고 찾아온 그의 진단명은 췌장암이었다. 문제는 치료가 가능하냐 여부였다. 유일한 선택안은 외과적 수술이었는데, 종양 크기가 너무 커서 수술이 불가능했다. 게다가 우리의 의구심이 더해진 건, 무언가 앞뒤가 맞지 않는다는 점이었다. 마치 퍼즐 조각 하나가 빠진 것 같았다. 이 남성은 이런 유형의 암을 갖기엔 나이가 너무 젊었다.

조직검사에 이어 몇 가지 검사를 더 진행했다. 이 과정에서 놀라운 사실이 드러났다. 그가 앓는 병은 암이 아니었다. 자가면역 반응을 유발한 특이 염증이었다. 이 증상은 매우 희귀해서 이렇다 하게 알려진 내용도 없었다. 단지 우리가 아는 건 강력한 소염제로 치료가 가능하다는 사실이었다. 실제로 치료 효과가 나타나서 남성의 증상은 이후 몇 개월간 진정되었고, 초음파 검사상으로도 종양 크기가 점차 줄어갔다.

1년이 지난 어느 날, 외래환자 클리닉 정기검진에 그가 말도 없이 나타나지 않았다. 그에게 전화를 걸어 물어보니, 자신의 일반의를 통해 해외 의료진으로부터 다른 견해를 얻었다는 답이 돌아왔다. 우리가 내린 진단에 대해 그는 강한 의심을 품어왔던 것이다.

외국 의사가 그를 대략 검진해보고 나서 내린 진단이란, 단연코 췌장암이니 바로 수술이 필요하다는 것이었다. 그 사이 종양 크기가 훨씬 줄어 있었으니 굳이 하겠다면, 수술은 가능했다. 어쨌든 나는 그 남자의 일반의와 외국 의사에게 편지를 써서 보냈다. 우선 우리 측이 다른 진단을 내리게 된 이유가 무엇이며 진단 방식은 어땠는지 설명하고, 지금까지의 경과를 지켜본 결과 우리 측 진단이 확실시된다고 밝혔다. 만약 문제가 암이었다면, 그 남자는 아마 지금 생존하지 못할 것이기 때문이었다.

이후 한동안 아무런 소식이 없었다. 그러던 어느 날 그 외국 의사가 일반의에게 보낸 편지 요약본이 나에게 도착했다. 내용인즉 그 환자가 수술을 받긴 했으나 이로 인해 심각한 합병증을 얻게 되었다고 했다. 병리학자가 종양 검사를 해보니 암은 전혀 아니었으며 줄어들고 있던 염증에 불과했다는 결론과 함께.

나는 이 일을 두고 환자의 잘못이라고 단 한 번도 생각한 적이 없다. 오히려 내가 실패한 것으로 본다. 그에게 해주었던 나의 설명이 충분치 않았기 때문에 그가 계속해서 속시원한 답을 찾아 헤매고 다녔던 게 아닐까? 나는 그에게 믿기지 않을 만큼 굉장한 희소식을 전해주었다고 여겼다. 그의 종양이 암이 아닐 뿐더러, 양성임에도 치료 가능했으니까. 단 그의 사례가 대단히 희귀하다 보니 그로선 찾고자 했던 정보를 명확히 얻을 수가 없었고, 급기야 의심의 문만 활짝 열려버린 형국이었다.

요즘 환자들이 자체적으로 뭐든지 알아서 찾아보려 하는 추세는 나도 전적으로 찬성한다. 하지만 동시에 이제 그만큼 의사들의 역할도 바뀌었다고 봐야 한다. 즉, 더 이상 일방통행 식의 소통이 아니라는 뜻이다.

그러므로 의사들은 나의 환자가 지금 어디에 있는지 눈을 떼서는 안 된다. 멀리 내다보며 살피고 알리면서, 그들이 정보의 바다에서 표류하지 않도록 붙들어줘야 한다. 환자들에게 혹시 더 알고 싶은 게 있는지, 무엇을 걱정하는지 물어보고, 무언가 불분명한 게 있다면 언제든 의사에게 얘기할 수 있도록 배려해야 한다. 내 쪽에서는 분명 그 환자에게 충분한 정보를 주었다고 믿었지만 그로서는 확실히 납득하지 못했던 걸 보면 말이다. 더구나 치료과정에서 함께한 지 1년이나 되었고, 환자 본인도 문제없이 잘 지내고 있었건만 속으로는 내내 갈팡질팡하고 있었다니. 이 사실에 나도 적잖은 심리적 타격을 받았다.

지난 세월 환자들로부터 배운 수많은 교훈을 언급하지 않는다면 이보다 더 태만한 일도 없을 것이다. 단 하루도 새로운 것을 배우지 않고 지나간 적이 없기 때문이다. 이상한 일이지만 환자들에 관한 의외의 것들이 주로 기억에 남는다. 단 하나의 이미지, 표현 한 구절, 어떤 질문, 때론 환자가 누워 있던 침상까지도. 그 모든 것들이 어떤 식으로든 내 마음을 건드려서일 게다. 이렇듯 삶에서 극도로 감정적인 시기에 놓인 환자들과 집중적인 관계를 맺다 보면, 원하든 원하지 않든 그만큼 생각할 거리와 공감이 쌓일 수밖에 없다. 말하자면, 환자들과의 갖가지 경험이 축적된 결과가 지금의 내 모습이다.

시간의 한계를 넘어선 사랑

|

한스 웨센하겐 Hans Wesenhagen(중환자 담당 전문의)

극심한 심부전 증세로 심장병동에 입원한 마리는 긴급 심장이식 대기자 명단에 올라 있었다. 촌각을 다투는 악화일로여서 두 대의 VADVentricular Assist Devices(심실보조장치)가 당장 필요한 상황이었다. 그렇게 해서 그녀는 온갖 기기들로 둘러싸인 채 내가 있는 중환자실로 오게 되었다. 여러 합병증이 잇따르는 상황에서 그녀는 간절히 기증자를 기다리고 있었다.

나는 그녀의 가족과 매일 실시간으로 연락을 주고받았다. 상황이 별로 좋지 않았은 탓에 그들의 근심도 깊어만 갔다. 나는 조심스럽지만 정직하게, 상황을 에둘러 전달했다. 기증자가 제때 나타나지 않는다면 그녀가 살아나기는 어려울 것이라고. 반면 중환자인 마리 본인에게는 별다른 어려움 없이 핵심 내용을 간단명료하게 전할 수 있었다. 이상스러울 만큼 그녀와는 소통이 잘 되는 느낌이었다. 그녀는 기증자의 심장이 제때 도착하지 못할 거라며 다 소용없는 일이라고 종종 말했고, 그럴 때마다 나는 그녀에게 믿음을 가져보자며 용기를 북돋웠다. 많은 대화를 하지 않았지만, 서로를 잘 이해하고 있다는 느낌이 들었다.

다행히 기증자의 심장이 제때 도착했다. 이식수술을 받은 뒤 그녀는 우리 병원에서 재활치료를 받았고, 그 후 정기검진을 위해 몇 번 다시 찾아왔다. 자신이 잘 지내고 있다는 걸 알려주려고 이따금 그냥 들르기도 했다. 그리 특별할 것도 없이 많은 환자가 종종 하는 행동이었다.

1년 뒤 그녀는 파티를 열기로 했다며 내게도 초대장을 보냈다. 실은 조금 미심쩍었다. 이면에 숨은 의도가 있는 게 아닐까? 그저 감사를 표하고 싶은 걸까? 고민하다 파티에 참석했고, 결국 제일 늦게까지 남은 사람은 다름 아닌 나였다.

우리는 밤새도록 긴 대화를 나누었다. 우리 사이에 뭔가 진지한 일이 일어난 건 바로 그날이었다. 하지만 돌이켜보니, 그녀에 대한 내 감정이 시작된 건 그보다 훨씬 전이었다. 확신컨대 내환자였을 때는 아니고, 1년이 되기 전 그 언젠가부터. 그럼에도 내 감정을 계속 밀어내고 있었다는 사실을 뒤늦게 깨달은 것뿐이다. 중환자실 책임자로서 나의 이전 환자와 사랑에 빠진다는 것 자체가 스스로 용납되지 않았기 때문이다.

파티 후 우리는 몇 차례 더 데이트를 했고, 얼마 지나지 않아 서로의 솔직한 감정을 확인하기에 이르렀다. 그동안 우리는 각자의 감정을 걸러내기 위해 부단히 의식적인 노력을 해왔다. 감사함이라든가 안도감이라든가 하는 외적 요소들이 개입된 것이 아닐까, 의심하고 또 의심했다. 모든 감정이 명확해진 건 아니지만 그래도 한번 밀고 나가 보자고 용기를 냈다. 그리고 마침내 서로에게 전적으로 헌신할 것을 맹세했다.

그 단계를 밟고 나자 비로소 지인과 동료들에게 우리의 관계를 알릴 수 있었다. 다들 내게 멋지다, 잘됐다며 축하 인사를 건넸다. 이 같은 주위의 반응에 내 마음도 한결 가벼워졌다. 그 전까지도 나는 의구심을 완전히 누그러뜨리지 못했다. 내 직업윤리의 한계점에 서서 균형을 잡으려 무던히 애쓰던 나는 그제야 스스로 떳떳하다는 확신이 들었다.

그런데 의외로 가장 큰 난관에 부딪힌 상대는 처가 쪽 어른들이었다. 내 존재 자체가 그분들에겐 인생에서 가장 두려웠던 기억을 상기시켰던 모양이다. 한동안 나쁜 소식을 전하는 전령 노릇을 하던 사람이 갑자기 사위라고 나타나 함께 식사하고 있었으니 그럴 만도 했다. 하지만 이 어려움도 함께 견뎌내면서 그분들 역시 내게 귀중한 교훈을 일러주었음을 깨닫게 되었다. 위중환자의 가족으로서 겪는 경험이 실제 어떤 것인지, 나아가 모든 정보를 이해하는 것이 얼마나 어렵고 힘든 일인지 등에 대한 속내를 나중에 전해 들었기 때문이다. 그 과정을 통해 좀 더 주의 깊게 경청하고, 최대한 상세하게 설명하며, 보다 적극적으로 이해를 표해야 한다는 것을 다시금 배웠다. 이처럼 무대 뒤편을 또 다른 시각으로 볼 수 있는, 아마 다른 의사들이 좀처럼 얻을 수 없는 배움의 기회를 준 것은 바로 사랑이었다.

우리가 처음 만났을 때 마리는 31세, 나는 59세였다. 대충 계산을 해본 나는 그녀에게 우리의 기대수명이 얼추 비슷하겠다고 얘기했다. 마리의 새 심장은 일반적으로 12년쯤 견딘다. 그때쯤이면 나도 71세가 되어 아마도 기력이 다하지 않을까. 좀 엉뚱한 셈법이긴 하지만 우리에게는 그나마 위로가 된다. 우리가 앞으로 얼마나 긴 시간을 함께하게 될까 하는 질문에 잠정적인 답이 나온 셈이니까.

그래도 대충 계산한 시간의 한계를 우리가 훨씬 넘어서 있다고 믿는다. 모두의 부러움을 살 만큼 우리의 사랑은 깊고 강하기 때문이다.

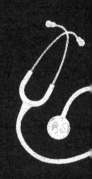

PART 5

대부분의 의사들 마음속에는 자신이 떠나 보낸 환자들을 묻어둔 묘지
가 있다. 그건 어딜 가나 따라다니는 자신만의 낙인과도 같다. 나는 종
종 그때 그 17세 소녀를 돌이켜 생각한다. 이유는 두 가지다. 하나는 소
녀가 내 진로를 바꾸었기 때문이고, 다른 하나는 다른 수많은 환자를
구할 새로운 발견으로 이어지게 해주었기 때문이다.

땅콩버터 샌드위치를 먹고 난 후

|

메타 반 데르 우드 Meta van der Woude(중환자실 내과 전문의)

한여름 어느 화요일 오후였다. 몸 상태가 안 좋다고 말하던 그녀가 직장에서 갑자기 호흡곤란을 일으켰다고 한다. 병원까지 구급차로 실려 온 그녀는 곧바로 의식을 잃었다. 두뇌 초음파 검사에서도 이상 조짐을 찾지 못한 상황에서 그녀의 심장이 갑자기 멈추고 말았다. 우리는 심폐소생술을 실시한 뒤 그녀를 중환자실로 옮겨 치료를 계속해 나갔다. 하지만 그녀의 심장은 이후 두 번 다시 뛰지 않았다. 그게 그날 벌어진 일이다.

그녀의 부모와 남자친구가 서둘러 병원에 도착했고, 나는 그들에게 장기기증 의사를 물었다. 그때 남자친구가 그녀의 가방 속을 뒤져 장기기증 신청서를 건네주었던 기억이 난다. 매우 감

287

정적인 대화가 몇 차례 오간 후 그들은 결국 응낙했다.

입원한 지 1시간 만에 그녀는 사망했다. 그녀의 장기를 적출하기 전, 우리는 그녀의 혈액을 10개의 시약병에 담아 인근 대학병원으로 보냈다. 가장 적합한 수혜자를 결정하기 위한 생체정보인 조직형 검사가 우선 필요했기 때문이다. 동시에 그녀의 심장마비 원인을 밝혀내고자 독성학자에게도 혈액 샘플을 보냈다. 부검 결과 뚜렷한 혐의점이 없었으므로, 다음 월요일에 있을 매장을 앞두고 장의사가 그녀의 시신을 수습해갔다. 그런데 금요일 오후 독성학자가 우리에게 전화를 걸어왔다. 혈액 속에서 카페인 및 초콜릿의 흔적과 함께 일반 검사로는 확인이 안 되는 모종의 성분을 발견했다고 그가 말했다. 나는 시 검시관에게 전화를 걸었고, 그는 경찰과 함께 곧바로 병원에 도착했다.

그 젊은 여성의 시신은 리즈위크라는, 인근 마을 법의학연구소로 즉시 이송되었다. 의심할 만한 건 아직 발견되지 않았지만, 완전한 독성 선별검사를 할 만큼의 혈액이 더 필요한 상황이었다. 사체 내 혈액은 이미 남아 있지 않았다. 그러던 차에 불현듯 장기기증 조직형 검사를 위해 대학병원으로 보냈던 10개의 혈액 시약병이 생각났다. 우리는 그들에게 연락을 취했고, 다행히 검사에 충분한 혈액을 회수할 수 있었다. 며칠 후 법의학자가 미지의 물질을 확인해주었다. 그것은 바로 시아나이드Cyanide였다. 여성이 그 물질에 중독되었던 것이다.

여성의 직장동료들이 경찰에 진술한 내용에 따르면, 그녀는 남자친구가 집에서 만들어 갖다 준 샌드위치를 먹고 난 뒤부터 몸이 안 좋다고 말했던 것으로 알려졌다. 안에 땅콩버터를 넣고, 위에 초콜릿 알갱이를 뿌린 샌드위치였다. 여성은 한두 입 먹다가 그대로 내려놓고는 맛이 이상하다고 말했다고 전해졌다.

화학자였던 그녀의 남자친구는 곧바로 체포되었다. 그런데 경찰이 남은 샌드위치를 찾아 독성물질 검출에 나섰지만, 시아나이드가 검출되지 않았다. 그렇다면 그 독은 어디에서 나왔을까?

긴 심문 끝에, 그녀의 남자친구가 마침내 자백했다. 자신의 실험실에서 사용하는 방부제를 샌드위치에 몰래 넣었다고. 그 방부제가 몸속에서 시아나이드로 분해된 화학물질이었던 것이다. 화학자로서 그는 그런 식으로 자신의 범행을 덮을 수 있을 거라 확신한 듯했다. 남은 샌드위치를 확인해본 결과 문제의 방부제 성분이 발견되었다.

나중에 경찰이 내게 알려준 그의 범행 동기는 이랬다. 인격장애가 있던 그는 여자친구가 결혼해서 아기를 갖자고 조르자 빠져나갈 방도를 찾던 중 아예 그녀를 죽이기로 결심했다. 법원은 남자에게 징역형을 선고했고 뒤이어 병원 명령에 따른 구금형도 내려졌다.

그 사건 이후로 나는 급사에 관한 한 훨씬 더 면밀하게 살펴보는 게 습관으로 굳어졌다. 법의학자들에게 가능한 한 빨리 연락을 취하고 후속 검사가 필요할 경우에 대비해 여분의 혈액 샘플을 항상 확보해둔다.

우리의 손가락 사이로 허무하게 스러졌던 한 젊은 여성, 사건의 전모를 알아내기 위한 과정에서 여러 차례 좌절되었던 시도들, 그녀의 부모가 겪었을 고통과 비탄…. 그 모든 것이 나와 내 동료들을 충격에 빠뜨렸다.

그녀가 죽던 날, 남자친구는 그녀의 침상 곁에서 얼마나 우울하고 슬퍼 보였는지 모른다. 그날 아침 그녀의 샌드위치에 독을 넣은 당사자이면서 말이다. 그녀가 사망하기 직전, 살인자와 이야기를 나누었던 순간은 지금 떠올려도 소름이 돋는다. 하마터면 완전범죄로 남을 뻔했다. 하지만 최후의 일격으로 그의 가면을 벗겨낸 것은 다름 아닌 그녀의 장기기증 의사였다.

그 환자의 응원에 힘입어서

다르바즈 아바스 Darbaz Abbas(내과 전공의)

부모님이 이라크를 탈출해 난민 자격으로 네덜란드에 왔을 때, 내 나이 아홉 살이었다. 4학년에 편입해서 알아들을 수 없는 말로 재잘거리는 아이들 틈에 던져진 나는 그 후 한동안 교실 활동에 제대로 참여할 수가 없었다. 가정 상황도 매우 불안정했다. 망명자 신청센터에서 기거하며 몇 년이나 기다렸지만 법적 거주권이 소진되어 본국으로 다시 송환될 위기에 놓였기 때문이다. 초등학교 졸업 후에는 직업교육 예비학교에 들어갔다. 그게 그나마 내가 선택할 수 있는 최선이라던 선생님의 조언에 따른 것이었다.

직업교육 예비학교 간호사 프로그램을 마친 뒤에는 고등 직업

학교로 진학했다. 그 단계를 밟는 동안, 나는 언어적 약점에도 불구하고 매 순간 도전을 감당해낼 자신이 있음을 입증해 보여야 했다. 선생님들은 종종 나에게 말했다.

"너무 무리한 꿈을 꾸지 마. 아무리 발버둥쳐 봐야 너만 다칠 거야. 그냥 간호사나 해. 현실적으로 볼 때 그게 제일 가능성 있는 선택이야."

고등 직업학교 졸업 후 병원에서 간호사로 일하면서도 내 꿈을 끝끝내 포기할 수가 없었다. 나는 의사가 되고 싶었다. 사람들은 내게 의대 학위는 매달려봤자 소용없을 거라고 한 목소리로 말했다. 넘어야 할 산이 너무 크고 높아서 결국 실망만 하고 주저앉게 될 거라면서.

그러던 어느 날, 할아버지 한 분이 내가 일하는 병동에 입원했다. 가는 곳마다 자기 의견과 비판을 말로 쏟아내야 직성이 풀리는 까다로운 환자였지만, 내게 점차 신뢰를 주기 시작했다. 어느 날 그는 자기가 마취통증의학과 의사였다면서, 나에게 호의 어린 관심을 드러냈다. 나는 내 꿈에 대해, 그리고 그 꿈을 가로막는 배경에 대해 털어놓았다.

그는 색안경을 끼지 않고 있는 그대로 나를 대해준 첫 번째 사람이었다. 내 속사정을 듣고 난 그는 서슴없이 말했다.

"한번 도전해 봐. 너라면 당연히 할 수 있지."

격려의 말과 함께 그는 벌써 이만큼이나 오지 않았냐며 나를 적극 응원하고 나섰다. 자기 딸도 의사라면서, 내 얘기를 들은 딸이 매우 감동했다고도 전했다.

그때 그가 내게 준 확신에 찬 격려는 그날 이후 한 번도 내 가슴을 떠난 적이 없다. 제아무리 도전적인 성품으로 스스로 믿고 나아간다 해도, 나에게는 편견 없는 외부인의 인정이 절실히 필요하던 순간이었다. 그런 내 등을 밀어준 마지막 힘이 바로 그분의 말 한마디였다.

뒤늦게 의대 과정에 입학하려면 인문 고등학교를 다시 다녀야 했다. 나는 간호사 일을 병행하면서 독학으로 고교 졸업장을 따냈고 오랜 도전 끝에 의대에 입학했다. 지나고 보니 정말 힘든 시절이었다. 매일 엄격한 틀에 맞춰 생활했고, 실습과정 때도 학비를 벌기 위해 주말마다 따로 간호사로 일했다. 10년 전 일반사면을 통해 정식 거주허가를 받았지만, 작년까지만 해도 네덜란드 여권이 나오지 않아 학자금 대출을 받는 데 굉장히 애를 먹었다.

작년에 의대를 졸업한 나는 예전에 간호사로 일했던 바로 이 병원에서 내과 전공의로 근무하고 있다. 응급실부터 외상 후 스트레스병동과 소아청소년외과까지 5개 병동을 두루 담당하는 완벽한 학습 환경에서 좋은 의사가 되기 위해 늘 최선을 다하고 있다. 지금은 전문의 자리를 두고 나보다 경험 많고 이력도 훌륭한 후보자들과 경쟁 중이다. 게다가 먼 길을 돌아오느라 나이까지 훨씬 많지만 말이다.

인내하고 전진하라, 그리고 꿈꿀 자격이 없다는 생각은 꿈에서조차 절대로 하지 마라.

이 말은 6년 전 내 병동에서 만난 할아버지로부터 받은 인생 교훈이다. 이후 나는 그 할아버지를 만나지 못했다. 다만 그분이 어떻게 지내고 계시는지 너무도 궁금하다.

그분께 내가 해냈다는 걸 꼭 알려드리고 싶다. 그리고 내가 이렇게 성공할 수 있었던 원동력의 일부는 그때 당신이 건넨 응원과 격려 덕이었다는 인사도 꼭 전하고 싶다.

갑자기 숨을 거둔
딸의 죽음을 밝히기 위해

|

쇼아입 아민 Shoaib Amin(심장내과 전문의)

아름다운 봄날 아침, 어느 부모에게서 이메일 한 통을 받았다. 읽어 내려가는데 절로 눈물이 맺혔다. 불과 2주 반 전쯤, 열일곱 살 딸이 사망했다는 내용이었다. 그야말로 난데없이. 이메일에는 그날 일에 대한 길고 상세한 이야기가 담겨 있었다.

평소 스포츠를 즐기던 엘린은 문제의 토요일에 하키를 하러 나갔다. 게임을 마치고 난 후엔 유소년 팀의 심판을 맡았다. 사실 그 일은 엘린이 썩 내켜 하지 않았다고 한다. 그런 다음 엘린은 식사를 한 뒤 단짝 친구와 함께 영화관에 갔다. 집에 돌아와서는 소파에 앉아 부모와도 잠시 담소를 나누었다. 내가 한 번도 본 적 없는 이 소녀의 마지막 시간이 눈앞에 선명하게 펼쳐졌다.

부모는 시험을 앞둔 딸이 다음날 오전까지 늦잠을 자겠거니 생각했다고 한다. 일요일 한낮이 되어도 아래층으로 내려오지를 않자 엄마가 2층 딸의 침실로 올라갔다. 곧이어 엄마의 비명이 들려오고, 아빠와 오빠가 서둘러 엘린의 침실로 들어갔다. 그게 그들이 본 엘린의 마지막이었다. 엘린은 자기 침대에서 사망한 채 누워 있었다.

내게 첫 이메일을 보낸 지 얼마 지나지 않아, 엘린의 부모가 진료실로 찾아와 그 얘기를 다시 풀어냈다. 갖가지 감정이 가득 실려 있었지만 놀라우리만치 상세한 내용이었다. 추리소설의 형사들처럼 그들은 해답을 찾고 있었다. 그날 있었던 일의 퍼즐을 맞추기 위해 그들은 필사적이었다.

무엇이 잘못되었던 것일까? 아니면 부모가 뭔가를 잘못했던 것일까? 그들이 가진 의문은 크게 두 가지였다. 우선 하나는 '왜 젊고 건강하던 딸이 아무런 예고도 없이 갑자기 사망했을까?' 나머지 하나는 '열아홉 살 된 아들도 모종의 건강상 위험에 처해 있는 건 아닐까?' 하는 걱정이었다.

지역 병원에서 실시한 부검에서는 정확한 사인이 나오지 않았다. 엘린의 심장은 완벽히 정상이었다. 원인은 유전적 요인일 가능성이 컸기 때문에 부모는 우리에게 검사를 시행해 달라고 요청했다. 우리는 우선 취침 중 급사와 연관될 만한 유전자들부터 시작해, 심장 부정맥과 관련된 유전자, 그리고 마지막으로 조기 발병 심근경색 증상에 대한 유전인자들까지 전부 다 살펴봤다. 하지만 아직까지도 아무런 소득이 없다. 현재 우리는 2,000개 넘는 엘린의 유전자와 부모의 유전자들을 상호 비교하고 있다. 부모와 우리는 이 조사를 포기하지 않을 것이다.

나는 그 부모를 돕기 위해 여력이 닿는 한 모든 것을 할 각오가 되어 있으며, 우리가 답을 줄 수 있길 진심으로 바란다. 어떻게 그런 불행이 일어났는지를 알아내는 게 그 부모에게 얼마나 중요한지 마음 깊이 헤아리기 때문이다. 설령 그 과정에서 그들의 아들이 노출된 위험 요소가 밝혀지더라도 말이다. 게다가 한동안 그 동네 모든 부모들이 한밤중 자기 자녀를 깨워 생사를 확인하거나 부모 옆에서 재우곤 했을 만큼 엘린의 사망이 지역사회에 끼친 충격도 만만치 않았다.

비탄에 빠진 부모를 상대할 때가 종종 있지만, 누군가의 곤경에 이토록 마음 아팠던 적은 없다. 떠올리기조차 고통스러운 가슴 아픈 이야기를 되풀이하면서까지 자신의 의사와 감정을 전달하려 애쓰던 부모였기에 마치 내가 그들의 집, 엘린의 침실에 있는 듯한 착각마저 들었다. 그들의 말 속에 담긴 실존적 의미와 처절하도록 끈질긴 탐색을 도저히 외면할 수가 없었다.

그들이 보낸 첫 이메일을 읽고 집으로 귀가하던 그날 저녁, 얼른 가서 아내를 껴안아 주고 싶은 마음을 억누를 수가 없었다. 내 아버지는 내가 태어나기 직전에 돌아가셨다. 사인은 밝혀지지 않았다. 그리고 한 달이 지나면 나는 아버지가 된다. 열심히 일하는 것, 그리고 성공을 위해 매진하는 것도 중요하지만, 사랑 속에서 매일을 살아가는 일만큼 소중한 건 없다.

오랜 기간 감정적인 측면은 되도록 차단하고 지냈다. 아마도 의사로서 주로 보는 것이 비극이기 때문인지도 모른다. 일종의 자기보호 본능이랄까. 그래서 환자들과도 감정적 거리를 늘 유지해왔다. 한데 이 부모들은 그 장벽을 뚫고 들어와 내게 중요한 깨달음을 남겼다. 사랑하는 것은 잃기도 쉽다는 가혹한 진실을 말이다.

폭우가 쏟아지는 밤,
주유소에서 만난 소년

|

카스퍼 반 아이크 Casper van Eijck(종양외과 전문의)

언젠가부터 낯빛이 노랗게 변해버린 그녀가 정밀검사를 받고 난 뒤 나와 마주앉았다. 전통 의상을 입은 모로코 출신 여인이었다. 그녀의 종양은 다행히 췌장 끄트머리에 있어서 수술로 쉽게 제거할 수 있었다. 췌장암치고는 꽤 드문 경우였다.

이 내용을 그녀에게 설명해야 하는데, 문제는 그녀가 네덜란드 말을 전혀 할 줄 모른다는 데 있었다.

그녀의 아들이 따라 들어와 통역사로 나섰다. 그러다 보니 내가 전해주는 모든 정보가 간접적으로 전달될 수밖에 없었다. 대화에도 지체를 초래했고, 내 말도 어쩐지 비중 있게 옮겨지는 것 같지 않았다. 그녀의 얼굴에 당최 아무런 감정이 드러나지 않았으니까. 아마도 소년이 단어 선택에 신중을 기하느라 그랬던 것도 같다. 아무튼 첫 진료 때 받은 인상으로는 아들이 엄마를 꽤나 열심히 보호하고 있구나 하는 점이었다.

6시간에 걸친 수술이 끝난 뒤 나는 소년에게 전화로 수술이 매우 성공적이었다고 전했다. 아들은 엄마가 입원한 병실로 곧바로 돌아왔다. 소년은 엄마의 식사며 갖가지 수발을 들으면서, 엄마 주변에서 들리는 모든 얘기를 일일이 통역했다. 나는 소년과 지속적으로 연락을 취하며 수술 후 진행 상황과 회복 가능성에 관해 단계마다 상세히 일러주었다.

퇴원 후 두 사람은 정기검진 차 3개월에 한 번씩 외래 클리닉에 와서 진찰을 받았는데 그때마다 아들이 항상 엄마를 모시고 왔다. 그들은 진료시간이 늘어진다고 불평하는 법도, 대기 순번이 길다고 짜증 내는 법도 없었다. 태도만 봐도 그 두 사람이 얼마나 진심으로 감사하는지 알 수 있었다. 우리는 많은 것들이 그저 당연시되는 사회에 살고 있지만 두 모자에게는 오직 감사함만이 가득했다. 진료 결과를 들을 때면 유난히 초롱초롱해지던 소년의 눈빛을 잊을 수가 없다.

어느 날 밤 나는 운전 중 갑자기 연료가 떨어져 인근 주유소로 급히 차를 밀고 들어갔다. 자정 직전이었고 폭우가 쏟아지던 밤이었다. 서둘러 안으로 들어가 지갑을 뒤적이며 고개를 들었는데, 그 소년이 계산대 앞에 서 있는 게 아닌가. 소년은 아르바이트 중이라며 엄마를 부양하느라 일을 하고 있다고 말했다. 진작부터 그의 태도에 깊은 인상을 받은 터였지만, 그 모습을 보고나니 울컥 눈물이 쏟아질 것 같았다. 허름한 주차장에서 방과 후 아르바이트 자리를 얻어 밤늦게까지 일을 하는 그 소년에게서 엄마에 대한 극진한 사랑이 느껴졌다.

유럽 사회에서 모로코 출신 소년은 종종 불량배로 인식되곤 하지만 이 소년은 전혀 달랐다. 그가 거기 서 있는 모습을 보자마자 내가 이제껏 품고 있던 모든 편견이 사르르 녹아내렸다.

이 소년의 모범을 따른다면 좋을 텐데, 싫은 사람들이 너무 많은 요즘이다. 나이든 환자들은 대부분 병원에 혼자 오고, 바쁜 자식들은 겨우 짬을 내 밤늦은 시간에 긴 질문을 담은 이메일을 의사에게 보내고선 당장 답을 달라고 재촉하는 세상이다.

그 소년에게 아버지는 어디 계시는지, 형제나 누이는 있는지 한 번도 물어본 적 없다. 아마도 모자 단둘이 살고 있으려니 짐작만 할 뿐이다. 소년도 딱히 얘기한 적이 없다. 환자들에게도 밝히고 싶지 않은 사생활이 있다. 자진해서 얘기하지 않는데 굳이 채근할 필요는 없는 내용이다.

최근 나는 그 소년에게 참 잘하고 있다고, 엄마에 대한 애정 어린 보살핌을 보면서 존경심이 든다고 말해주었다. 그는 내 찬사를 고맙게 받아들이면서도 겸손한 태도로 전혀 특별한 일이 아니라고 답했다.

내 부모님은 이미 돌아가셨다. 그래서 소년의 이런 마음에 내가 더 감동을 했는지도 모른다.

요즘 젊은이들은 왜 그 소년 같지 않을까? 부모님의 건강이 다른 어떤 것보다 더 중요하고 우선순위에 놓이는 문제가 아니란 말인가? 이제 두 모자는 1년에 두 번씩만 병원에 온다. 다행히 엄마의 건강이 많이 회복되었기 때문이다. 하지만 나는 앞으로 그곳에서만 주유를 할 생각이다. 그날 밤 소년이 일하던 그 주유소 말이다.

내 인생 항로를 바꿔준 환자

|

크리스 브라운Chris Braun(내과 전문의)

아주 평범한 노인이 파자마 차림으로 침대에 앉아 있었다. 밤새 잠을 설친 듯 매우 지쳐 보였다. 내 모습 역시 그와 별반 다르지 않았다. 졸업을 앞둔 젊은 예비 가정의로, 아이들의 귓속을 들여다보고 콧물을 닦아주느라 주말 내내 기진맥진한 상태였다.

그의 아내로부터 호출을 받은 건 새벽 5시 무렵이었다. 몇 번째일지 모를 무수한 호출에 시달리느라 전날 밤 한숨도 못 잤기 때문에 드디어 눈을 좀 붙여보려던 찰나였다. 가보니 그는 전에 앓았던 신장결석과 유사한 간헐적 통증을 호소하고 있었다. 당장은 통증이 가라앉은 상태였지만 노부부는 검사를 받아보고 싶어했다. 나는 무엇보다 잠을 좀 자야 했으므로 몇 시간만 기다려

줄 수 있겠냐고 물었다.

노부부는 그러마 했고, 일요일 아침 9시 반에 다시 그의 방문을 두드렸다. 평소 하던 대로 그의 등 아래쪽을 두드리고 가슴을 만져보기도 했지만, 그는 별 반응이 없었다. 이미 통증이 가신 듯했다. 분명 이상하다고 할 만한 게 전혀 없었다. 혹시나 해서 소변 검사라도 받는 게 좋을 것 같아 일반 가정의에게 가보라고 권했다. 그러고 나서 문손잡이에 손을 얹고 막 나가려는데, 내 머리카락이 쭈뼛 서는 말을 그가 불쑥 꺼냈다.

"여기 이상하게 고동치는 게 뭐죠, 선생님?"

나는 몸을 돌려 그가 손으로 가리키는 배를 응시했다. 내 왕진 가방이 바닥으로 툭 떨어졌다. 그게 문제라는 것을 순간적으로 직감했다.

박동이 느껴지는 그의 배에 내 손가락을 갖다 대고 크기가 몇 센티미터나 되는지 가늠하기 위해 꾹꾹 눌러보았다. 그것은 도저히 모를래야 모를 수가 없는 대동맥류였다. 몸의 가장 큰 동맥이 풍선처럼 부풀어 오르는 증상이다. 그의 증세를 감안할 때, 시시각각 커지고 있는 게 틀림없었다. 이런 유형의 대동맥류가 터지면 답이 없다. 나는 즉시 지역 병원 심장혈관외과 전문의에게 전화를 걸었다. 그는 마침 수술 중이어서 외과 스태프 한 명이 대신 전화를 받았다. 나는 내 진단명을 설명했고, 수화기를 통해 그 전문의가 외치는 소리가 들렸다.

"환자를 이쪽으로 보내라고 해. 아마 별거 아닐 거야."

그날 오후, 그 전문의가 내게 전화를 걸더니 찬사를 쏟아부었다. 수술은 성공적이었고, 환자도 잘 회복되고 있다며 정말 잘했다고 말이다. 환자가 죽기 전에 이런 진단을 내리는 것은 그리 흔한 일이 아니라고 했다.

하지만 정작 나 자신은 전혀 자부심을 느낄 수가 없었다. 그저 부끄러움과 안도감만 들었다. 황소 뒷걸음에 쥐 잡는 격으로 운이 좋았던 것뿐이다. 게다가 하마터면 수면 부족으로 간과할 뻔했으니. 오히려 그 환자가 나를 구해주지 않았더라면, 내 이력서상 최악의 오점을 남겼을 것이다. 그렇지만 아무에게도 이 창피한 일을 차마 꺼내놓을 수 없었다. 다들 내가 진단을 잘해서라며 칭찬을 아끼지 않았기 때문이다. 그날 내가 과로 때문에 결석으로 대충 넘겨짚고 추가 검사조차 하지 않으려 한 것에 대해선 도저히 변명의 여지가 없다는 이야기를 내 동료들조차 구태여 들으려 하지 않았다.

어언 40년 전 일이다. 그때는 금요일 밤부터 월요일 아침까지 주말 당직을 선 뒤 곧바로 수술실로 직행하곤 하던 시절이었다. 거기서 초래될 수 있는 복합적 위험을 대놓고 불평할 수도 없었지만, 이 직업 고유의 영웅적 특성이려니 감수하며 견뎠다. 하지만 그때 나는 의사로서 나의 미래가 불가피하게도 일정 기간의 수면 부족을 초래하고, 급기야 생사가 달린 상황에 종종 놓일 수 있다는 것을 절감했다. 그건 내가 도저히 감당할 수 없는 일이라는 판단이 들었다. 졸업을 한 달여 앞두고 있던 나는 학위를 마치자마자 뒤도 안 돌아보고 의사직을 그만둔 다음 산업 독성학자의 길로 들어섰다.

사실을 말하자면, 나는 이미 일반 가정의가 내게 맞지 않는다는 걸 알고 있었다. 다만 스스로 인정하지 않았을 뿐이다. 그때 그 환자가 내 등을 떠밀어주기 전까지는. 실수할 뻔했던 그 일이 나의 진로 변경에 얼마나 결정적인 요인이었는지는 한동안 함구했다. 그 탓에 주변 사람들도 나를 이해하느라 굉장히 애를 먹었다. 일반의 생활을 이어갔더라면, 아마도 난 기진맥진하다 끝났을 것이다. 하지만 다행히 그분이 날 구해주었고 내가 밟을 인생 행로까지 급선회시킨 것이다.

견디기 힘든 일들
|

에두아르 베르하겐Eduard Verhagen(소아청소년과 전문의)

아기는 태어날 때부터 팔과 다리, 배, 온몸이 물집으로 뒤덮여 있었다. 한눈에 봐도 살아날 가능성이 희박했다. 피부 자체가 너무 연약하고 물러서 조금만 닿아도 살갗이 허물어졌다. 틀림없이 선천성 희귀 불치병이었다. 걸핏하면 염증반응을 일으키는 피부는 생명을 위협하는 세균성 감염에 노출되기 십상이었다. 잘 먹지도 못해 이전 병원에서 아기의 목에 급식 튜브를 삽입해 놓은 상태였다. 하지만 그게 다시 아기의 점막을 손상해 식도에도 온통 물집이 잡혔다.

생후 몇 주밖에 안 된 브리디는 이토록 온갖 끔찍한 고초를 겪고 있었다. 붕대도 계속 갈아줘야 했는데, 그마저 끔찍한 아픔을 수반하는 일이라 매번 마취를 해야 했다. 우리는 부모에게 아이를 치료할 아무런 방도가 없다고, 아기는 결국 죽게 될 거라고 알리는 수밖에 없었다. 우리가 할 수 있는 건 그저 생명을 연장시키고 고통을 조금이나마 경감해 주려 노력하는 일뿐이었다. 부모는 크게 낙담하며, 욕조 안에 있는 브리디의 사진을 보여주었다. 따뜻한 목욕은 대부분의 아기들이 좋아하는 놀이지만 브리디에게는 그마저 고문일 따름이었다. 목욕조차 맘껏 할 수 없다니, 도대체 이런 삶이 어디 있냐며 부모는 울었다.

어느 날 부모는 내게 가슴이 미어지는 질문을 조심스럽게 제기했다. 어차피 죽을 수밖에 없는 아이에게 이처럼 비참하게 고통의 시간만 안겨준다고 생각하면 도저히 견딜 수가 없다며, 아기를 더 이상 고문하고 싶지 않으니 안락사를 도와줄 수 있냐고 말이다. 의료팀 전체가 모여 이 문제를 논의했다. 그들의 요청은 전례가 없는 일이었다. 때문에 우리는 법적 한계를 고려하지 않을 수 없었다. 부모가 자녀의 생사에 관해 독단적 결정을 내릴 수 없다는 점 때문이었다.

우리는 지역 담당 검사를 만나 이 문제를 문의했다. 하지만 우리 얘기를 끝까지 다 듣고 난 뒤에도 그는 아무런 결정을 내려주지 않았다. "저는 답을 드릴 수 없습니다. 아이가 사망한 다음에만 제가 개입할 수 있습니다."라는 답변만 돌아왔다. 결국 우리는 부모에게 "안타깝게도 우리가 해드릴 수 있는 일이 없다"는 대답을 건넬 수밖에 없었다.

부모는 트럭 한 대 분량의 붕대를 차에 잔뜩 실은 채 아기를 데리고 병원을 떠났다. 브리디는 집에서 몇 개월 후 사망했다. 물론 편안한 죽음은 아니었다. 고통을 견딜 엄청난 양의 모르핀을 계속 늘려 투여하던 중 아기가 숨을 멈췄다고 한다. 그 소식을 전해 듣자 가슴에 분노가 일었다. 우리가 브리디와 부모에게 아무런 도움을 줄 수 없었다는 데 대해서. 이게 바로 의료계의 가혹한 전시 행정이 아니고 무엇이란 말인가?

우리는 다시 한번 그 검사와 만날 것을 요청했다. 그런데 그 사이 자리가 교체되어 후임자가 대신 만나겠다는 연락이 왔다. 그가 상황을 진단하기 위해 우리 병동으로 직접 찾아왔다. 그리고 만성 질환 소아들의 안락사를 직접 시행한 뒤 법무부에 그 사실을 신고했던 의사들의 선례에 관해 알려주었다. 모두 합해 22명으로, 각 사례에 대해 법무부는 적법한 행위로 판시했다. 즉, 의사들이 최선을 다했으며 죽음만이 아이의 고통을 끝낼 유일한 해결책이었음을 인정해준 것이다. 단 한 명의 의사도 처벌받은 적이 없었지만, 그 사례들이 외부에 공개된 적도 없었다. 우리가 진작 이 사실을 알기만 했었더라도….

일정 수준의 투명성을 도입할 시기가 왔다고 보기 시작한 법무부 측 입장 변화에 발맞춰, 우리는 연구 결과를 학술지에 싣는 다는 조건으로 관련 법률보고서를 열람할 수 있는 허가를 받았 다. 그 과정에서 이 문제가 국내외적으로 공론화되었고, 브리디 가 사망한 지 만 4년 만에 동일한 상황에 처한 많은 의사들이 참 고할 일종의 가이드라인인 국내규약을 마련하는 결실을 거뒀다. 그 연장선에서 회복 가능성이 없는 말기 질환 소아들의 고통을 가능한 한 덜어주기 위한 완화 치료까지 포함시킴으로써 이 규 약의 범위를 좀 더 확대해 나갔다.

브리디가 살아 있다면 지금쯤 열여덟 살이 되었을 것이다. 나 는 브리디의 부모와 지금까지 연락을 이어오고 있다. 그들은 브 리디를 자랑스러워 한다. 마땅히 그럴 만하다. 그 작디작은 아기 가 이렇게 크나큰 족적을 남기리라고 누가 짐작이나 할 수 있었 겠는가? 브리디가 몰고 온 변화는, 온전한 삶을 살 가망이 없는 많은 소아들의 처지를 우리 사회가 깊이 헤아려볼 수 있는 계기 를 마련해 주었고, 그 결과 이전과 분명한 선을 긋는 의미 있는 업적을 이뤄냈다.

평생토록 기억될 그 밤의 결혼식

|

레오니 바링가Leonie Warringa(내과 전공의)

패트릭은 30대 후반의 젊은 남자였다. 시시각각 위중해지고 있는 그의 병은 대장암이었고 이미 많이 전이된 상태였다. 곧바로 집중적인 화학요법 절차에 들어갔지만 첫 치료 후 중증 폐렴에 걸리고 말았다. 화학치료가 그의 면역체계를 공격해 체내 자연방어력이 크게 떨어졌기 때문이다. 우리는 각기 다른 세 가지 항생제를 투여하면서 가능한 한 많은 산소를 공급했지만 그는 점점 더 호흡을 힘들어했다. 기침을 하다 각혈을 했고, 혈압이 너무 낮아 기존 혈압계로는 잴 수조차 없었다. 아무리 애를 써도 전혀 차도가 없었다.

야간 당직이 있던 날이었다. 근무카드를 찍는데, 내 동료가 그에게 이야기하는 소리가 들렸다. 상황이 굉장히 안 좋다고, 어쩌면 다음날 태양이 뜨는 걸 못 볼지도 모른다고 말이다.

"아, 안 돼요. 지금은 아니야." 그가 말했다. 사건 지 8년이 되는 이번 주의 기념일에 여자친구에게 청혼할 계획이었다고 울먹였다. 그때까지 상황을 전혀 짐작도 못 하고 있던 여자친구는 옆에 앉아 울음을 터뜨렸다. 그 사이 친구들과 가족들이 하나둘 병원에 모여들기 시작했다. 그에게 마지막 작별인사를 건네기 위해서였다.

그 자리에서, 그가 청혼하고 그녀가 응낙한 사실을 모두가 전해 들었다. 이 소식은 삽시간에 병원 전체로 퍼져 나갔다. 깊게 감동한 우리는 재빨리 뭉쳤다. 그가 그토록 사랑하는 여인과 그날 밤 결혼할 수 있도록 돕자는 마음으로.

전화 교환수 중 한 명이 마침 알고 지내는 예식진행자가 있다고 말했다. 급히 연락을 취해보니, 다행히 그 사람이 받았다. 딸이 기말시험을 마치고 축하파티를 하던 중이라 그 시간까지 깨어 있었던 그녀는 한밤중 예식을 거행하기 위해 새벽 2시에 파티 장소에서 곧장 병원으로 왔다.

이제 충분한 증인들도 모였고 이 커플의 신분증도 준비되었다. 신부 친구들이 드레스와 하이힐, 반지도 얼른 가져다 놓았다.

응급실 스태프들은 병원에서 가장 좋은 방을 재빨리 식장으로 꾸며 모두를 그쪽으로 안내하고 싶어했다. 하지만 신랑이 수많은 의료기기에 묶여 있다시피 한 데다 병실을 나오기에도 기력이 많이 소진된 상태였다. 하는 수 없이 우리는 새벽 3시, 숨죽인 듯 조용한 작은 병실에서 예식을 치르기로 했다. 하객들이 빽빽이 들어찬 그곳에서 아주 특별한 사랑의 맹세가 울려 퍼졌다. 약 30명이 침상 주변에 모이고 각각 다섯 살, 세 살 난 이 커플의 두 딸도 아빠 곁에 앉아 있었다.

그날 밤, 예식 진행자의 요청에 따라 나는 사전에 결혼 의사를 미처 공증받지 못한 커플을 대신해 검사 사무실로 공식 서한을 써서 보냈다. 예기치 못한 의료적 상황을 감안해 네덜란드 법적 요건상 예외를 인정해 달라고 요청했다.

다음날 당직을 인계받은 내 동료들도 이 소식을 듣고 다들 기쁨과 감격을 표했다. 우리가 다 같이 한 사람의 아름다운 꿈을 실현하는 데 일조했다는 뿌듯함 때문이었다.

패트릭은 그날 밤을 무사히 넘겼고, 다음날 신부와 함께 떠오르는 태양을 맞았다.

뜻밖의 결혼식이 그에게 힘을 주었던 것일까? 일주일 하고도 사흘 후, 그는 그녀와 함께 집으로 돌아갔고 5개월을 함께 더 살았다. 그것도 정식 남편 자격으로. 그들의 결혼이 마침내 법적 승인을 받은 뒤였으니까 말이다.

10년 전 일이지만 이 기억을 떠올릴 때마다 그날 밤의 감정이 홍수처럼 밀려온다. 이후 나는 의사의 역할이 단지 환자를 치료하는 데만 그치는 것이 아니라, 환자들이 삶의 의미 즉 존재론적 물음에 대한 답을 구하는 데에도 도움을 줄 수 있어야 한다는 사실에 새롭게 눈을 떴다. 잊을 수 없는 그 밤을 생각하면 그의 죽음으로 인한 가족의 슬픔도 조금은 덜어지지 않을까?

최근 그의 아내에게 전화를 걸었다. 그녀가 그의 성을 대며 전화를 받았다. 코끝이 찡해졌다. 용감하게 병마와 싸우면서도 두 딸을 곁에 두고 행복하게 지냈을 그의 모습이 눈앞에 그려졌다. 아빠는 이제 곁에 없지만, 아빠의 성을 간직하게 된 강인한 엄마와 두 딸의 모습도.

제때 브레이크를 밟는 용기

|

마르셀 레비 Marcel Levi(내과 전문의)

그는 활력 넘치는 40대 중등학교 교사였다. 별로 아파본 적 없는 그였지만 한동안 유난히 피곤함을 느꼈다. 그는 그러다 말겠지, 하며 별다른 주의를 기울이지 않았다. 그런데 어느 날 갑자기 코피를 쏟기 시작하자 검진을 받기 위해 병원을 찾아왔다. 진단 결과 급성 백혈병이었다. 화학치료 요법이 시급했다.

나는 모든 것이 비교적 순조롭다고 보았다. 감염이나 심각한 합병증도 없었다. 구토도 경미했다. 하지만 그는 이 모든 치료를 끔찍하게 여겼다. 병세가 호전되는 듯싶더니 3개월 후 재발했다. 유일한 선택지는 곧바로 화학치료를 재개하는 것이었지만, 암이 그렇게 빨리 재발할 경우 생존 확률은 10퍼센트 아래로 떨어진다. 많은 환자에게 그 수치는 치료를 지속할 이유가 되지만 그에게는 아니었다.

그의 반응은 단호했다. 단번에 "싫습니다."라고 그는 답했다. "다신 안 해요. 내 나머지 삶을 이런 질병의 그늘 속에 흘려버리긴 싫습니다."

그는 젊었고 아직 살아갈 이유가 많았기에 우리는 그게 과연 옳은 결정인지 의구심이 들었다. 당시 나는 아직 수련의에 불과했지만, 내 주위 의사들은 그의 이 말에 반기를 들고 나섰다. 그가 임상적으로 깊은 우울감에 빠져 있고 올바른 정신 상태가 아닐 수 있으니 정신과 의사를 만나게 해야 한다고 제안했다.

그러나 그는 자기가 치료를 거절하면 어떻게 되느냐고 나에게 단도직입적으로 물었다. 내 대답은 "더 이른 죽음을 맞게 되겠지만, 가능한 한 오래 당신이 잘 버틸 수 있도록 돕겠다"였다.

그 이후 몇 개월간 그를 자주 보았다. 그는 여자친구와 함께 가고 싶었던 방문지 리스트를 작성한 뒤 여행을 떠날 때마다 내게 들렀고, 나는 그때마다 그에게 수혈을 해주고 활력을 높여줄 자극제를 몇 가지 처방해 주었다.

그는 4개월 후 사망했다. 그 4개월은 그가 자신의 삶을 최대한도로 누린 기간이었다. 나는 후에 그의 여자친구와 이야기를 나눴다. 그녀는 그와 함께 한 멋진 시간 덕분에 그를 잃은 슬픔이 조금은 덜어졌다고 말했다.

병원에서는 그가 치료를 거부한 것을 두고 미친 짓이라고 생각했다. 나중에 가서야 깨달은 사실이지만, 우리는 그를 순전히 의료적 렌즈를 통해서만 바라봤다. 우리 눈에 심각한 부작용이 없다는 건 화학치료 요법이 성공했다는 뜻이었지만 그는 우리와 정반대 견해를 가지고 있었다.

의사로서 우리는 종종 치료가 환자에게 미치는 영향을 과소평가한다. 일주일에 두 번씩 병원을 방문하고, 혈액검사를 받고, 다시 진료예약을 잡고 며칠 괜찮은 나날을 보낸 뒤 또 모든 것이 처음부터 반복되는 일 말이다. 그 모든 걸 거치는 동안 시간은 쉼 없이 재깍재깍 흘러간다. 나는 거기서 궁금증이 일었다. 생존자, 즉 환자와 그 곁을 지킨 사람들이 그들의 전 인생에서 그때를 나중에 어떻게 회상하게 될까?

우리는 흔히 마지막 순간까지 병마와 싸우다 간 이들의 용기를 상찬한다. 그런데 곰곰이 생각해보면, 질병과 싸우는 것만이 최선일까? 의사들은 항상 '치료 모드'에 있다고 할 만큼 치료에만 초점이 맞추어져 있다. 우리는 어떻게든 아픈 사람을 낫게 하도록 훈련받은 사람들이다.

하지만 우리가 기어코 목숨을 구해낸다 할지라도, 그렇게 해서 얻은 삶이 비참의 연속일 뿐인 사람들이 의외로 적지 않다. 이 남자는 치료가 항상 최선의 선택은 아니라는 냉엄한 현실을 들이밀며 우리와 정면으로 맞섰다. 그런 제안은 애초 내게서는 나올 수 없는 것이었다. 25년 전 그 당시, 뒤로 물러앉아 두 손을 놓는다는 건 의사들로서는 상상조차 못할 일이었으니까.

의사들은 단지 목숨을 구하기 위해서만 존재하는 게 아니다. 그러므로 말기 질환자들에게 용기 있게 말해야 한다. 다른 대안들도 있다는 점을, 치료를 포기하는 것이 때로 삶의 질을 높이는 방법임을. 요즘 들어 이 견해에 대해 전향적인 태도를 보이는 의사들이 많아지긴 했다. 그래도 여전히 많은 치료과정이 폭주 기관차 같다는 생각이 든다. 치료는 지속되어야 한다. 다만 환자들도 그 치료를 통해 자신이 어디에 봉착하게 될지 알 필요가 있다.

제때 브레이크를 밟아주는 것. 바로 이 점이 중요하다. 물론 그 순간을 우리가 올바로 짚어내기란 매우 어렵다. 오히려 환자들이 우리보다 더 먼저 알기도 한다. 환자들은 우리가 생각하는 것보다 더 많이 감지하고, 더 정확히 인지한다.

그는 신념을 지닌 남자였고, 자신의 결정을 밀어붙일 만큼 용감했다. 내 평생 결코 잊지 못할 환자였다.

"내일 새벽,
당신이 내 죽음을 목격할 겁니다."

|

아놀드 반 데 리어 Arnold van der Leer(간호사)

중년의 목축업자가 소를 매개로 한 질병에 걸려 병원에 격리 입원했다. 일명 파라티푸스Paratyphoid라는 심각한 장내 감염으로, 대개 오염된 우유가 주원인이다. 침대에 누워 있던 그의 모습이 아직도 기억난다. 그가 입원해 있던 병실 모습까지 생생하게.

항생제가 전혀 듣지 않아서 적절한 치료법을 찾아내는 데 꽹장히 애를 먹었다. 그는 구토와 고열, 만성 설사에 시달렸다. 장이 깨끗이 비워졌는데도 매시간 변기가 필요할 정도였다. 그 주 첫 야간 당직을 시작하던 날, 그가 자신을 소개하며 내게 이상한 예언을 했다. 내가 자신의 죽음을 목격하게 될 거라고, 그것도 7일 이내에 일어날 일이라고 강한 어조로 말했다.

나는 그 말을 대수롭지 않게 넘겼다. 상태가 좋지는 않았지만 그렇다고 위독하다고 할 만한 징후는 딱히 없었다. 농장이며 가족에 대해 잡담을 나누기도 했는데, 끝에 가선 얘기가 꼭 그 이상한 예언으로 빠지곤 했다. 그는 심지어 며칠 밤이 남았는지 하루하루 세어나가기도 했다.

내 마지막 야간 당직 날, 그는 침대 가에 서 있는 나에게 자신의 예언에 정확한 시간까지 덧붙여 일러주었다. 다음날 새벽 6시에 자신이 죽게 될 거라고 말이다. 그때부터 무서운 생각이 엄습했다. 설마 하는 마음에 내과 전공의에게 전화를 걸었다. 내 보고를 진지하게 받아들였는지 의사가 곧바로 와서 그를 진찰해봤지만 우려할 만한 점은 아무것도 없었다. 정말 걱정되면 다시 전화하라는 말을 남기고 그 의사는 돌아갔다.

그에게 매시간 변기를 가져다주어야 했기 때문에, 나는 계속 상태를 지켜보면 되겠다고 조금은 마음을 놓았다. 새벽 3시 무렵 그가 가슴이 죄어오는 것 같다고 말했다. 호흡은 정상으로 보였지만 나는 다시 내과의에게 전화를 걸었다. 그는 자다 말고 일어나 즉시 달려왔다. 환자를 면밀하게 진찰하고 그 자리에서 가슴과 폐 엑스레이도 찍어봤지만, 별다른 이상이 없었다. 다만 그가 숨을 좀 더 편히 쉴 수 있도록 산소만 보충해주고 의사는 병실을 나갔다.

6시 15분 전, 그가 나를 불렀다. 나는 변기를 들고 그의 병실로 향했다. 들어가 보니, 그가 침대 위에 모로 비스듬히 누워 요동치고 있었다. 눈은 벌써 위쪽으로 뒤집혀 있었다. 나는 그 자리에서 변기를 떨어뜨렸다. 얼른 비상호출기를 누르고 침대를 낮춘 뒤 심폐소생술을 시작했다. 내과의가 심폐소생팀을 대동하고 단숨에 뛰어왔다. 45분간 모든 노력을 다했지만 그를 구할 수는 없었다.

30분 뒤, 나는 당직 근무를 끝내고 집으로 돌아왔다. 40여 년 전의 일이지만 그때 내가 처한 마음 상태가 지금도 생생하게 되살아난다. 그렇게 허망할 수가 없었다. 의료기록상 그의 사인은 패혈증이었다.

환자가 자기 죽는 순간을, 그것도 마지막 1분까지 정확하게 예측한다는 것이 얼마나 기이한 일인가? 일주일 내내 그 죽음은 그에게 예견된 결론이었다. 그걸 나는 말도 안 되는 헛소리라고 무시했다. 이 이야기를 내 동료 중 누구에게도 털어놓지 못했다. 하지만 1981년 그날 밤 이후부터 나는 환자들의 감이나 촉을 좀 더 진지하게 받아들일 수밖에 없었다.

훗날 내가 마취 전문 간호사로 일하게 되었을 때 수술에 들어가기 전 환자들과 나누는 짧지만 집중적인 대화의 순간에도 유사한 상황을 종종 목격했다. 환자들이 자신의 몸을 상당히 잘 알고 있어서일까, 그들이 말하는 회복 가능성이나 수술 결과가 의료진의 예측보다 훨씬 정확하게 들어맞는 경우가 의외로 많았다.

의료진은 대개 환자의 예감이나 촉을 간단히 무시해 버리는 경향이 있다. 모든 것을 이성적으로만 재단하려고 든다

하지만 우리가 모든 것을 관장할 수는 없다. 아무리 최신 의료 지식과 정교한 의술로 무장한다 해도 말이다. 그때의 나 역시 환자 문제에 관한 한 의료진인 우리가 고수라 여겼고, 그 농부의 감염 역시 항생제로 물리칠 수 있을 거라 확신했다. 하지만 이제는 우리의 지식이나 신념보다 하늘과 땅 사이에 더 많은 것이 있다고, 때로는 우리가 설명할 수 없는 일들이 일어난다는 걸 믿는다. 중요한 또 한 가지가 있다. 그거 아는가? 그렇게 생각하는 것이 의료진에게도 적잖은 위로가 된다는 사실을.

외로웠던 한 소녀를 잊지 않기 위해

|

유고 에이만스 Hugo Heymans(소아청소년과 전문의)

소녀는 자기 집에서 멀리 떨어진 우리 병원에서 하루 종일 혼자였다. 부모가 일주일에 한 차례 2시간 거리인 드렌터Drenthe에서 이곳 암스테르담까지 찾아오는 게 전부였다. 나머지 시간에는 늘 혼자 보냈다. 아직 어린 미취학 아동이, 그것도 독방에서 말이다. 그 모습이 지금도 눈에 선하다. 소녀는 심각한 상태였다. 간이 담즙을 생성하지 못해 심각한 황달이 왔고 참기 힘든 가려움증과 다른 여러 합병증까지 가세했다.

소녀는 당시 소아청소년과 전문의 자격을 따기 위해 공부 중이던 내가 담당하는 환자였고, 나는 그 소녀에게 유달리 정이 갔다. 그때는 병원 근처에서 살고 있었기 때문에 매일 저녁 소녀에게 들러 "잘 자."라는 인사를 했다. 병원에 가지 않는 휴일이면 전화로라도 인사를 건넸다. 그렇지 않으면 소녀도 잠자리에 들지 않았다. 소녀는 사람들에게 자기에겐 엄마와 아빠, 남동생 그리고 휴고가 있다고 말하고 다녔다. 그만큼 소녀에게 나는 이미 가족의 일원이었다.

그러던 어느 날 소녀의 상태가 갑자기 나빠졌다. 그날이 토요일이었던 것으로 기억한다. 소녀의 침상 옆에 서서 든 생각은 이것뿐이었다. '오, 하느님, 이건가요. 아이가 결국 죽는 건가요?' 나는 복도를 내달려 내 교수님 방문을 벌컥 열고 들어가서 눈물을 쏟았다. 회의 중이었는지, 방안엔 정장 차림 어른들이 모여 앉아 있었다. 대학병원 감사회 인사들이었다. 불쑥 나타나 울음을 터뜨린 내 태도가 교수님을 난처하게 만들었다고 직감했지만 아니었다. 교수님은 그 자리에서 벌떡 일어서더니, 팔로 나를 감싸 안고서 소녀가 있는 병동으로 함께 와주셨다. 마침내 소녀의 침상 곁에 선 교수님이 소녀를 보고는 곧 내 생각에 동의를 표하셨다. 내가 왜 그랬는지 알겠다고, 내 생각이 맞다고, 소녀가 살아날 가망이 없는 것 같다고. 소녀는 그날 사망했다.

나는 소녀의 장례식에 참석했다. 소아청소년과 전문의로 살아온 내 긴 이력에서 극히 드문 일이었다. 40년 전이지만, 그날의 기억은 내 머릿속에 깊이 새겨져 있다. 수간호사와 함께 차를 타고 드렌터 주 웨스터보크라는 작은 마을까지 내려갔다. 그 마을은 내게 고통스러운 기억을 상기시키는 곳이었다. 2차 대전 당시 내 부모님, 형제와 누이가 집단수용소로 이송되기 전 감금되었던 곳이기 때문이다. 마을 병원에 도착하자 연단을 갖춘 작은 홀로 안내되었다. 발걸음을 들여놓는데, 소녀의 아버지가 나를 맞이하며 이렇게 말했다. "와서 보세요. 관이 이쪽에 있어요."

거기 단 아래 소녀가 누워 있었다. 만 1년 여 동안 하루도 빼놓지 않고 "잘 자."라는 인사를 건네던, 일부러 자전거까지 타고 가서 얼굴을 보고 왔던 꼬마가 영원히 잠들어 있었다.

당시 어린 딸아이 아빠가 된 지 얼마 되지 않았던 나는 또다시 눈물이 차올랐다. 오랜 시간이 지나서도, 그날 소녀의 무덤가에 서 있던 내 모습이 떠오른다. 어느 나무 아래였다. 열심히 예쁜 지점을 찾아냈다고 소녀의 아빠가 말했었다. 그러고는 내 어깨에 손을 둘러주었다. 마치 그가 나를 위로하는 것처럼.

어린 소녀와의 만남, 그리고 그 아이의 죽음을 목격한 것은 나를 의사로서 거듭나도록 만들었다. 당시 좋은 의사가 된다는 건 감정을 최대한 자제하는 것을 의미했다.

하지만 만약 의사가 하는 일이 거기에서 멈춘다면, 이 직업의 핵심을 놓치는 것이라는 생각이 들었다. 의료행위는 단순히 거래가 아니다. 그러므로 의사는 환자가 무슨 일을 겪고 있는지 공감을 갖고 이해해야 한다.

장례식이 끝난 뒤, 소녀에 관해 부모와 긴 시간 동안 이야기를 나누었다. 그들이 꿋꿋하게 잘 견뎌내길 바라는 마음에서였다. 그 부모에게는 내가, 소녀의 마지막 1년 남짓이 어땠는지 그나마 상세히 알고 있는 몇 안 되는 사람이자 소녀가 병원에서 안전하고 편안하게 지냈으되 그 무엇으로도 소녀를 구할 방도가 없었다는 사실을 확신시켜 줄 유일한 사람이었기 때문이다.

소아청소년과 전문의 자격을 갖추고 난 뒤 나는 그해에 사망한 모든 아이의 부모들을 불러모으는 12월의 만남을 매년 이어나가고 있다. 그 소녀와 부모를 기억하는 나만의 방식이다. 그동안 어떻게 지냈는지 서로의 안부를 확인하고, 또 부모로서 최선을 다했다는 믿음을 잃지 않도록 돕기 위해서다. 소녀의 죽음은 그러한 지지가 얼마나 중요한지를 진지하게 깨닫는 계기가 되었다.

자녀의 사망은 심적으로 받아들이기가 매우 힘든 고통이다. 그 과정을 지켜보는 의사로서 우리가 할 수 있는 일은 부모들이 남은 삶을 잘 지탱해나갈 수 있도록 최선을 다해 돕는 것이다.

말기 암 환자가 된 나의 엄마

|

이렌 코닝 Irene Koning(부인과 전공의)

1년 반 전, 그녀는 난생 처음 응급실에 실려갔다. 일요일 밤, 조깅을 하러 집을 나섰다가 견딜 수 없는 복통으로 갑자기 쓰러졌다. 검사결과 장을 가로막고 있던 종양 때문이었다. 그런데 막상 수술에 들어가 보니 완전히 제거될 수가 없는 종양이었다. 정확한 결과는 3주 뒤에 나왔는데 자궁암이었다. 이미 말기였고 치료가 불가능했다.

그녀의 담당의는 아니지만(그녀는 지금 다른 병원에서 치료받고 있다), 의사로서 내 삶에 있어 결코 빼놓고 생각할 수 없는 환자다. 바로 우리 엄마이기 때문이다. 동료들에게 물어가면서 내 직업상 최선을 다해 엄마를 돕고 있지만, 엄마와 나 사이의 대화는 질병 같은 의과적 측면을 훌쩍 뛰어넘는 것들이다.

우리는 주로 불안감과 미래에 관해 이야기를 나눈다. 엄마는 당신 몸에 배신감을 느꼈다고 나에게 말하셨다. "어느 날 갑자기 내가 암 환자라니, 그리고 이제 남은 시간을 암 환자로 살아가야 한다니." 하시면서.

한번은 엄마에게 이렇게 여쭤본 적이 있다. 생각한 것보다 끝이 빨리 다가오고 있다는 사실을 알게 된 지금, 뭔가 다른 걸 하고 싶은 게 있느냐고. 엄마는 단호하게 답했다. 인생에서 원하던 모든 걸 이미 이루었다고, 그리고 매일 주어지는 나날이 이제는 반가운 선물이라고 말이다.

내가 정말 가치 있다고 여기는 건 바로 이런 대화들이다. 내 환자들과는 굳이 꺼내놓고 얘기하지 못하는 주제들이지만.

나 같은 젊은 의사들에게 환자는 그냥 환자일 뿐이다. 그들과의 대화도 주로 임상적인 문제에 국한된다. 감정이나 공감이 부족해서가 아니라 의사의 주된 관심이 환자를 진단하고 처방하는 일이기 때문이다. 그렇게 훈련을 받아야만 무슨 검사를 시행하고 어떤 진단을 내릴지 판단하고 과학적 사고 노선에서 이탈하지 않게 된다.

그런 내가 엄마를 통해 나는 다른 각도에서 환자들을 볼 수 있게 되었다. 엄마와 같은 질문거리, 비슷한 불안감을 공유하고 있기 때문이다.

내가 깨달은 또 한 가지는 암이 환자뿐만 아니라 가족, 배우자와 자녀, 동료들과 친구들에게까지 깊은 영향을 미친다는 점이다. 그들 모두가 본인 못지않은 영향을 받는다. 그리고 그들의 삶도 적지 않은 변화를 맞게 된다. 지금 그런 일이 일어나고 있는 우리 집처럼.

최근 한 환자의 병실에 들어서다가 그녀의 침대 곁에서 세 명의 아이들이 소리 내어 울고 있는 모습을 보았다. 그 순간 느닷없이 내 머릿속에 똑같은 상황이 나란히 펼쳐졌다. 불과 일주일 전, 다른 병원에서 두 명의 자매들과 내가 엄마 침대 곁에 그렇게 앉아 있었다. 하루는 의사로, 그 다음에는 딸로. 그때의 깨달음은 일에 임하는 내 태도를 바꾸어놓았다.

화학치료는 효과가 괜찮았다. 암을 완전히 이길 수는 없지만, 그래도 시간은 좀 벌은 셈이다. 엄마는 강하고 의지에 차 있으며 중심을 잃지 않으려 애쓰신다. 그런 엄마도 최근 삶의 고삐가 자신의 손아귀에서 느슨해져 가고 있다는 것을 느끼며 순간순간 불안감을 겪는 듯하다.

엄마는 내게 안락사 선언서를 봐 달라고 부탁하셨다. 다 같이 꼼꼼히 읽어 나가다 보면 기분이 한결 나아질 거라면서. 그 과정은 강렬하고 감정적인 토론이었다. 내가 최근 엄마와 나눈 수많은 대화와 마찬가지로.

엄마의 병상에서 주고받은 모든 대화가 지워지지 않는 흔적처럼 남아 있다. 엄마가 평소 말주변이 좋은 데다 스스로의 욕구나 감정, 경험을 유난히 잘 드러내는 편이어서 그럴까? 만약 내 환자들도 자신의 속내를 그렇게 명료하게 표현할 수만 있다면, 서로가 문제의 핵심에 좀 더 쉽게 다가가고, 나 역시 좀 더 나은 상황에서 그들을 도울 수 있지 않을까?

엄마에게(그리고 우리에게) 벌어지고 있는 일이 어떤 건지를 알고 나니, 비로소 환자 개개인을 둘러싼 인생이 보이기 시작했다. 이 깨달음은 나를 보다 나은 의사로 성장해 나가도록 인도해 준 첫걸음이었다. 그리고 앞으로 내가 내딛는 걸음마다 늘 힘을 실어줄 사람도 바로 우리 엄마다.

빈손인 채 홀로 떠나게 두지 마라
|

산데르 드 오손 Sander de Hosson(호흡기내과 전문의)

검사 결과 그의 폐 양쪽에 종양이 있었다. 다행스럽게도 수술 치료가 가능했다. 수술만 잘하면 씻긴 듯 괜찮아질 터였다. 하지만 외과의가 그의 왼쪽 폐 일부를 도려낸 후 무슨 이유에선지 출혈이 멈추지 않았다. 그 후 며칠간 우리는 알 수 없는 수수께끼에 봉착했다. 40대 초반으로 건강이라면 자신 있던 사람이었다. 그랬던 그가 도무지 응고되지 않는 피를 토해내고 있었으니까 말이다.

우리는 각지의 전문가들에게 그의 증상을 문의했고, 마침내 그가 자신의 혈소판을 공격하는 항체를 생성하고 있다는 사실을 알아냈다. 즉, 그의 몸이 자기를 공격하고 있었던 셈이다. 종

331

양은 그의 면역체계를 혼란에 빠뜨리는 물질을 생성해 총공세를 퍼붓고 있었다. 이 증상은 희귀하고 위협적이었다. 항체를 억제하는 다량의 약을 투여했지만 아무 소용이 없었다. 우리는 매일 그에게 혈소판을 새로 공급하기 위한 정맥주사를 놓았다. 혈액 응고를 도와줄 생명선이나 다름없었다. 하지만 그마저 전혀 효과가 없었다. 그는 이유 없이 피를 흘렸고 여기저기 멍이 들었으며 계속 피를 토해냈다. 그의 폐에서 뿜어져 나오는 피는 진한 붉은 색이었다.

나는 병동 신참내기 의사로 매일 회진 때마다 그를 만났다. 그의 아내가 남편의 침상을 지키고 있었다. 온종일 천진하게 노는 네 살짜리 딸도 곁에 있었다.

그는 내게 자신의 모든 희망을 걸었고 하루하루 점점 더 필사적이었다. 그는 내 손을 움켜잡고는 몇 번이나 간청했다.

"제발, 살려주세요. 저 좀 구해주세요. 아이가 자랄 때까진 아빠가 있어야 한다고요."

그의 증상은 국제 의학저널에 두어 차례 보고된 사례로만 남아 있었다. 물어볼 만한 교수들에게 죄다 연락을 취해보고 시약이란 시약은 다 써봤다. 하지만 우리가 더 이상 할 수 있는 일이 없었다. 상황이 그렇다 보니 그가 결국 살지 못할 거라는 생각이 들었다.

곁에 앉아 그의 호소를 들어주었지만 이제는 죽음이 불가피하다는 사실을 말하지 않을 수 없었다. 나는 가감 없이 정직하게 그가 처한 현실을 알려주었다. 그건 정말이지 두 번 다시 하고 싶지 않을 만큼 힘든 일이었다.

나는 환자들과 감정적 거리를 유지하려고 애쓴다. 일단 집으로 돌아가면 병원 일을 마음에서 내려놓지만 이 남자만은 그렇질 못했다. 그는 이 같은 사형선고가 언제라도 누구에게든 내려질 수 있음을 알려주는 냉엄한 증거였고, 게다가 아직 젊은 나이라는 사실은 이 사례를 더 두려운 일로 실감케 했다. 내게 전해져오던 그의 슬픔과 절망감은 11년 전이나 지금이나 똑같다. 그의 딸이 안아달라고 침대로 기어오르던 모습이 사진처럼 내 뇌리에 그대로 박혀 있다.

아이에게 아빠가 죽을 거라는 이야기를 어떻게 들려줘야 할까? 그들을 위로할 말을 어디서 찾아야 하나? 더 이상 할 수 있는 게 아무것도 없는데?

그는 결국 다가오는 죽음을 받아들였다. 그에겐 선택지가 없었다. 매일 그를 보러 가는 일이 두렵기만 했다. 무슨 말을 해야 하지? 하지만 적어도 그의 곁을 지켜야 한다는 것, 그리고 마지막 순간까지 그에게 귀를 기울여야 한다는 것만은 분명하게 인식할 수 있었다.

나아가 이 두 가지야말로 그를 보내며 내가 배운 교훈이자 지금껏 의사로서 지켜온 원칙이다. 내 직업은 의술이 전부가 아니며, 시간과 관심을 나눠주는 일이기 때문이다.

나는 그의 임종을 지켰다. 그가 피를 흘리며 죽어갈 때, 그가 슬픔을 느끼지 않고 편히 잠들 수 있도록 안정제를 투여하고 손을 잡아주었다. 그가 사망하자 모든 의료진이 모여 그에게 일어난 예측 불허의 현상을 논의하며 충격에 빠졌다. 그리고 이러한 문제 앞에서 의료진은 무엇을 해야 하는지, 서로의 생각을 공유하는 시발점이 되었다.

아무리 해도 답이 없을 때 의사는 어떻게 해야 하는가? 그걸 내게 가르쳐준 사람이 바로 그 환자였다. 정직하라. 경청하라. 그리고 무엇보다 환자를 절대 빈손인 채 홀로 떠나보내지 마라.

한없이 쓸쓸하고 외로운 인생

베르트 카이저 Bert Keizer(노인의학 전문의)

남미 수리남 출신인 그는 젊을 적 네덜란드로 와서 헤로인 중독에 빠진 후 전형적인 비극의 주인공이 되었다. 삶은 산산이 부서졌고, 폐에 농양이 생겼으며, 결국 HIV 감염에 이어 에이즈까지 걸려 여기로 오게 되었으니 말이다. 요양원은 이 도시의 온갖 절망적인 인간 삶들이 한데 모인 곳이다. 헤로인 중독 성매매업 종사자, 구제 불능의 알코올 중독자, 마약중독 노숙자 등 냉혹한 거리의 삶을 더 이상 감당할 수 없어 이곳 문을 두드릴 수밖에 없는 사람들 말이다.

거리를 전전하던 이들은 말이며 행동이 대개 거칠기로 유명하다. 하지만 이 사람은 아니었다. 놀랍도록 신사적이고 친절했으며 잘생기기까지 한 남자여서 처음 봤을 때부터 호감이 갔다. 거리에서 쌈박질하고 마약을 구하느라 젊은 시절을 다 보내고, 이제야 편히 쉬면서 인생을 느긋하게 보낼 데를 찾게 된 그였다. 이따금 그는 이곳 식구들을 위해 수리남 전통음식을 맛있게 요리해 대접하기도 했다.

하지만 스릴 넘치는 거리 생활은 아무리 파괴적이라 할지라도 여전히 유혹적이었던 모양이다. 짜릿한 흥분, 다채로운 사람들, 어찌 보면 현기증 나도록 그를 들뜨게 만드는 곳이었으리라. 반면 요양센터는 그의 말마따나 "엿같이 지루하기 짝이 없는 곳"이었다. 그래서 가끔 그는 시내로 되돌아가곤 했다. 도로 마약에 손대고 다시 또 병들고 하면서. 그러다 어쩔 수 없이 여기로 돌아오는 그에게 우리는 항상 빈방을 내어주었다. 여러 해 동안 이런 식이었다.

그러던 어느 날 자기 삶을 진지하게 회고하던 그가, 인생의 중요한 이정표들을 자신이 전부 지나쳐 버렸다는 사실을 불현듯 깨달았다. 아내도, 자식도, 직업도 없이 가족이라곤 어쩌다 한 번씩 찾아오는 형 한 명이 전부였다. 이제 더 이상 거리에서 살고 싶지 않았지만 그렇다고 겨우 50세의 나이에 여생을 이런 시설에서 보낸다는 것 역시 상상만으로도 치가 떨린다고 했다.

그는 내게 '죽기 위해' HIV 약 복용을 중단하겠다고 말했다.

하지만 죽음을 앞당기는 수단으로는 별 효과를 기대할 수 없었다. 상당히 오랜 시간이 걸릴 일이었으므로.

그러다 돌이킬 수 없던 그 저녁, 그의 방 창문이 활짝 열려 있는 걸 야간 당직 조장이 발견했다. 그 사이로 한 줄기 바람이 복도 쪽으로 불어왔다. 방은 텅 비어 있었다. 내려다보니 그가 건물 아래 덤불 사이에 구겨진 채 늘어져 있었다. 2층에서 그대로 뛰어내린 그는 너무나도 처참한 모습이었다. 이미 의식이 없었고, 뼈는 죄다 부러졌으며, 폐와 신장은 제 기능을 잃은 상태였다.

나는 병원에 입원한 그를 찾아갔다. 그는 산소호흡기에 의지한 채 중환자실에 누워 있었다. 내 생각은 온통 그에게 쏠렸다. 어떻게 하면 그가 여길 벗어날 수 있을까?

나는 병원 관계자에게 공식 회의를 요청했다. 그리고 의료팀과 법무팀이 다 모인 자리에 섰다. 그의 안락사 요청서가 공식적으로 문서화된 적이 없기 때문에 나는 단단히 마음을 먹고 논쟁에 임했다. "당신들은 그의 육체를 책임지지만 나는 그의 영혼을 책임집니다." 동료 의사와 병원 관계자들 앞에서 나는 그를 대신해, 그의 영혼까지 대변해내려 애썼다. 그를 기다리고 있는 유일한 미래는 고통과 불행뿐이라고 호소했다. 그의 형도 옆에서 내 탄원을 뒷받침해주었다.

그들은 진지하게 경청했고 마침내 바라던 대로 결론이 났다. 의사들도 그의 부상이 너무 광범위해 전반적인 회복이 불가할 거라고 판단했다. 그리고 바로 그날 오후, 모든 전원장치를 끄기로 결정이 났다. 이어 저녁 6시 30분, 그가 사망했다는 전화를 받았다. 그 소식에 갑자기 눈물이 터졌다. 평소 잘 우는 편이 아닌데도 말이다.

내가 그에게 다른 운명을 줄 수도 있었을까? 오래도록 곱씹었던 질문이다. 단언컨대 그가 죽길 바란 적은 단 한 번도 없었다. 오히려 그에게 특별한 애정을 느꼈다. 다만 쓸데없는 애정이었다고 자책한 적은 있다. '한 번도 그가 내게 도와달라고 한 적 없잖아. 그랬으니까 그 밤중에 혼자 뛰어내렸겠지.' 이런 생각이 여태 나를 괴롭히곤 한다.

죽기 전 나에게 들려주었던 그의 삶을 돌이켜 생각해본다. 열매 맺지 못한 이민자의 삶. 그는 학식 있고 성격도 좋은 멋진 사람이었다. 그런데 어쩌다 삶이 꼬여버린 걸까? 그의 형이 사망자의 소지품을 가지러 왔다. 작은 비닐봉지 안에 그의 삶이 다 들어 있었다. 그걸 본 순간 이런 깨달음이 들었다.

'아, 나의 행복이 나 혼자 잘나서 얻어진 게 아니었구나. 지금까지의 내 삶은 주변의 축복과 행운으로 가득 차 있었구나.'

생각이 거기에 미치자 한없이 슬퍼졌다.

로렐의 고통, 로렐의 용기

|

데임 샐리 데이비스 Dame Sally Davis(혈액종양내과 전문의, 영국 최고의료 자문관)

내가 처음 만났을 때 로렐은 이미 많은 걸 겪은 뒤였다. 아편 제로만 겨우 진정될 수 있는 통증 때문에 병원을 들락거리는 게 일상이 된, 이제 겨우 열 살 난 소녀였다. 학교에 들어가기도 전에, 앞으로의 삶 내내 그늘을 드리우게 될 겸상적혈구鎌狀赤血球(유전자 이상에 따른 헤모글로빈 단백질의 아미노산 서열 중 하나가 비정상적으로 변이해 적혈구가 낫 모양으로 변하는 현상. 이로 인해 악성 빈혈을 유발하는 유전병이 생긴다 — 편집자)질환이라는 유전성 혈액 이상을 진단받았기 때문이다.

나는 그녀가 커가는 모습을 죽 지켜보았다. 10대에서 아가씨로 예쁘게 성장했고, 그녀에 대한 내 존경심도 해가 갈수록 커졌다. 고교를 졸업하고, 대학 졸업장을 받고, 데이트하고, 사랑에 빠지면서도 로렐은 정기적으로 병원에 다녔다. 어떻게 그렇게 할 수 있었을까? 친구들은 춤추러 가고 술도 마셨지만, 그녀는 엄격한 규칙 속에서 생활했다. 추위를 최대한 피했고, 물을 많이 마셨으며, 통증을 유발하는 것은 무엇이든 삼갔다. 한번은 그녀가 스카프 없이 집을 나선 적이 있었다. 그날 찬 바람을 맞으며 정류장에서 버스를 기다리던 로렐은 턱부위에 살을 에는 듯한 통증을 견디지 못하고 결국 병원 신세를 지고 말았다.

하지만 경험이 쌓이면서 그녀는 점차 병에 대처하는 법을 스스로 깨우쳐 나갔다. 나는 감독 겸 파트너로 그녀의 뒤에서 노심초사하며 늘 엄하게 대했다. 로렐에게는 뭔가 특별한 것이 있었다. 삶 전체가 병의 지배를 받고 있는데도(그녀의 엄마와 남동생도 같은 질환을 앓았다), 그녀는 놀라울 정도로 침착함을 유지했다. 자주 주사를 맞아야 했기 때문에(수액과 진통제를 맞거나 혈액 채취를 하느라) 혈관이 남아나질 않았지만 그녀는 언제나 평정심을 잃지 않았다. 간호사가 수차례 혈관을 찾느라 헤매도 불평 한마디 없었다.

나는 그녀의 침대 끝에 앉아 종종 수다를 떨곤 했다. 삶에 대한 이야기뿐 아니라 죽음에 관해서도. 나는 젊은 나이에 남편을 잃었고 그녀도 남동생과 조카를 잃은 경험이 있었다. 매해 병원에서 그녀는 자신이 맞서 싸우고 있는 바로 그 병으로 죽어 나가는 사람들을 목격했다. 그녀가 알고 지냈던 사람들 그리고 종종 가까운 친구들까지. 영국에서는 웬만하면 죽음에 관한 언급은 피한다. 덮고 지낸다고나 할까. 하지만 우리 둘 사이에 그 주제에 관한 장벽은 전혀 없었다.

오랜 시간 나는 그녀가 견뎌내야 하는 고통의 정도와 범위를 제대로 이해하지 못했다. 첫 아이를 낳은 후 나는 처음 겪어본 출산의 고통을 떠올리며 그녀에게 "정말 끔찍했어."라고 말했다. 그러면서 그녀가 정기적으로 겪는 고통과 출산의 고통이 어느 정도 비교 가능한지 물었다. 그새 자신도 엄마가 된 그녀는 아무렇지도 않은 듯 이렇게 답했다. "비교 불가예요. 겸상적혈구 통증은 말로 다할 수 없을 정도니까요."

10대 때 로렐은 그 고통이 어떤 느낌인지 놀라운 예술 작품으로 승화시켜 선보였고 나는 이 그림을 젊은 의사들에게 강의할 때 종종 사용한다.

나는 유럽 최대 규모의 병원에서 겸상적혈구 질환 전문가로 일했다. 하지만 나에게 가장 많은 가르침을 준 건 바로 로렐이다. 그녀는 자신의 실존을 좌우하는 질병을 안고 평생 살아가야 하는 삶이 어떤 건지를 몸소 보여주었다. 참을 수 없는 고통을 꿋꿋이 견뎌내는 그녀의 모습을 보면서 용감하다는 게 진실로 무슨 뜻인지를 비로소 알게 되었다.

한번은 의대생들을 대상으로 한 강의에 그녀를 초빙했다. 그 자리에서 그녀는 질병과 고통이 자신의 삶에 미친 영향에 대해 이야기했다. 그날 나는 그녀에게 예비 부모가 유산을 선택할 수 있도록 겸상적혈구 질환을 미리 가려낼 산전 태아 검진이 필요하다고 생각하느냐고 물었다. 그녀의 대답은 단호했다. "그럼요, 어떤 아이도 제가 겪는 고통을 더는 겪어서는 안 됩니다."

그녀는 모든 어려움을 딛고 자신의 인생을 멋지게 꾸려나갔다. 대학 졸업 후 그래픽 아티스트라는 직업을 가졌으며, 아동도서를 집필했고, 배우자를 찾아 아이도 낳아 길렀다. 그녀가 가는 길엔 극기와 낙관만이 함께 했을 뿐, 비관 따위는 발붙일 틈이 없었다.

나는 재혼 후 병원 일을 그만두고 다른 곳에서 새로운 경력을 쌓아 나갔다. 그 사이에도 로렐과 나는 서로를 잊은 적이 없다. 내가 영국 최고의료 책임자에서 물러나던 날에도 로렐은 자신이 앓고 있는 병과 그녀 인생에서 내가 한 역할에 관해 감동적인 연설로 자리를 빛내주었다.

40년간 로렐의 의사로 살면서 지켜본 그녀의 모습, 나아가 그녀가 해낸 모든 일에 실로 무한한 자랑스러움을 느낀다.

평생 간직할 젊은 의사의 편지

|

앤서니 파우치 Anthony Fauci(면역학 전문의, 미 국립 알레르기전염병연구소장)

그가 우리 병원으로 온 건 어느 금요일 오후였다. 검역시스템을 갖춘 구급운항기 편으로 시에라리온에서부터 이송된 환자였다. 젊은 의사인 그는 대규모 에볼라 바이러스가 발생한 2014년 아프리카로 의료 지원을 떠났다가 변을 당했다. 그는 그 나라 북부 포트 로코Port Loko라는 위험지구의 한 병원에서 일하고 있었다. 어느 날 현기증을 호소하던 그가 갑자기 쓰러졌다. 혈액검사 결과는 최악이었다. 에볼라 환자들과 접촉을 통해 그 자신도 감염되고 만 것이다. 가능한 신속히 본국으로 이송해야만 했다.

도착했을 때 그는 아직 말하고 걸을 수 있었다. 하지만 얼마 안 가 병세가 급속도로 나빠졌다. 복합장기손상에 생명유지장

치까지 단 채로 명백히 죽음에 다가서고 있었다. 의사와 간호사들은 내게 그의 상태에 관해 일일 단위로 보고했다. 하지만 어떤 이유에서인지 그런 방식이 마음에 들지 않았다. 그들의 의견을 듣고만 있기보다 직접 뭔가를 해야만 할 것 같았다. 고민 끝에 스케줄 일부를 정리한 다음 나도 그 의료팀에 합류했다.

2주간 매일 헬멧과 고글, 각종 장비가 구비된 방역복을 입고 격리실로 들어갔다. 마치 달 착륙을 시도하는 우주비행사 같은 차림이었다. 매 교대근무 시간은 2시간 단위였다. 방역복을 입고 있는 것 자체가 진을 빼는 일이라 그 이상 지탱하기도 힘들었다. 게다가 리스크 역시 높다 보니 어쩌다 실수라도 저지르면 금방 위험에 노출되기 십상이었다. 그렇게 2주간, 나와 내 동료 모두가 극도의 긴장 속에서 그를 보살폈다.

벌써 5년 전의 일이고, 그때는 에볼라 바이러스에 대항할 약도 없었다. 그렇다 보니 우리가 할 수 있는 전부는 증상별로 대처하는 것뿐이었다.

그리고 우리는 결국 성공했다. 4주 후 그는 완전히 회복해 부모님이 있는 집으로 돌아갔다. 그 4주 동안 그는 내 헬멧에 난 작은 창을 통해 오로지 내 눈만 볼 수 있었다. 그가 회복 단계에 들어서면서부터 간단한 잡담을 나누기는 했지만, 여전히 나는 그에게 익명의 존재로 남아 있었다. 내가 누구인지 알아본 건 그가 집으로 돌아갈 때가 처음이었다. 집으로 돌아간 그는 지금껏 내가 간직하고 있는 감동적인 편지를 써서 보냈다.

편지에서 그는 매일 내가 와주길 기다렸노라고 고백했다. 헬멧 속의 내 미소가 자기에게 힘을 주었고, 함께 나눈 대화가 큰 기쁨이었다고 말이다. 헬멧에 가려졌던 그 사람이 누구인지 알게 된 지금, 그는 자신의 격식 없는 태도에 뒤늦게 부끄러움을 느낀다면서, 존경심을 갖고 예의를 차렸어야 한다는 후회가 들었다고 덧붙였다. 우리가 아니었다면 자기는 도저히 살아날 수 없었다고, 우리 팀 모두에게 감사 인사를 전했다. 그러면서 동시에 양심의 가책을 느낀다고도 했다.

왜 이런 훌륭한 치료를 받은 사람이 자기 혼자였을까? 여전히 수많은 아프리카 환자들에게는 허락되지 않는 특권이란 자책 때문이었다. 그는 자신이 격리되어 있던 그 시간이, 향후 다른 환자들의 치료를 개선할 가능성을 높이는 계기가 되었기를 간절히 바란다면서 편지를 마쳤다.

그의 사례는 실제로 이 질병에 관한 우리의 지식을 향상하는 데 큰 도움이 되었다. 가령 장기 손상이 탈수의 결과이며 혈압 저하가 구토와 설사에 의한 것이라고만 알고 있었는데, 혈압을 다시 올리는 데 성공해도 신장과 폐, 심장, 신경계는 여전히 회복되지 않았던 것이다. 그의 사례를 통해 에볼라 바이러스는 한

번 스치고 지나가는 것만으로 모든 것을 무자비하게 초토화시키는 극히 파괴적인 병원균이라는 사실을 우리는 알게 되었다.

그는 신체적으로 회복했지만 정신적으로는 일종의 외상 후 스트레스를 겪어야만 했을 것이다. 자신이 죽음과 얼마나 가까이 직면해 있었는지, 또 그런 치명적인 감염병에서 회복된 것이 얼마나 기적적인 일인지를 몸서리치도록 겪어냈기 때문이다. 그럼에도 그는 다시 한번 인간의 회복력에 한계가 없음을 보여준 좋은 본보기이다. 두 번 다시 떠올리기 싫을 법한 무서운 시련을 이겨냈고, 힘겨웠던 그 과정을 곱씹으면서 자신을 살려내려 애쓴 사람들의 노고에 감사할 줄 아니까 말이다.

그는 입원 당시 찍은 사진 한 장을 소중히 간직하고 있다고 말했다. 사진 속에서 그는 생명유지장치에 의존한 채 침대에 누워 있고, 나는 달 착륙 의상을 입은 채 그 옆에 서 있었다. 그러면서 그는 "그 사람에게 어떤 병이 있는지보다 어떤 사람이 그 병에 걸렸는지를 아는 것이 훨씬 더 중요하다"는 히포크라테스 선서를 인용하며, "선생님은 나를 질병이 아닌 사람으로 대해주셨다"고 말했다. 그게 의술의 전부라 믿는다고 말이다.

치료를 넘어 환자를 돕는다는 것

|

니겔 잭 Nigel Jack(마취통증의학과 전문의)

70세가량 된 남성이 여러 주째 천장만 바라보며 온종일 병상에 누워 지내고 있었다. 심한 뇌졸중으로 사지가 마비되면서 그의 삶이 한순간 땅으로 내리꽂힌 채 멈춰버린 것이다. 말을 할 수도 움직일 수도 없었고, 베개에 누인 머리 한 번 까딱할 수조차 없었다. 심지어 삼키는 것조차 불가능해서 수분과 음식을 콧속 튜브로 공급받는 상태였다.

단지 오른팔만 조금 들 수 있었는데, 몇 주 뒤 그는 그 팔로 급식 튜브를 잡아 떼었다.

우리가 급히 다시 꽂긴 했지만, 그 과정이 그에게 얼마나 두렵고 진저리쳐질 일인지 알고도 남았다. 이틀 후 그 튜브는 다시

347

빠져 있었다.

그는 자신이 처한 상황을 충분히 인지했다. 그 튜브가 자신의 생명을 유지시키고 있다는 사실도. 틀림없이 사력을 다해 그는 우리에게 마지막 메시지를 보냈으리라.

그런 그를 나는 결코 비난할 수가 없었다. 그의 고통에는 끝이 보이지 않았다. 그렇다고 회복할 기미도 보이지 않았다. 간호사들의 헌신적인 보살핌과 관심에도 불구하고 욕창은 갈수록 심해졌고 통증도 더해갔다. 돌려 눕히고 씻기는 일은 그 자체로 가혹한 시련이었다.

내가 전공의로 첫 근무를 시작한 곳이 바로 그가 입원해 있는 스코틀랜드 병원이었다. 그의 침대가 어디에 있었는지도 눈에 선하다. 왼쪽 중앙 아래쯤이었다.

어느 날 그에게 다가앉아 튜브를 끼우지 않으면 어떻게 되는지 아시냐고 물었다. 그가 머리를 미세하게 끄덕였다.

"그럼 돌아가시게 돼요. 아시겠어요?"

희미한 끄덕임을 본 내가 다시 물었다.

"그걸 원하시는 거예요?"

그랬더니 그가 다시 끄덕였다.

나는 내과 전문의에게 가서 그 환자가 말하려는 내용을 그대로 전했다. 하지만 내가 들은 답은 친절하지만 단호한 경고였다.

의사로서 우리가 지켜야 할 단 하나의 의무는 환자를 치료하고 살리는 것이라고 내과 전문의는 내게 말했다. 깊은 좌절감을 느꼈지만, 그때 나는 일개 전공의에 불과했다.

그러던 어느 날 아침, 노인질환 전문의가 그를 만나보겠다며 찾아왔고 나는 그에게 지난 몇 주간의 상태를 보고했다. 아무 기력 없는 그 환자를 보자마자 의사는 연민과 이해를 표하며 여기서 조금 떨어진 자기 병동으로 옮기겠다고 제안했다. 나는 그의 침대 가에 앉아서 말했다. 어르신의 그 소원을 우리가 들어드릴 수는 없지만, 다른 의사가 돌봐드리게 될 거라고.

그 후로 나는 그를 두 번 다시 보지 못했다. 병동을 옮긴 지 일주일 후, 노인질환 전문의로부터 그가 사망했다는 소식을 전화로 전해 들었기 때문이다. 그가 다시 급식 튜브를 빼버리자 의사들은 그에게 안정제와 진통제를 투여했고 그는 며칠 후 평화롭게 잠들었다고 말이다.

내 직장생활 중 첫 몇 달간에 일어난 이 일은 나의 전체 이력에 걸쳐 중요한 확신을 남겼다. 좋은 의사가 된다는 건 단지 환자를 '치료'하는 행위를 넘어 환자를 '돕는' 일이며, 환자를 돕는다는 건 언제 치료를 중단해야 할지 아는 걸 의미한다는 사실을. 최신판 히포크라테스 선서에 쓰여 있는 내용도 바로 그것이다. 의사들은 환자를 위해 필요한 모든 조치를 하되 과잉치료는 피하라고 밝히고 있다.

침대 발치에 내려앉은 자비의 천사를 쫓아내지 말라.

이것이 그때 그 무력하지만 용기 있었던 환자로부터 내가 배운 가르침이다. 말 한마디 못했던 그가 무언으로나마 내게 남긴 귀중한 교훈이다.

모든 의사의 가슴에는
그들만의 묘지가 있다

|

카림 브로히|Karim Brohi(외상외과 전문의)

17세 소녀가 자전거를 타다 트럭에 치였다. 병원에 왔을 때는 의식도 있고 말도 곧잘 했다. 하지만 골반을 크게 다친 소녀는 복부 출혈이 심해서 위험할 정도로 혈압이 떨어지고 있었다. 우리는 통상적인 조치에 따라 수액과 혈액을 보충한 다음 소녀를 급히 수술대로 옮겼다. 중환자실 전공의로서 내가 할 일은 기도 상태를 계속 살펴보는 동시에 마취통증의학과 전문의를 도와 소녀를 잠들게 하는 것이었다. 외상외과 팀이 주위에 모여 수술 준비를 하는 동안 나는 수술대 머리맡에 앉아 소녀의 상태를 살폈다.

소녀는 불안과 충격에 휩싸여 있었다. 불과 20분 전 이 소녀는 즐겁게 어디론가 가는 길이었을 것이다. 그런데 지금 여기서 이렇게 사투를 벌이며 누워 있게 된 것이다. 나는 소녀에게 말을 건네며, 우리가 무엇을 하려는지 설명했다. 잠에 빠져들기 직전 소녀가 나를 보며 물었다. "저 괜찮아요? 정말 괜찮아요?" 나는 "그럼, 괜찮지."라고 말했다.

금속 프레임으로 골반을 안정적으로 고정하기 위해 의사들이 첫 절개를 하고 나자 피가 마구 뿜어져 나오더니 멈추지 않았다. 다음에 복부를 열자 엄청난 피가 솟구쳤다. 혈관외과의가 출혈을 막기 위한 특단의 조치로 혈액과 수액을 소녀의 몸속에 쏟아부었지만 이제는 아예 입과 눈에서, 아니 온몸에서 피가 흘러나왔다. 그 피는 마치 체리에이드 같았다. 그렇게 많이 투입했는데도 빠져나오는 건 빨갛고 맑은 액체뿐이었다. 소녀는 그렇게 수술대 위에서 사망했다. 내가 소녀를 안심시킨 지 불과 45분 만에.

그리고 다시 45분 후 또 다른 환자가 들어왔다. 그 역시 의식이 있고 말도 하는 유사한 상태였다. 그리고 채 한 시간도 지나지 않아 똑같이 사망했다. 두 번째 환자에 대한 기억은 흐릿하지만, 첫 번째 환자였던 소녀는 잊히질 않는다. 소녀의 마지막 말 때문이기도 하지만, 수술팀이 안간힘을 썼는데도 눈앞에서 소녀가 어떻게 죽어갔는지를 생생하게 목도했기 때문일 것이다.

며칠 후, 전문의들이 전부 모여 이 일에 대해 열띤 토론을 벌였다. 절차 그대로 정확히 따랐는데 왜 그토록 끔찍한 결과가 초래된 것일까?

우리는 곧이어 진상조사에 착수했다. 이 문제는 내 개인적인 연구주제로 발전했고, 지금껏 주된 관심사로 남아 있다. 서서히 실체가 드러난 사실은 우리의 접근, 그러니까 전 세계 의사들이 취하는 방식이 잘못됐다는 점이었다.

그때 이후 새롭게 알려진 내용에 따르면, 외상 환자들에게는 심각한 혈액 응고력 문제가 발생한다. 즉 광범위한 부상을 당한 환자는 혈액 응고가 서서히 일어나며, 응고력마저 약해 쉽게 용해되어 버린다. 그렇게 혈액 응고가 잘 되지 않는 상태에서 피를 많이 흘리게 되면, 외과적 조치 자체가 난항을 겪거나 불가능해질 수 있다는 뜻이다.

그런데 그때 우리는 내내 무엇을 하고 있었던가? 혈압을 올리기 위해 환자들에게 다량의 수액을 계속 공급하고 있었다. 그건 그나마 응고되던 혈액을 전부 씻겨 내려가게 함으로써 상황을 더 악화시킬 뿐이라는 사실을 알지 못한 결과였다. 그러한 상황에서 수술대 위에 누운 소녀가 온몸에서 피를 뿜으며 죽은 것은 어쩌면 당연한 귀결이었다.

이제 상황은 많이 달라졌다. 우리의 연구는 전 세계 과다출혈 외상 환자들에 대한 치료 및 조치에 큰 변화를 가져오는 계기가 되었다. 혈액 응고력 향상과 개선에 주안점을 두고 '혈액손실 최소화 소생법DCR: Damage Control Resuscitation'이라는 완전히 새로운 방법으로 전환한 것이다. 그리하여 환자의 혈압을 적정수준으로 유지하면서 혈액 응고력을 높이는 인자를 투여함으로써 혈액 손실을 조기에 억제하는, 심지어 사고 현장에서도 적용 가능한 특수 기법을 개발해내는 쾌거를 올렸다.

어느덧 24년이나 흘렀다. 그 소녀가 지금 병원에 실려 온다면, 아마 생존할 수 있을 것이다. 아니 확실히 생존할 수 있다.

대부분의 의사들 마음속에는 자신이 떠나 보낸 환자들을 가슴에 묻어둔 묘지가 있다. 그건 어딜 가나 따라다니는 자신만의 낙인과도 같다. 의사로서 우리는 매일 일어나는 죽음으로부터(설사 아무런 실수가 없었다 하더라도), 무언가를 배우도록 노력해야 한다. 나는 종종 그때 그 17세 소녀를 돌이켜 생각하곤 한다. 이유는 두 가지다. 하나는 소녀가 내 진로를 바꾸었기 때문이고, 다른 하나는 다른 수많은 환자를 구할 새로운 발견으로 이어지게 해주었기 때문이다.

나는 소녀의 이름조차 모른다. 하지만 그 소녀는 전 세계에 귀중한 가르침을 남겼다.

송연수

고려대학교 사범대학 영어교육과를 졸업하고, 동 대학교 국제대학원에서 북미유럽 분야를 전공해 석사학위를 취득했다. 1995년부터 2005년까지 외교통상부 외교안보연구원(현 국립외교원) 아태연구부 선임연구원을 지냈다. 현재 전문번역가로 활동 중이다.

옮긴 책으로 《균열일터》《용서라는 고통》《레일웨이 맨》 등이 있다.

사람을 살린다는 것

첫 판 1쇄 펴낸날 2021년 1월 5일
첫 판 3쇄 펴낸날 2021년 2월 5일

지은이 | 엘렌 드 비세르
옮긴이 | 송연수
펴낸이 | 지평님
본문 조판 | 성인기획 (010)2569-9616
종이 공급 | 화인페이퍼 (02)338-2074
인쇄 | 중앙P&L (031)904-3600
제본 | 에스제이피앤피 (031)942-6006

펴낸곳 | 황소자리 출판사
출판등록 | 2003년 7월 4일 제2003-123호
주소 | 서울시 종로구 송월길 155 경희궁자이 오피스텔 4425호 (03165)
대표전화 | (02)720-7542 팩시밀리 | (02)723-5467
E-mail | candide1968@daum.net

ⓒ 황소자리, 2021

ISBN 979-11-91290-00-4   03100